本书受到陕西科技大学博士人才引进科研启动金、陕西科技大学社会科学研究基金项目资助

乾嘉才子

李调元研究

孙文刚 著

中国社会科学出版社

图书在版编目（CIP）数据

乾嘉才子李调元研究/孙文刚著. —北京：中国社会科学出版社，2017.10

ISBN 978-7-5203-1374-2

Ⅰ.①乾… Ⅱ.①孙… Ⅲ.①李调元（1734-1802）—人物研究 Ⅳ.①K825.6

中国版本图书馆 CIP 数据核字（2017）第 272058 号

出 版 人	赵剑英
责任编辑	熊　瑞
责任校对	韩海超
责任印制	戴　宽

出　　版	中国社会科学出版社
社　　址	北京鼓楼西大街甲 158 号
邮　　编	100720
网　　址	http://www.csspw.cn
发 行 部	010-84083685
门 市 部	010-84029450
经　　销	新华书店及其他书店

印　　刷	北京明恒达印务有限公司
装　　订	廊坊市广阳区广增装订厂
版　　次	2017 年 10 月第 1 版
印　　次	2017 年 10 月第 1 次印刷

开　　本	710×1000　1/16
印　　张	20.25
插　　页	2
字　　数	301 千字
定　　价	86.00 元

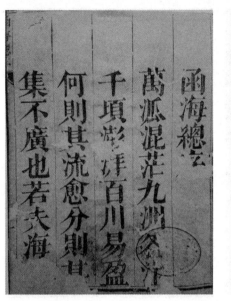

函海總云
萬派混茫九州之外
千項澎湃百川易盈
何則其流愈分則其
集不廣也若夫海

川西李雨村編

函海

萬卷樓藏

類昭昭如昔趙簡子
嘗歎雀入海化為蛤
雉入海化為蜃蓋不
特書之為海而人之
化於書亦視乎海耳

百谷之王其舍蓋出
靡涯其變幻也無書
故古人著書彙說部
而成全集者必以海
名之如䃱海學海之

夫人生而稚沌沌爾
及漁經獵史珠唾錦
心則蒙也而化為哲
聖居而寠寠爾及
鵠薦蛟騰金章丹轂

則晦也而化為顯有
能羽儀天下則化為
鳴岡之靈鳳有能霖
雨天下則化為見田
之神龍是皆化蛻化

蠶之極觀也余不能
化於書而酷有嗜書
癖通籍後薄遊京師
因得遍訪異書手自
校錄然自漢魏叢書

津逮秘書而外苦無
足本幸際
聖天子重修永樂大典採
遺書開四庫于是人
間未見之書駢集麋

特恩監司　議輔夫亰思
任滿蒙
尺而向在翰院同舘
矣余適由廣東學政
至石渠天祿歲以加

諸公又時獲鱗素相
通因以得借觀
天府藏書之副本每得
善本輒雇胥錄之始
於辛丑秋迄於壬寅

冬夏然成帙真洋洋
大觀矣有客誘余所
好勸開雕以廣其傳
遂欣然爲之余蜀人
也故各書中于錦里

諸耆舊著作尤刻意
搜羅梓行者居其六
半而新都升菴博學
鴻文爲古來著書最
富第一人現行世者

除文集詩集及丹鉛
總錄而外皆散軼不
傳故就所見已刻未
刻者但視足本靡不
收入書成分爲四十

七至廿四則兼刻各
家未見書參以考證
自廿五至四十則附
以拙纂名曰函海蓋
非徒誇富麗實恐年

函自第一至十皆刻
自晉六朝以至虞宗
元明諸人未見書自
十一至十六皆專刻
明升菴未見書自十

袤欲借讀書以化其
鏊枘不入之頑質也
近年來海內皆推尊
杭州鮑氏所刻知不
足齋叢書爲善本茲

所得則又皆知不足齋所未採者以字有篆隸故體倒不一總期珠璣錯落不在格式整齊庶幾視此書內者則又不特余之能化而大而化之將無不在風雲鼓盪之內也是則區區之心所願與天下共寶之者不目之爲景星卿雲則珍之爲明珠拱璧必有與漢魏津逮知不足齋所刻共列爲四部以炳耀乎宇又豈徒藏之童山爲奕世所世守之寶也乎是爲序

乾隆四十七年十一月初六日

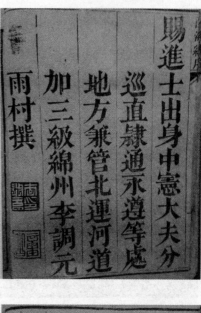

賜進士出身中憲大夫分
巡直隸通永遵等處
地方兼管北運河道
加三級綿州李調元
雨村撰

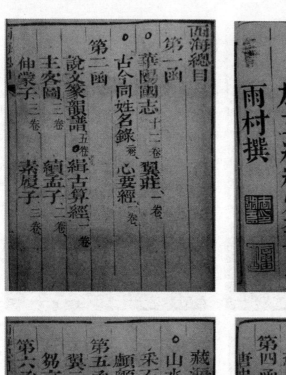

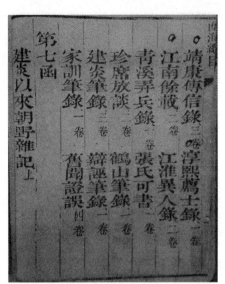

第八函

建炎以來朝野雜記 下 共四十卷

第九函

州縣提綱 四卷 ○諸蕃志 二卷
省心雜言 一卷 ○三國雜事 一卷附二圖
五國故事 二卷 ○東原錄 一卷
宵繁錄 一卷 ○燕魏雜紀 一卷
夾漈遺稿 三卷 龍洲集 十卷

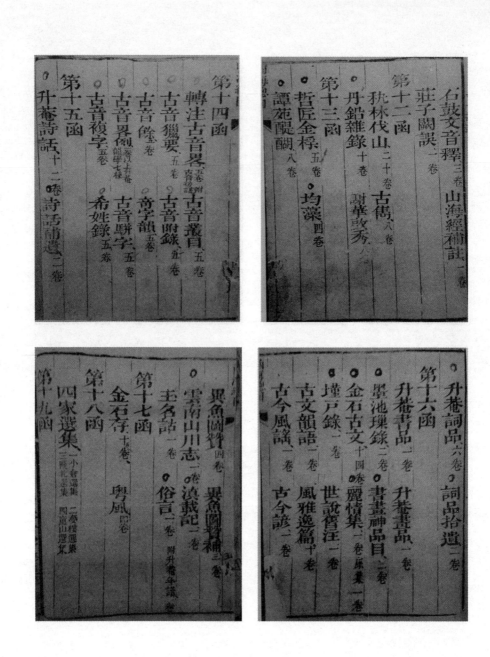

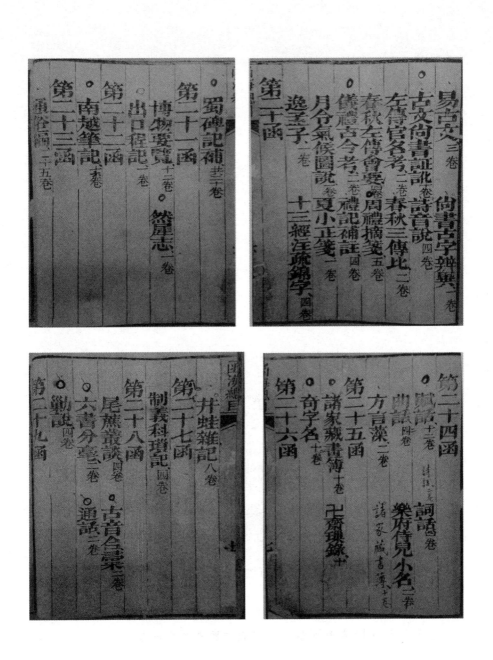

易占文 三卷　尚書古字辨異 一卷
古文尚書証訛　詩貢說 四卷
左傳官名考 二卷　春秋三傳比 二卷
春秋左傳會要　周禮摘箋 五卷
儀禮古今考 三卷　禮記補註 四卷
月令氣候圖說 二卷　夏小正箋 一卷
逸墨子 一卷　十三經注疏錦字 四卷
第二十函

蜀碑記補 三卷
第二十一函　博物要覽 十二卷　燹崖志 一卷
出口程記 一卷
第二十二函　南越筆記 六卷
第二十三函　通俗編 三十五卷

第二十四函　賦話 十二卷　詞話
曲話 四卷　樂府傳見小名 二卷
方言藻 二卷
第二十五函　諸家藏書簿 十卷
奇字名 十卷　卍齋璅錄 十二卷
第二十六函

井蛙雜記 八卷
第二十七函　制義科瑣記 四卷
第二十八函　尾蕉叢談 四卷　古音合彙 三卷
六書分毫 二卷　通說 二卷
勸說 四卷
第二十九函

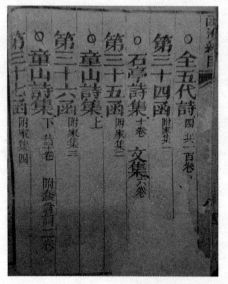

以上为嘉庆六年（1801）李调元手订本《函海》的总序及目录
（孙文刚 2014 年秋拍摄于四川大学图书馆文理馆）

目　　录

绪　　论

李调元是继汉司马相如和扬雄、宋苏东坡、明杨升庵之后，清代乾嘉时期巴蜀大地上诞生的又一位文化巨子。他一生勤于著述，在文学、历史、地理、天文、音韵学、金石学、戏曲学、民俗学等领域皆有著作传世。尤其是在晚年居家的十多年中，他潜心学术，编纂刊刻了大型的文化典籍《函海》，更是对巴蜀及清代学术文化的发展做出了重大贡献。李调元为人正直、才华横溢、学识渊博、著述宏富，深受国人称颂，并受到韩国、日本等国的赞誉。

一　李调元研究的现状及存在问题

（一）研究现状综述

自清代乾嘉时期开始，很多学者就对李调元生平的学术、文学作品等作过评论和研究。200 多年来，有不少评论文章和论著产生，这些珍贵的研究资料为进一步研究李调元奠定了良好基础。本节拟对李调元的学术研究现状进行粗线条的梳理，以期能对李调元文化的深入研究提供些有益的参考。

18 世纪至今，学者关于李调元学术的研究，可分为四个时期：18 世纪至 20 世纪前（萌芽期）；20 世纪 20 年代至新中国成立前（起始期）；20 世纪 50 年代至改革开放前（沉寂期）；20 世纪 80 年代至今（勃兴期）。下面就对其学术研究的成果按时期分述如下：

1. 18 世纪至 20 世纪前（萌芽期）

李调元生前就享有盛誉，时人对其作过很多评价。少时便以《疏雨滴梧桐》一诗名振乡里，有"神童"之目。授业恩师"东南二老"、乾隆"五词臣"之一的钱陈群谓其少时诗歌"奇气蓬勃，骎骎乎！沂汉魏而上，而古歌行在其乡先哲中亦几直接大苏"，"昔欧阳公令晁叔美与东坡定交，谓'老夫须放此人出一头地也'。余何敢然乎！顾雨村必有合矣"①。袁枚称赞"伏读《童山全集》，琳琅满目，如入波斯宝藏，美不胜收"②，"童山集著山中业，《函海》书为海内宗。西蜀多才君第一，鸡林合有绣图供"，"蓬岛仙人粤岭师，栽培桃李一枝枝"，"醒园篇什随园句，兰臭同心更有谁"③。赵翼在阅读《雨村诗话》后，赞其"动笔千言，如万斛泉不择地涌出"，"著书满家，传播四海，提唱风雅，所至逢迎"④。朝鲜副使徐浩修读过《粤东皇华集》之后认为其"超脱沿袭之陋，一任淳雅之真，非唐非宋，独成执事之言；而若其格致之苍健、音韵之高洁，无心山谷、放翁而自合于山谷、放翁，亦可谓欧阳子之善学太史公。不复之余，不胜惊叹"⑤。王懿修称其诗歌"英辞绚烂，壮气腾骞。以西蜀之渊云，为南宫之冠冕"⑥。符保森认为《童山诗集》中的《南宋宫词五百首》"可媲唐之王建，而与樊榭之《南宋杂事诗》并垂不朽"⑦。时人吴树萱、张怀淮、余秋室等人也都将李调元与袁枚相提并论，认为两人如华、岳双峰，齐名相峙。这些评论足以映照出李调元的文学成就以及其在国内外的影响。

---

① （清）钱香树：《看云楼集诗序》，清乾隆精刊本。

② （清）袁枚：《答李雨村观察书》，《雨村诗话》卷十六，巴蜀书社 2006 年版，第 372 页。

③ （清）袁枚：《奉和李雨村观察见寄原韵二首》，《童山诗集》卷三十四，商务印书馆 1936 年版，第 470 页。

④ （清）赵翼：《上雨村观察同年书》，《童山文集》卷十，商务印书馆 1936 年版，第 120 页。

⑤ ［朝］徐浩修：《朝鲜国副使启》，光绪刊本《粤东皇华集》卷首。

⑥ （清）王懿修：《寄怀雨村观察诗序》，《童山诗集》卷三十七，商务印书馆 1936 年版，第 506 页。

⑦ （清）符保森：《寄心庵诗话》，《清诗纪事（九）乾隆朝卷》，江苏古籍出版社 1989 年版，第 6087 页。

然而，这一时期对于李调元持訾议的也大有人在，如潘清《挹翠楼诗话》谓："李雨村调元诗颇有性灵，而局于边幅，即其《诗话》，亦囿于帖括而头巾气，不及随园多矣。"① 谢章铤《赌棋山庄词话》认为："罗江李雨村调元著《词话》四卷，其于词用功颇浅，所论率非探源，沾沾以校雠自喜，且时有剿说，更多错谬。"② 黄培芳《香石诗话》云："雨村诗有三字诀曰：响、爽、朗。此亦未尽诗发乎声，结响贵高，响字固不可少也，然专向此三字索解，但得句调爽朗即以为工，未有不浅薄者，古之爽朗，孰如青莲何尝不由酝酿深厚而出耶。雨村时有辨正子才处要之，其心摹手追，只在子才宗旨同也，而所撰诗话则又逊也。"③ 孙桐生《国朝全蜀诗钞》认为其"少作多可存，晚年有率易之病，识者宜分别观之"④。朱庭珍在其《筱园诗话》中指斥："若李雨村调元，则专拾袁枚唾余以为能，并附和云松，其俗鄙尤甚，是直犬吠驴鸣，不足以诗论矣。"⑤ 林昌彝《射鹰楼诗话》认为："雨村诗话搜罗颇多，未免有滥收之弊。"⑥

可以说，从这一时期开始后世对李调元的诗、词、词学、诗学等方面的贬抑，甚至是尖锐的批评不乏其人，但是上述批评意见也给我们指明了一条研究李调元的线索，那就是李调元确实是清代性灵派中的重要一员，因此我们在研究李调元的诗歌和诗学时如果能将其置于性灵派文学发展的大背景下，并且比较其与袁、王、蒋、赵等清代性灵派诸人的异同，这将不失为李调元文学研究的一条重要途径。

2. 20 世纪 20 年代至新中国成立前（起始期）

这一时期有关李调元的研究开始全面铺开，产生了一些研究成果。

① （清）潘清：《挹翠楼诗话》，清同治二年刻本。
② （清）谢章铤：《赌棋山庄词话》卷三，清光绪十年刻赌棋山庄全集本。
③ （清）黄培芳：《香石诗话》卷二，续修四库全书据清嘉庆十五年岭海楼刻嘉庆十六年重校本影印本。
④ （清）孙桐生：《国朝全蜀诗钞》卷十四，光绪本。
⑤ （清）朱庭珍：《筱园诗话》卷二，郭绍虞《清诗话续编》，上海古籍出版社 1983 年版，第 2367 页。
⑥ （清）林昌彝：《射鹰楼诗话》，上海古籍出版社 1988 年版，第 557、558 页。

这些研究主要包括五个方面。

一是李调元的传记性研究。这方面的著作主要有四种：其一，姜华1925年发表于《京报·民众周刊》上的《李调元的生平》一文①；其二，蔡冠洛编著，上海世界书局民国二十五年出版的《清代七百名人传》中载有《李调元传》②；其三，民国十七年（1928）《清史列传》卷七十二《文苑传三》录《李调元列传》；其四，美国国会图书馆发起、A.W. 恒慕义（Arthur W. Hummel）博士主编的大型人物传记辞书《清代名人传略》（*Eminent Chinese of the Ch'ing Period 1644—1912*），书分上下两卷，于1943年至1944年在美国出版，其中载有 J.C. 杨（J.C. Yang）撰写的《李调元》。1970年该书由台湾成文书局英文再版③，1990年青海人民出版社出版了该书的中译本。中译本由中国人民大学清史研究所翻译，包括上中下三卷，约130万字。④

二是李调元著作的著录。这方面比较有代表性的有：其一，民国十七年（1928），《清史稿·艺文志》收录李调元著作39种321卷，其中经部7种17卷，史部9种75卷，子部13种67卷，集部10种162卷。⑤ 其二，王云五主编的《丛书集成初编》收入了《函海》（道光版），这套丛书由商务印书馆于民国二十五年（1936）出版发行，共收《函海》中的书籍60种486卷，其中李调元自己的著作22种292卷。丛书集成初编本《函海》的出版，为当代学者研究李调元提供了重要的资料，同时也促进了李调元学术的推广与传播。其三，李调元《粤风》一书1927年被钟敬文重新编印，由朴社出版，1936年被罗香林收录进《粤东之风》，由北新书局出版。

三是关于李调元民俗学著作的研究。20世纪20年代以来，随着中

---

① 姜华：《李调元的生平》，《京报·民众周刊》1925年第37号。

② 蔡冠洛：《清代七百名人传》，中国书店1984年版。

③ Arthur W. Hummel, *Eminent Chinese of the Ch'ing Period 1644—1912*, Tai Pei: Ch'eng Wen Publishing Company, 1970. 由 J.C. Yang 撰写的《李调元》见该书第486—488页。

④ ［美］A.W. 恒慕义主编：《清代名人传略》，中国人民大学清史研究室《清代名人传略》翻译组译，青海人民出版社1990年版。

⑤ 赖安海：《李调元文化研究述论》，现代教育出版社2008年版，第59页。

国歌谣学运动和中国民俗学的兴起，李调元的《粤风》和《粤东笔记》这两部记录岭南民族歌谣和民俗的书开始进入研究者的视野。最先是顾颉刚在民国十年（1921）冬翻阅李调元刊刻的《函海》时在第二十三函发现了《粤风》，1923年其在《小说月报》第14卷第1期上向人们推介这本小书，认为它是"一部重要的歌谣"①。接着钟敬文1924年在《北京大学歌谣》周刊上发表《读〈粤东笔记〉》一文②，此文对李调元以及其《粤东笔记》一书作了简单介绍，并选择书中的几首歌谣以及李调元模仿创作民歌体诗歌作了简要的注解和赏析。该文是20世纪以来研究《粤东笔记》（又名《南越笔记》）的第一篇论文，但遗憾的是其后并未受到重视，也无继起之作。在顾颉刚等老一辈民间文艺研究者影响下，大批学者开始对《粤风》一书的歌词、成书、语言等问题进行了初步研究，一度形成20世纪30年代"粤风"研究的热潮。这方面后继的作品主要有：其一，钟敬文的《重编〈粤风〉引言》一文称赞《粤风》为"具有很高价值的艺术品"③。其二，左天锡的《刘三妹故事与〈粤风续九〉及〈粤风〉》④、《校点粤风后记》⑤考证李调元《粤风》一书的编订，一方面与其对民歌的爱好与关心有关，另一方面则与吴冉渠（笔名睢阳修和）的《粤风续九》有很大关系。其三，顾颉刚的《〈粤风〉序》⑥、《〈粤风〉的前身》⑦。前者对李调元搜辑《粤风》的贡献给

---

① 顾颉刚的有关《粤风》的读书杂记刊于《小说月报》1923年第14卷第1期。顾颉刚阅读的《函海》应该为光绪本。

② 钟敬文：《读〈粤东笔记〉》，北京大学《歌谣周刊》1924年11月16日（第67、68号）。

③ 钟敬文：《重编〈粤风〉引言》，《文学周刊》1926年第255期，另见《文学周报》1927年第4卷。

④ 左天锡：《刘三妹故事与〈粤风续九〉及〈粤风〉》，《北京大学研究所国学门月刊》1927年第1卷第5号。

⑤ 左天锡：《校点粤风后记》，《南国月刊》1929年第1期。1927年，左天锡在《刘三妹故事与〈粤风续九〉及〈粤风〉》一文中表达了有意校印《粤风》一书的想法，但因资料不足等原因，中途搁置，此文为其校点该书的后记。

⑥ 顾颉刚：《〈粤风〉序》，《新生周刊》第1卷第13期。另收录于南洋日报馆编辑部编《南洋日报六周年纪年特刊——椰子集》，1927年10月。

⑦ 顾颉刚：《〈粤风〉的前身》，《民间月刊》1933年8月。

予充分肯定，认为《粤风》为"李调元从民众口中写录出来"，"他一任歌谣的自然，不加任何索隐，而所录的以情歌为特多，这很可能给予读者一种看歌谣的正当眼光。而且他分了民族去搜辑，使人约略窥见猺獞诸族的文化，他又不因言语的隔膜而束手，引起读者研究方言的兴趣：这都是极可佩服的事情"。后者引用王士禛给陆次云的信内"此书为浔州司理睢阳吴湛所撰"一语，遂误认为《粤风》前身的《粤风续九》的作者是"吴湛"，由此引发关于《粤风续九》作者问题的讨论。其四，王鞠侯的《关于"粤风的前身"》① 和《再说"粤风的前身"》② 通过史料分析，考证《粤风续九》的作者为吴淇而非吴湛。其五，乐嗣炳的《粤风之地理考察》③ 一文认为《粤风》全是广西歌谣。

四是关于李调元戏曲活动和创作的研究也出现了相关论文。如黄芝冈的《川梆子的导源人——李调元先生》④ 一文对川梆子的历史以及李调元的戏曲活动等问题作了探讨，认为川梆子是李调元带到四川来的，入川的时期在清乾隆五十年，即李调元归里后，他热衷课僮演戏，川梆子就是他从京携来的京腔里的梆子腔；卢前的《明清戏曲史》一书第七章对李调元的戏剧创作成就作了论述。

五是这时期也出现了大量的研究李调元逸闻和故事的作品。这些作品主要发表在《京报》副刊之一的《民间文艺周刊》上。该刊创办于1924年12月9日，后又陆续改名为《民众文艺》、《民众周刊》、《民众》等。值得注意的是，这本期刊曾在1925年9月后，陆续推出了一期"故事的专号"和两期"李调元故事专号"⑤，先后发表了姜华的

① 王鞠侯：《关于"粤风的前身"》，《民间月刊》1933年9月。
② 王鞠侯：《再说"粤风的前身"》，《民间月刊》1934年4月。
③ 乐嗣炳：《粤风之地理考察》，《文学》1934年6月1日。
④ 黄芝冈：《川梆子的导源人——李调元先生》，《戏剧月报》1943年第1卷第2期。
⑤ 1924年12月9日创刊的《民间文艺周刊》1925年4月7日第16号起改名为《民众文艺》，1925年6月23日第25号起改名为《民众周刊》，1925年8月4日第31号起改名为《民众》。由于民俗学文章甚多，特设1925年8月18日第33号为"歌谣专号"，1925年9月1日第35号为"故事的专号"，1925年9月15日第37号为"李调元故事专号"，1925年9月29日第39号为"李调元故事专号（二）"。1925年11月24日第47号为终刊号。

《李调元的故事》、《李调元的生平》、《李调元的故事（二一三）》、《李调元的故事中的文学》，谷凤田的《李调元的故事》、《李调元的故事（三）》，宁光江的两篇《李调元的故事》，白昆的《李调元的成功和失败》，刘谊之的《李调元的故事》，陈光尧的《李调元的故事》、甘泉的《关于李调元故事的我知》等，该刊第 45、46 号上又分别发表了陈光尧、鲁毓太的《李调元的故事》，第 36 号上发表了金满成的《李调元的失败》，一本期刊在短时间内如此高密度地推出李调元故事实属罕见。后来这些故事被汇编整理，由绍兴民间出版部以《李调元故事集》的书名出版。① 这一时期，除上述李调元故事的研究作品外，还有《墨园补白：李调元故事》② 和《野老闲谈——李调元轶事》③等，其内容均为讲述巴蜀名士李调元巧对折服讥讽者的民间逸闻。

总之，这个时期的李调元研究成果是比较丰富的，其中的一些研究话题，如关于《粤风》和《粤风续九》关系的探讨，以及李调元戏曲创作思想和成就的讨论都对后来的研究有着重要的启示和影响。

3. 20 世纪 50 年代至改革开放前（沉寂期）

新中国成立至改革开放前近 30 年，由于特殊的政治原因，这段时期是李调元学术研究的沉寂期，发表的成果寥寥无几，择其要者有以下几种。

第一，关于李调元文学的批评。代表性的有：其一，1950 年，日本著名的汉学家青木正儿博士所著的《清代文学评论史》由岩波书店出版，后经陈淑女翻译成中文，于 1969 年在台湾开明书店重新出版。该书第十章戏曲评论部分，主要围绕李调元的《雨村曲话》一书，对李调元的戏曲学思想进行了简要分析，有很多独到的见解。该书在中国大陆发行得比较晚，直到 1988 年，才由杨铁婴翻译成中文由中国社会科学出版社出版。该书的出现，使国人看到了李调元学术在国外的

---

① 叶德均：《李调元故事集》，绍兴民间出版部，中华民国二十一年（1932）四月二十日初版。

② 《墨园补白：李调元故事》，《并州学院月刊》1933 年第 1 卷第 5 期。

③ 渔夫：《野老闲谈——李调元轶事》，《进修月刊》1947 年第 5 期。

巨大影响，同时也使国人找到了自己与国际以及台湾学者在李调元学术研究间的差距，这对于改革开放后的李调元研究起到了一定的促进和推动作用。其二，1959 年，中国戏剧出版社出版《中国古典戏曲论著集成》一书，其中第八册收录了李调元的《雨村曲话》和《剧话》，并于每部书前撰写了提要。这为研究李调元的戏曲理论提供了重要的参考。其三，1963 年，中华书局出版张舜辉的《清人文集别录》一书，其中卷七载有作者撰写的《童山文集别录》一文，该文对李调元的学术研究特色和成就作了高度评价。①

第二，民俗学方面，一些学者继续围绕《粤风》与《粤风续九》之间的关系展开了学术讨论，代表人物及作品主要有：游国恩的《东园漫笔·〈粤风续九〉》②和《东园漫笔（二）·再谈吴淇与〈粤风续九〉》③，两篇文章认为《粤风续九》的作者为"吴淇"，《粤风》一书为《粤风续九》的改编和删减之作，原书并无分卷，李调元根据民族和采集人的不同将此书分为四卷。谭正壁的《〈粤风续九〉即〈粤风〉辨》④、马里千的《〈粤风续九〉与〈粤风〉》⑤，两篇文章征引大量材料，并以文本细读的方法，分别认为《粤风》就是《粤风续九》的足本或翻版。总体上看，这个时期的李调元民俗的研究多为已有成果细微补充，特别新颖或有重大价值的新见不多。

4. 20 世纪 80 年代至今（勃兴期）

进入到 20 世纪 80 年代以后，有关李调元的研究在多个领域再次勃兴，产生了大量的研究论著，李调元研究驶入快车道。

（1）关于李调元的民俗学研究

由于《粤风续九》依旧未湮没，因此有关《粤风》和《粤风续九》之间关系仍是这个时期研究者所关心的热门话题。杜士勇的《试

---

① 张舜辉：《清人文集别录》，中华书局 1963 年版，第 208 页。
② 游国恩：《东园漫笔·〈粤风续九〉》，《民间文学》1962 年 1 月。
③ 游国恩：《东园漫笔（二）·再谈吴淇与〈粤风续九〉》，《民间文学》1962 年 3 月。
④ 谭正壁：《〈粤风续九〉即〈粤风〉辨》，《民间文学》1962 年 3 月。
⑤ 马里千：《〈粤风续九〉与〈粤风〉》，《民间文学》1962 年 3 月。

论〈粤风〉》一文认为《粤风》为《粤风续九》的删节本，而《粤风》主要是明末清初广西桂平一带各族人民的歌谣选集，其具有朴素纯真的特色和深刻的社会内容，对研究广西以至我国民歌的发展都是一份珍贵的资料[①]；陈子艾的《〈粤风续九〉与〈粤风〉的搜集、传播和研究》[②]和《李调元及其与民间文艺》[③]，前者对两书的成书时间作了考证，对《粤风》的版本和研究情况作了梳理，后者对李调元生平著述、民间文艺活动、民间文艺观点、民俗学贡献以及民俗诗歌创作等作了全面的论述和评价。日本学者西胁隆夫的《关于〈粤风〉俍壮歌的使用文字》[④]对《粤风》中俍壮两种歌谣所使用的土字土音情况作了详细考察；商壁的《粤风考释》一书对《粤风》中的歌谣逐首翻译，虽难免存在一些谬误，但对《粤风》一书在当代的传播有着一定的推动作用[⑤]；白耀天的《〈粤风·俍歌僮歌〉音义》[⑥]一文选取《粤风》中的 12 首俍歌、6 首俍人扇歌、1 首俍人担歌、8 首僮歌，对其发音、字义进行了翻译，并对部分壮语方言词汇作了详细的考释和订误。罗洪权的《我对〈粤风〉研究中一些问题的认识》[⑦]、梁庭望的《〈粤风·壮歌〉的社会价值》[⑧]、《岭表之风——〈粤风〉》[⑨]、欧宗启的《〈粤风〉中俍歌与壮歌的审美比较》[⑩]、石丽芳的《浅谈〈粤风·

---

① 杜士勇：《试论〈粤风〉》，《学术论坛》1982 年第 2 期。
② 陈子艾：《〈粤风续九〉与〈粤风〉的搜集、传播和研究》，《民间文艺集刊》第二集，上海文艺出版社 1982 年版，第 80—103 页。后又以"《粤风续九》与《粤风》研究三题"为题转载收入苑利主编《二十世纪中国民俗学经典·史诗歌谣卷》，社会科学文献出版社 2002 年版，第 156—171 页。
③ 陈子艾：《李调元及其与民间文艺》，钟敬文主编《民间文艺学文丛》，北京师范大学出版社 1982 年版，第 225—246 页。
④ ［日］西胁隆夫：《关于〈粤风〉俍壮歌的使用文字》，曹阳译，《学术论坛》1985 年第 7 期。
⑤ 商壁：《粤风考释》，广西民族出版社 1985 年版。
⑥ 白耀天：《〈粤风·俍歌僮歌〉音义》，《广西民族研究》1986 年第 3 期。
⑦ 罗洪权：《我对〈粤风〉研究中一些问题的认识》，《学术研究》1987 年第 2 期。
⑧ 梁庭望：《〈粤风·壮歌〉的社会价值》，《中央民族学院学报》1984 年第 1 期。
⑨ 梁庭望：《岭表之风——〈粤风〉》，《广西民族研究》2003 年第 2 期。
⑩ 欧宗启：《〈粤风〉中俍歌与壮歌的审美比较》，《广西民族学院学报》（哲学社会科学版）2000 年第 5 期。

瑶歌〉的文化价值》①、孙文刚的《〈粤风·粤歌〉初探》② 等文分别对《粤风》一书的㑣歌、壮歌、瑶歌、粤歌等具体内容做了研究。此外，值得引起足够重视的是扬州大学王长香的硕士学位论文《〈粤风续九〉研究》③，该文以齐鲁书社 2000 年出版的《四库全书存目丛书补编》影印的清康熙刻本《粤风续九》为主要研究对象④，对清代吴淇等编纂的《粤风续九》一书的由起、体例、结构，以及语言、修辞手法等艺术特色和后世传播状况作了全面而深入的分析。该文在占有和细读新资料的基础上，对《粤风续九》与李调元重辑的《粤风》进行详细比较，揭示了两者的文本差异，为近百年来探讨两者关系的集大成之作。

（2）李调元文学作品的研究

李调元是清代乾嘉时期的文学家，其文学创作则广泛涉及诗歌、词、曲、赋、文等各种体裁。20 世纪 80 年代以来，对其文学作品进行评价和研究的论著不断出现，这中间比较有代表性的有：严迪昌的《清史诗》一书认为李调元是袁枚的追随者，诗歌亦多写性灵，具有"潇洒有致，清朗多趣"的特点；⑤ 詹杭伦的《李调元咏薛涛诗述略》⑥、《李调元六游杜甫草堂诗考述》⑦ 等文对李调元《童山诗集》中的"咏薛涛诗"和"游杜少陵草堂诗"作了考究，这对研究薛涛在清代的影响，以及草堂文物古迹和历史沿革等有着一定的资料价值；谢桃坊的《论李调元的词学思想与创作》是近百年来兼论李调元词及词学的第一篇专文，该文结合《雨村词话》和《蠢翁词》，着重论述了李调元关于词的起源、词话的兴起、词的创作等思想，并挑选不同

①　石丽芳：《浅谈〈粤风·瑶歌〉的文化价值》，载《四川职业技术学院学报》2009 年第 3 期。

②　孙文刚：《〈粤风·粤歌〉初探》，载《中华文化论坛》2013 年第 1 期。

③　王长香：《〈粤风续九〉研究》，硕士学位论文，扬州大学，2011 年。

④　（清）吴淇：《粤风续九》，《四库全书存目丛书补编》第 79 册，齐鲁书社 2000 年版。

⑤　严迪昌：《清诗史》，浙江古籍出版社 2002 年版，第 945 页。

⑥　詹杭伦：《李调元咏薛涛诗述略》、《李调元六游杜甫草堂诗考述》，《李调元学谱》，天地出版社 1997 年版，第 331—336 页。

⑦　詹杭伦：《李调元六游杜甫草堂诗考述》，《杜甫研究学刊》1996 年第 4 期。

时期创作的代表性的词作了分析和评价，作者认为，虽然李调元的词学观念有很多是重复前人和落后的，但其在词的具体创作中却"真正把握了词的艺术形式，领悟了词体的奥秘，克服了浙西词派意旨枯寂和取径狭窄之失，自抒性灵，形成了自己的个性"，"李调元的词是有真性情和艺术个性的，如果我们要探求清词独创的艺术境界，李调元的词是不容忽视的，它应在清词史上占有一席合理的地位"①；孙文刚的《李调元诗歌创作述论》一文认为，按照内容和风格的不同，李调元一生的诗歌创作可分为三个时期：乾隆二十八年前其求学于川、浙时期，诗歌多为写景抒怀、讴歌田园之作；乾隆二十八年到五十年其步入仕途，诗歌多写仕宦坎坷、民生凋敝和岭南风俗；乾隆五十年后其归隐乡里，诗歌多为抒发性灵的闲适之作。李调元的诗歌思想内容丰富，风格、体式、语言等独具特色，在清代乃至中国文学史上占有一定地位，此外，作者还在注释中提出"乐府歌行体"诗在李调元诗歌中占有很重要的地位，是其诗歌成就的典型代表这一观点。②

（3）李调元诗学理论和美学研究。

李调元不但进行文学创作，而且还善于从具体的实践进行理论的总结和归纳，他为我们留下了《雨村诗话》、《雨村词话》、《雨村赋话》、《雨村曲话》、《剧话》五部理论著作，这些著作至今仍是研究其诗学理论和美学的主要文本。30年来，围绕以上著作产生了很多研究论著，比较有代表性的有：陈红的《雨村诗论初探》③，该文主要从"诗道言情"、"诗须陈言务去"、"诗以气为贵，而尤贵有色"、"诗贵锤炼"等几个方面，对李调元的诗歌本质论、形式技巧论等作了初步探讨；沈时蓉的《李调元文艺美学思想发微》④，该文对李调元文艺美学思想中的"古今一戏场"、"文章妙处，俱在虚空"、"立言先知有

---

①　谢桃坊：《论李调元的词学思想与创作》，《词学》2007年第十八辑。

②　孙文刚：《李调元诗歌创作述论》，《宜宾学院学报》2013年第1期，后被《蜀学》（第8辑）转载。

③　陈红：《雨村诗论初探》，《四川师范大学学报》1987年第6期。

④　沈时蓉：《李调元文艺美学思想发微》，《四川师大学报丛刊》1987年第10辑。

我，命意不必犹人"等几个重要的命题作了阐发，对当代李调元诗学研究具有抛砖引玉的作用；詹杭伦的《〈雨村赋话校正〉叙录》①《李调元和他的〈雨村赋话〉》②，两文对李调元《雨村赋话》的赋学贡献、《雨村赋话》的版本及其需要校正的问题等作了深入研究，认为《雨村赋话》是第一部以"赋话"命名的正式刊行的赋话著作，对赋学理论研究具有重要意义；谢蕙蕙的《李调元〈雨村赋话〉研究》③分别对李调元提出的律赋创作技巧、律赋发展史、《雨村赋话》和《律赋衡裁》的关系等问题作了研究；卿琪的《李调元〈剧话〉〈曲话〉研究》④，该文主要对《剧话》、《曲话》两书的结构体系、内容以及两书中的主要戏曲理论见解作了研究；孙文刚的《李调元戏曲美学研究》⑤，该文以李调元的《雨村曲话》和《剧话》为主要研究对象，从戏曲观念、戏曲艺术与生活的关系、戏曲艺术的功用、"花部"戏曲的审美特征以及戏曲创作的美学原则五个方面全面系统地阐述了李调元的戏曲美学思想；且志宇的《李调元诗学思想研究》⑥，该文主要对李调元诗学思想形成的背景、诗歌本质论和功用论、诗歌创作论、诗歌鉴赏论等方面作了深入发掘和研究，并对其诗学思想作了简要评价；赵艳林的《〈雨村赋话〉研究》⑦，该文主要对李调元《雨村赋话》中的赋史思想、赋论思想以及《雨村赋话》的价值与影响等问题作了较为深入的研究；王纪波的《〈雨村诗话〉诗学思想研究》⑧，该文主要对《雨村诗话》的版本，尤其是十六卷本《雨村诗话》著录情况，《雨村诗话》中的"性情论"，以及清代"神韵"、"性灵"、"格

---

① 詹杭伦：《〈雨村赋话校正〉叙录》，《李调元学谱》，天地出版社1997年版，第282—304页。

② 詹杭伦：《李调元和他的〈雨村赋话〉》，邝健行编《新亚学术集刊》第十三辑，香港中文大学新亚书院1994年版，第335—347页。

③ 谢蕙蕙：《李调元〈雨村赋话〉研究》，硕士学位论文，台湾东海大学，2004年。

④ 卿琪：《李调元〈剧话〉〈曲话〉研究》，硕士学位论文，兰州大学，2006年。

⑤ 孙文刚：《李调元戏曲美学研究》，硕士学位论文，四川省社会科学院，2009年。

⑥ 且志宇：《李调元诗学思想研究》，硕士学位论文，四川师范大学，2012年。

⑦ 赵艳林：《〈雨村赋话〉研究》，硕士学位论文，湖北民族学院，2013年。

⑧ 王纪波：《〈雨村诗话〉诗学思想研究》，硕士学位论文，安徽大学，2013年。

调"等流派的学说与《雨村诗话》的关系等问题作了探讨，提出"从诗学流派上讲，李调元理应被归为格调一派"的观点。

（4）李调元的经学著作研究

李调元著有大量的经学著作，如《易古文》三卷、《童山诗音说》四卷、《尚书古文辨异》一卷、《周礼摘笺》五卷、《仪礼古今考》二卷、《礼记补注》四卷、《夏小正笺》一卷、《春秋三传比》二卷、《春秋左传会要》四卷、《左传官名考》二卷、《十三经注疏锦字》四卷、《逸孟子》一卷等共计十余种。当代有一些论文对其解经的特点和成就作了研究。如张力的《试论李调元的经学》，作者认为李调元的经学总体上看是站在古文经学派一边的，但其评论中并未对今文经学一律封杀。他习惯运用训诂、考据的方法进行今古文经学的互参，对两者中的讹脱予以订补。另外，李调元的经学也为经典的保存作出了贡献，如其《逸孟子》一书，即是"他在《汉书》《盐铁论》《法言》《后汉书》中，摘出众多孟子言论"辑成的，该书有补于《孟子》一书之不足，因此后来被收入《续修四库全书》。① 杨世文《清代四川经学考述》一文则认为，李调元是清代乾嘉时期四川最重要的经学家，他的经学著作反映出一定的考据倾向，并且校补订误多有所得。但其经名终难淹其文名，其"治经虽有一日之长，较之同时吴、皖考据学家，尚未尽其精微"②。

（5）李调元著作的出版

这一时期收录、点校、评注、再版的李调元的著作相继出版，主要有：1991 年，巴蜀书社出版的何光清点校、李调元辑录的《全五代诗》一百卷；同年，重庆出版社出版了李谊辑校的《历代蜀词全辑》，其中收录了李调元的《蠢翁词》二卷，共 109 首，还出版了吴熙贵的《雨村诗话评注》（二卷本），德阳市中区罗江镇文化站编印了《李调元诗百首》（内刊）；1993 年，巴蜀书社出版了罗焕章主编，陈红、杜

---

① 张力：《试论李调元的经学》，《蜀学》2009 年第四辑。
② 杨世文：《清代四川经学考述》，《西华大学学报》（哲学社会科学版）2010 年第 2 期。

莉点校的《李调元诗注》一书，同年，台湾新文丰出版公司出版詹杭伦、沈时蓉校正的李调元的《雨村赋话校正》；2001 年，四川人民出版社出版易君模、向世俊、高一旭选注的《李调元吟景诗选》；2002年，德阳市地方志办公室校注并重刊了李调元的《梓里旧闻》线装书十卷；2003 年，罗江县政协编印了李调元的《童山自记》（内刊）；2005 年，香港文化教育出版社出版了董大明注的《调元七绝三百首简注》①；2006 年巴蜀书社出版了詹杭伦、沈时蓉校正的《雨村诗话》（三种共计 22 卷）。2013 年巴蜀书社出版了赖安海、肖勇、陈士恩、米运刚、李宜家、李晢等校注的《李调元著作选》，其中包括《童山诗选》（248 首）、《雨村词话》四卷、《蠢翁词》两卷、《雨村赋话》十卷、《雨村曲话》二卷、《雨村剧话》二卷、《弄谱》两卷。该书的出版为学界研究李调元的文学和民俗学提供了重要的资料。

（6）李调元研究专著的出版

主要有四种：一是詹杭伦所著的《李调元学谱》，天地出版社1997 年 6 月出版。该书为繁体横版，内容分上、中、下三编，依次为"纪年谱"、"著述谱"和"评论谱"，评论者认为，"本书内容翔实、丰富，就其完整、全面及系统性而言，于李调元研究及李调元全集之整理可谓具有伐山奠基意义及引导作用，其学术价值从可见矣"②。二是赖安海著，中国文史出版社 2005 年 6 月出版的《李调元编年事辑》一书。书分卷首、正文、附编三部分。卷首对李调元生平、先祖事略等作了简要梳理；正文从其出生至辞世，分"求学"、"宦游"、"归乡"三卷对其事迹、著述、交游等作了详细的考订；附编收录了《李氏世系简表》、《李调元家世》，以及李氏家族"李化楠"、"李鼎元"、"李骥元"、"李本元"、"李朝凯"等人的生平事略，并对李调元故里的历史遗迹和李调元纪念馆的情况作了介绍。该书条理清晰，记述详

---

① 参见赖安海《李调元文化研究述论》，现代教育出版社 2008 年版，第 64—65 页。
② 谢宇衡：《李调元学谱·序言》，詹杭伦《李调元学谱》，天地出版社 1997 年版，第 5 页。

备，为李调元年谱方面不可多得力作。三是赖安海著，现代教育出版社 2008 年 12 月出版的《李调元文化研究述论》一书。该书提出了"李调元文化"这一研究命题，并将其界定为"以李调元的著述、思想与学说为主干，生平行事和民间传说的传播与演变、诸多衍生现象的产生与影响为分支，且自成体系的一种综合性的特色文化"①。该书作者认为，有效和充分利用这一文化遗产，对中国传统文化的弘扬、社会主义和谐社会的构建等均具有深远的历史意义和现实意义。四是郑家治、尹文钱著，巴蜀书社 2011 年 10 月出版的《李调元戏曲理论研究》一书。该书从李调元的戏曲本质论、创作论、审美论、发展观、川剧声腔剧种考证、戏剧体制、戏曲实践等方面对李调元的戏曲理论进行了全面的探讨，并对李调元与清代著名戏曲家蒋士铨的交游及其戏曲理论的历史地位等问题作了研究。

（7）李调元学术研讨会的举办

从 20 世纪 80 年代至今，有关李调元的学术研讨会已举办三次。最早的一次是 1988 年由绵阳市政协和安县政协举办的"李调元生平与著述研讨会"，会后举办单位合编了《李调元生平与著述研讨会论文专辑》（内刊），共收论文 21 篇，其中：李调元生平方面的 3 篇、成就与贡献方面的 4 篇、诗歌方面 6 篇、戏曲方面 4 篇、趣对与逸闻、传说方面 3 篇、方志 1 篇，另附清代杨懋修的《李雨村先生年谱》于其后。此次研讨会虽取得了上述成果，但由于参会人员规模小，因而影响有限。② 第二次是 2006 年 12 月四川省民俗学会与罗江县人民政府合办"四川省李调元学术研讨会"，四川大学、四川师范大学、四川省社会科学院、四川省地方志编纂委员会、四川省巴蜀文化研究中心、四川省川剧研究院、成都市川剧研究所、四川省高等烹饪专科学校、北京化工大学、四川省民俗学会、四川省民间文艺家协会，以及重庆、成都、德阳、绵阳、广元、乐山、宜宾等地市的专家学者受邀参加了

---

① 参见赖安海《李调元文化研究述论》，现代教育出版社 2008 年版，第 86 页。
② 同上书，第 63 页。

此次会议。2007 年 10 月，巴蜀书社出版了收录此次会议 33 篇论文的论文集——《李调元研究》，该书内容涵盖李调元研究的各个方面，其中：李调元在四川文化复兴中的作用、成就与地位 2 篇，李调元研究综述 1 篇，李调元生平及其人生观 3 篇，李调元戏曲理论方面 2 篇，李调元诗词创作、赏析及理论方面 5 篇，民间文艺、民俗等 5 篇，民间传说 2 篇，李调元与川菜 3 篇，李调元文艺美学、书法、小学、交游、行踪、遗迹等研究 7 篇。① 2014 年 9 月 23 日至 25 日，四川省民俗学会、中共罗江县委、县政府联合主办的"四川省第二届李调元学术研讨会"在罗江县成功举行。来自中国社会科学院、吉林省社会科学院、四川省社会科学院、复旦大学、浙江大学、四川大学、四川师范大学、上海大学、青海师范大学、暨南大学、成都大学等高校和科研院所的专家教授以及四川省民俗学会的学者、四川省民俗学会罗江李调元研究专委会的学者等近 100 名代表出席了此次研讨会。这次学术研讨会共收到参会论文 38 篇，论文主题主要集中在《函海》版本研究、李调元与文学、李调元与民间文艺、李调元与川菜、李调元与川剧和李调元故里文化建设 6 个方面。此次会议和第一届学术研讨会相比，李调元研究已经由四川省走向全国，参会者的学科背景涉及历史、文学、文献、旅游、民俗、艺术、饮食等多个领域，研讨的内容更丰富，主题更集中，讨论更深入，学术水准更高。② 会后，四川省民俗学会、中共罗江县委、罗江县人民政府的相关研究者又对提交的论文进一步编选和修改，最终由四川人民出版社以《李调元研究》（第二辑）书名出版。③

（二）当前研究中存在的问题

李调元是清代乾嘉时期著名的诗人、文艺理论家、民俗学家和全才大学者。李调元一生著述等身，涉及领域极为广泛，其中主要包括文学（包括诗歌、词、赋、文）、艺术（包括戏剧戏曲、书画）、民俗

---

① 赖安海：《李调元文化研究述论》，现代教育出版社 2008 年版，第 67—68 页。

② 四川省民俗学会秘书处：《四川省民俗学会通讯》2014 年第 41 期。

③ 四川省民俗学会、中共罗江县委、罗江县人民政府编：《李调元研究》（第二辑），四川人民出版社 2015 年版。

学（包含民间文学、民间艺术和游戏）、经学、语言学、音韵学、史学、科举学、考古学、天文学、地理学等，目前在上述领域的研究中已产生了一些成果，但总体上看还存在以下几个问题：其一，有关李调元诗学理论的研究成果已比较丰富，但对其诗歌的具体内容仍缺乏深入研究。李调元属于清代性灵派的重要一员，与袁枚、赵翼、王文治等人并称"林下四老"、"乾隆四子"，然在目前的研究中，对于李调元和其他三位大家的诗歌创作、诗学理论等还缺乏横向的比较研究。其二，到目前为止，李调元诗歌全集的点校（或校注）本还尚未出版。这是导致研究者对李调元诗歌的具体内容研究未能深入的一个客观原因。现有的丛书集成初编本《童山诗集》和《粤东皇华集》，由于不易获得或刻板模糊等原因，亟须重新整理出版。对于散佚于《雨村诗话》等其他各处的李调元的诗歌也应当予以补入。其三，李调元与韩国诗人李德懋等人多有交流，李德懋的《清脾录》被收入李调元所编的《续函海》丛书，《清脾录》和《雨村诗话》两本诗学专著在诗歌本质、诗歌发展等问题上多存在相似的论述，然而目前还缺少对《雨村诗话》和《清脾录》两部著作的比较研究。其四，对李调元的戏曲创作和理论还缺少进一步发掘，对其民俗学著作中的民俗文化内涵，以及李调元个人的民俗观念等还缺少一定的阐释和分析。其五，对李调元诗歌、戏曲、民俗等方面衍生的诸多文化现象及与其关系密切的文化产业，如民俗旅游、文化演出、影视动漫、体育竞技、健身娱乐、图书出版、教育培训、广告品牌、网络文化、饮食家宴等还缺乏一定的应用性论证和探索。

二　本书的研究内容及思路

面对学问如此渊博，著作如此丰赡的李调元，研究者怎样才能迅速地对其成就和思想有所了解？笔者曾以此问题求教于巴蜀文化研究专家谢桃坊先生。他认为，在后人对李调元的所有评价和称谓中，毋庸置疑，他首先是个诗人，诗歌创作伴随其一生，而且他主张"诗道性情"，他的诗歌在其所有的著作中最具独创性和个人特色，因而对于他的研究应当以诗歌研究开始。笔者赞同这种观点。在我们无法穷尽李调元著作的情况下，要对其作一个整体的研究显然是不可能的。但我们可以先抓住其最有特色的、最能代表其成就的部分做些研究，然后再逐步向其他方面展开。出于这种认识，本书将李调元的诗歌及诗学作为首要研究对象。其次，在李调元的其他著述中，《雨村曲话》和《雨村剧话》这两种戏曲理论著作也具有很强的原创性，尤其是后者最先记录了乾嘉时期"花部"地方戏曲兴起这一重大的历史事实，它们的出现对后来焦循的《花部农谭》、梁廷枏的《曲话》等也都有重要影响，因此本书还拟将李调元的戏曲美学作为一章进行论述。最后，李调元一生足迹几乎遍及大半个中国，所到之处皆能留心地方民俗，并耳闻手摹辑录和创作不少民俗学（含民间文学）作品。从《粤风》、《南越笔记》到《尾蔗丛谈》、《弄谱》、《新搜神记》等，虽然其中有些是辑录和整理前人的著作，但他对中国古代民俗学典籍的保存与传播之功应该值得充分肯定，其被称为民俗学家应该是没问题的。基于这种考虑，本书也将李调元的民俗学著作作为主要的研究对象。综上所述，本书的研究主体分为三个部分，加上绪论、附录和第一章对李调元的生平、交游和学术的总体介绍，本书共包括六个部分。各部分写作内容和思路具体如下。

绪论：对李调元的研究现状、存在问题、主要内容、研究思路等进行论述，目的在于总结已有的研究成果，找出不足，并确定本书的研究对象和内容。

第一章：李调元的生平、交游与著述。该章主要对李调元的生平事迹、交游情况以及学术成就等予以总体介绍。另外还专辟《函海》一节，对其一生倾力所编的这一大型文化典籍的内容、版本、续书等情况进行论述。

第二章：李调元的诗歌与诗学。该章主要对李调元的诗歌创作分期、艺术成就作总体研究，并对其诗歌中最具代表性的乐府诗作具体分析，还对李调元的诗学体系及其与性灵派之间的关系等问题作了论述。

第三章：李调元的戏曲美学。本章以李调元的两部戏曲理论著作

《雨村曲话》和《雨村剧话》为研究文本，对其中所体现的李调元的戏曲本质论、戏曲真实论、戏曲功用论、"花部"西方戏曲论、戏曲创作的美学原则论等作具体的阐释。

第四章：李调元的民俗学研究。本章主要对李调元的《粤风》、《南越笔记》、《尾蔗丛谈》、《新搜神记》、《弄谱》和《弄谱百咏》等几部重要的民俗学著作作总体介绍，并选择《粤风》和《南越笔记》作为主要研究对象，分别对其版本、内容和价值作具体分析。

附录：李调元研究文献汇编从世系与年谱、传记与本事、序跋与书信、著作评论、各种文学史中的评价、民间故事与逸闻等方面对李调元的研究资料予以整理汇编，目的在于方便研究者征引和参考。

在上述内容的具体研究中，本书将采用文献学、历史学与文本细读等相结合的研究方法，努力将李调元的诗歌、诗学、戏曲美学、民俗学等方面的创作置于清代乾嘉时期文学艺术和民俗学发展的大背景下予以探讨，同时还将其与同时代的文学家、理论家和学者等进行横向比较，试图对李调元的历史地位和成就有一个比较科学、全面、系统的把握。

第一章

李调元的生平、交游与著述

第一节　李调元生平述略

罗江县李调元纪念馆纪念碑

川西平原有一颗璀璨的明珠——德阳。那里山清水秀，人杰地灵，在2000多年的历史长河中，曾涌现出了众多的名贯古今、蜚声四海的文化名人和学术大家。东汉的"姜氏一门三孝子"（姜诗、庞三春、姜石泉）曾在此践行孝道，声名远播。汉末蜀中学士绵竹人秦宓曾协助武侯诸葛治蜀，政绩卓著。唐代佛教禅宗八祖马道一（后世尊称"马祖"）曾在此出家和阐扬"顿悟"教义。北宋大文学家苏易简曾在此刻苦攻读，22岁中状元。到了南宋，则出了一代理学大家张栻。清乾嘉时则诞生了蜀学大师、文学家、戏曲理论家、民俗学家李调元。

一　少年壮志

李调元（1734—1802），清代著名学者、诗人、戏曲理论家。字羹堂，又字鹤洲、赞庵。晚年自号雨村、童山、童山老人、蠢翁、四桂先生等。绵州罗江（今四川德阳市罗江县）人。其父李化楠，乾隆七年（1742）进士。调元自幼聪明好学，又受家学熏陶，5 岁入乡塾习《四书》、《尔雅》，过目成诵；7 岁能诗，以"疏雨滴梧桐"为题即兴吟出绝妙诗句："浮云来万里，窗外雨霖霖。滴在梧桐上，高低各自吟。"13 岁能属对，以"蚯蚓无鳞欲变龙"对其父"蜘蛛有网难罗雀"，一时名震乡里，有神童之目。乾隆十七年（1752），李调元进入绵州涪江书院学习，岁末，"州院试俱第一"，中秀才，获乡试资格。次年，陪同祖母赵氏、继母吴氏及弟谭元往浙江余姚父亲李化楠任所省亲。家人团聚，父亲格外高兴，为调元兄弟聘请名师俞醉六、李祖惠、施瞻山讲授课业，同时调元也在父亲的带领下"遍游浙中山水，遇金石即手自摹揭"①，积极为参加三年后的乡试做准备。乾隆二十一年（1756），李调元回川参加乡试不第，但他并没有丧失读书入仕的信心。有诗与人共勉道："世上怜才休恨少，平生失学本来多。天公有意君知否？大器先须小折磨。"② 同年十二月李调元返回浙江父亲任所，"由是益奋于学，自经史百家以及俾官野乘，靡不博览"③。他先后拜浙江名士徐君玮、查梧岗为师，同时又受知于深受乾隆赏识的一代儒臣钱陈群。在诸位名师的悉心教导下，李调元学识大长。乾隆二十四年（1759）进入成都锦江书院学习，与书院中崇庆州人何希彦、成都人张鹤林、内江人姜尔常、中江人孟鹭洲、汉州人张云谷以文章齐名当时，被誉为"锦江六杰"。是年七月，李调元在成都贡院第二次参加乡试，榜发，中第五名。乾隆二十五年（1760）会试、二十六年（1761）恩科会试，皆下第。

---

① 王钟翰点校：《清史列传》，中华书局 1987 年版，第 5917 页。

② （清）李调元：《将复至浙留别唐尧春乐宇》，《童山诗集》卷三，商务印书馆 1936 年版，第 31 页。

③ 王钟翰点校：《清史列传》，中华书局 1987 年版，第 5917 页。

二 宦海沉浮

乾隆二十八年（1763），李调元参加会试中第二名，殿试二甲十一名，赐进士出身，御试第五名，改为翰林院庶吉士。李调元从此步入仕途，散馆后先授吏部文选司主事，后兼授吏部考功司主事。乾隆三十四年（1769），父李化楠卒于任上。为丁父忧，李调元举家回罗江。期满，李调元返回京城候补，度过了一段极其窘迫、凄惨的生活。正当他对仕途心灰意冷时，却得到吏部文选司掌印郎中、湖北巡抚吴树堂相助，恢复他以前的吏部考功司主事兼文选司主事的职务。

李调元纪念馆李调元读书雕塑

乾隆三十九年（1774），李调元"充广东乡试副考官"。在去广东的途中游览了岭南的山川景物，考察了当地的民俗，凭吊了先贤遗址。是年，李调元将他沿途的经历和见闻感受集成《粤东皇华集》刊行出版。乡试结束，李调元回京复命，迁任考功司员外郎。

李调元生性耿直，为官清廉，不畏权势，因此仕途十分坎坷。乾隆三十二年（1767）三月，李调元兼授吏部考功司主事。按朝廷当时决定，其职责是每半月向皇帝呈交一次记录内外文官提升、降调、参罚、丁忧、告病等材料的"循环簿"，报请皇帝查对裁决。具体做法是：每月初一、十五由吏部派出一名主事官员将"循环簿"托宫门值日太监转呈给皇帝。由于主事官卑位低，所以常受太监刁难。轮到李调元值班时，一位精于世故的同僚私下"点醒"他：为求办事顺利，必须贿赂太监。李调元刚正不阿，不理睬太监的无理索求。宫门太监高云怀恨在心，百般为难他。从上午一直磨蹭到太阳偏西，才慢吞吞从宫中走出，还斥责李调元送"循环簿"来迟，延误交接。李调元厉声斥道：

"我虽官小，总是朝廷命官，进士出身；尔乃皇室家奴，怎敢无理摆布？"说罢便挽起袍袖扭住高云欲见皇帝评理，幸有文武百官劝解，高云才得以逃脱困境。从此，宫门值班太监再也不敢向他索贿了。乾隆四十一年（1776），在对刘培章是否补缺的"议稿涂押"事件中与掌印郎永保产生矛盾，永保遂向大学士舒赫德、阿桂堂诬告李调元袒护同乡，有受贿之嫌，次年李调元被舒、阿两公借"京察"① 之机填于"浮躁"类。乾隆见表册所填 19 人皆年迈多病，唯李调元年轻力壮，问道："李调元何事浮躁？"尚书程景尹以办事勇往对。乾隆降旨李调元仍"以员外郎用"。李调元即官复原职，时人皆认为他持正不阿，称赞其为"铁员外"。是年八月，李调元被乾隆帝钦点为广东学政，蒙恩督学广东。按清制，学政主要负责整饬教育，振兴文风，具体任务是主持科考、岁考。在科考、岁考中李调元不徇私情，秉公执法，表现了一个教育行政官员的高尚道德和情操。乾隆四十六年（1781），李调元任满回京，即擢任直隶通永道道员，任期三年。在直隶通永道任职期间，"值四库馆开"，他利用职务之便，大量披阅御库秘籍，"每得善本，辄遣胥录之"②；同时他还广泛挖掘乡土文献，四处搜求乡贤遗书，加上他自己的作品辑成一部内容广博、卷帙浩繁的文化典籍，名曰《函海》。翌年（1782）七月，李调元奉旨运送一部《四库全书》去盛京（今沈阳）文溯阁，不料行至卢龙天突降大雨，书籍淋湿，书页粘接。李调元弹劾卢龙县令及永平知府弓养正，但弓养正反而诬陷李调元，主管刑法的按察使永保对李调元早有积怨，这群乌合之众依附和珅，凭借权势，罗织罪名将李调元削职查办，投入监狱。次年二月，李调元被遣发伊犁，囚车行至涿州（今河北省涿州市），恰逢袁守桐回任直隶总督。袁早年曾在

---

① "京察"本为明代考核京官的一种制度，规定每六年举行一次。清代沿用，然改为三年一次。考绩为分"四格"、"八法"，并以此作为官员升降的重要参考。"四格"为：守、政、才、年，每格按其成绩列为称职、勤职、供职三等。"八法"为：年老、有疾、浮躁、才力不及、疲软、不谨、贪、酷，分别给以提问、革职或降级调用的处分，年老和有疾者退休。后改贪、酷两者为特参，故考绩又有"六法"之说。详情参见章学诚《丙辰札记》和《清史稿·选举六·考绩》。

② 王钟翰：《清史列传》，中华书局 1987 年版，第 5917 页。

四川做官，他深知李调元其人、其学、其才，得知李含冤流放，即上奏朝廷，以李有老母为由，求万金赎归。

三 著述终老

乾隆五十年（1785）五月，52 岁的李调元终于回到令他魂牵梦绕的故乡罗江，住进父亲生前营造的别墅"醒园"，杜绝了官场上的一切交往与应酬。在以后的 20 年中他所好者三事：一为著述自娱。① 李调元毕生勤于读书与著述。罢官前，他辑有《全五代诗》一百卷，《易古文》二卷，《奇字名》十二卷，《诗音辨》二卷，《方言藻》二卷，《月令气候图说》一卷，《逸孟子》一卷，《十三经注疏锦字》四卷，《卍斋琐录》十卷，蜀人诗集《蜀雅》二十卷；著有《雨村赋话》十二卷，《雨村诗话》二卷，《雨村词话》二卷，《雨村剧话》二卷，《雨村曲话》二卷，《周礼摘笺》五卷，《仪礼古今考》二卷，《礼记补注》四卷，《六书分毫》三卷，《通诂》二卷，《剿说》四卷，《左传官名考》二卷，《春秋三传比》二卷，《井蛙杂记》十卷，《制义科琐记》四卷，《然犀志》二卷，《粤风》四卷，《南越笔记》十六卷，《出口程记》一卷，《蜀碑记补》十卷。晚年乡居期间，陆续撰写了《雨村诗话》十六卷，《雨村诗话补遗》四卷，《淡墨录》十六卷，同时还编辑整理《童山诗集》四十二卷，《童山文集》二十卷，《补遗》一卷，《童山自记》一册，《罗江县志》十卷。二为大量购书、刻书，倾其所有营建"万卷楼"。楼内收藏他在京、津、浙地区所购之书和父亲原有书籍，分经、史、子、集四大类共四十橱，十万余卷。他一生的呕心之作《函海》亦收藏其间，其藏书范围和数量，是继明末清初学者费密之后的最多最广者，号为"西蜀藏书第一家"。三为组建"家乐"戏班，醉心梨园之乐。李调元对戏曲怀有极浓的兴趣，在京城做官时就经常出入戏院剧场，与秦腔名流魏长生交厚，而且留意地方戏曲发展，写成了专门的戏曲论著

① 关于李调元的著述情况详见詹杭伦先生的《李调元学谱·著述谱》，天地出版社 1997 年版，第 129—225 页。

《雨村剧话》、《雨村曲话》。乡居期间，李调元将其戏曲理论付诸戏曲实践之中，严格挑选伶童，亲自教习。他还改编剧本，导戏演戏，除在本乡演出外还四处巡演，极大地促进了四川戏曲的发展与繁荣。

嘉庆五年（1800），四川、湖北境内的白莲教起义风起云涌，当时各地警报频传，社会异常混乱。年近七旬，皓首银须的李调元携家小去成都避乱。四月，李调元忽闻万卷楼被劫匪所焚，返回家乡，见万卷楼已成残垣断壁，瓦砾飞灰，他悲恸欲绝，痛哭流涕曰："烧书犹烧我也！"友人潘东庵，用为起句，作诗三十韵见念，因和成哭书诗一首。"烧书犹烧我，我存书不在。譬如良友没，一恸百事废……"① 此诗传至乡邻和者竟百人。万卷楼被毁后，李调元万念俱灰，终日抑郁哀伤，惚惚不乐，惘惘不甘，于嘉庆七年（1802）十二月二十一日带着遗憾和悲伤离开人世，享年69岁。

李调元一生，就其文学而言，他的作品涉及诗、词、曲、剧、赋、文等各个方面，为四川文学乃至中国文学的发展做出了巨大的贡献。他编纂刊刻的大型文化典籍《函海》为清代四川文化宝库增添和保存了丰富的资源。特别值得一提的是，他早年的诗集《粤东皇华集》结集出版时，由于"诗情清丽"，受到了韩国驻清副使徐浩修，诗人柳琴、李德懋等人的赞赏和推崇，他的诗被传到了国外。同时柳琴带着自己编选的韩国四家汉文诗人的《巾衍集》拜访李调元，李调元亲自评点，并赠送自己的诗集《看云楼集》及《函海》，为中外文学的交流与发展也做出了独特的贡献。然而，直到今天，我们仍未对这位蜚声海内外的文学家给予足够的重视和研究。现有的文学史在讲到清代文学时还很少提及李调元及他的文学创作，这不能不说是一个遗憾。但我们深切地感到，李调元及其创作的研究前景是十分广阔的。

---

① 潘东庵：《闻万卷楼火和潘东庵三十韵并序》，载《童山诗集》卷四十，商务印书馆1936年版，第537页。

第二节　李调元交游考述

李调元生于蜀，求学于浙，为官于京、粤、冀等地，他一生足迹遍及大半个中国。李调元为人旷达，豪放不羁，喜结交，笃于友情。在他的长期跋涉中，不仅游览了各地的风景名胜开阔了视野，而且还结交了大批诗文和戏曲知音。据相关文献记载，横跨乾嘉两朝的李调元或因诗文酬和，或因促膝交谈，或因意趣相投，其先后结识唐乐宇、邵晋涵、童凤三、宋铣、王文治、赵翼、祝德麟、程晋芳、徐步云、沈初、韦谦恒、褚廷璋、吴省钦、姚鼐、纪昀、蒋士铨、袁枚、魏长生等乾嘉诗文名家和戏曲名流，并且还与当时出使中国的朝鲜诗人，以及朝鲜"汉诗后四家"有着长期的诗文交流。乾嘉文士的相互酬和以及中外文化的激烈碰撞，对清代中国文学的发展起到了一定的推动作用。

一　李调元与乾嘉诗文名家的交谊

嘉庆元年（1796）十月，广汉诗人张怀浒编选的二十九卷《四家选集》完成。在《四家选集诗序》中，张怀浒云："近人诗家中，其能以书卷写其性灵，以神气露其天趣者，首推近日林下四老诗。[1] 四老者，皆乾隆中进士，人称乾隆四子，其一为钱塘袁子才，其一为丹徒王梦楼，其一为阳湖赵云松，其一为绵州李雨村，四老惟子才寿最高，年八十，梦楼、云崧亦七十余，雨村亦六十余。此四老皆由太史至外任，且现居林下，而其诗皆以性灵为主，又善用典以写其天趣者也。"[2] 按照张怀浒这几条标准，即第一人物健在，年寿要高；第二皆由太史至外任而告归；第三皆以性灵为主，善用典写其天趣。最后张

---

[1]　嘉庆本《罗江县志》卷二十四《人物·李调元》中亦将李调元与袁枚、赵翼、王文治合称"林下四老"。

[2]　《四家选集》，张怀浒选，其中收录袁枚《小仓选集》八卷、王梦楼《梦楼选集》四卷、赵云崧《瓯北选集》五卷、李雨村《童山选集》十二卷，共二十九卷。有清乾隆线装刻本，丛书集成初编本和中华书局1985年、1991年本皆据此影印，书前自序即《四家选集诗序》。

氏选其十之一二结集刊刻，于是有《四家诗集》。相应地，便有了"林下四老"、"乾隆四子"等说法。下面将依次介绍李调元与其余"三老"，以及乾嘉时代其他诗文名家的交往。

（一）李调元与袁枚

袁枚（1716—1797），字子才，号简斋，钱塘（今浙江杭州）人。乾隆四年己未（1739）二甲第五名进士，授翰林院庶吉士。后外放江苏溧水、江宁等地县令，颇有政声。乾隆十四年（1749）辞官隐居南京小仓山随园，遂自号随园老人、仓山居士等。袁枚是清代"性灵"派文学大家，也是李调元一生最为推崇的诗人之一。然而遗憾的是，两人至死都未见面，他们只是以诗文书信为媒的神交"知己"。

据《袁诗选序》载，李调元幼时曾从先君宦浙，得袁制艺，伏而读之，爱不释手；后又从程晋芳处得《小仓山房诗集》，伏而读之，亦不忍释手。乾隆四十一年（1776），调元督学广东，曾自刻《袁枚选》五卷以示诸生，并勉励岭南士子云："余诗不足学，诸生其学袁诗可也。"[1] 乾隆六十年（1795），李调元完成十六卷本《雨村诗话》，将之和《童山全集》一起寄给袁枚，并附《寄袁子才先生书》一篇云："天生之人，不一而足；而地生之才，亦不一而足。先生居金陵，调居绵州，其地相去又万余里远也。先生论诗曰'新'，调论诗曰'爽'，先生有《随园诗话》，调有《雨村诗话》，不相谋也，而辄相和。"[2] 次年五月十四日，调元忽收到同年王心斋从下江红花船上捎来的袁枚回信。袁枚在信中嘉许道："伏读《童山全集》，琳琅满目，如入波斯宝藏，美不胜收。""《诗话》精妙处，与老人心心相印，定当传播士林，奉为袗式。"[3] 李调元看后不胜狂喜，遂奉寄诗歌二首，其诗曰："仙山无路得登龙，忽接随园书一封。七集寄来如拱璧，千言读罢若晨钟。天分吴蜀何时聚，人是东南一大宗。只合黄金铸临汝，

① （清）李调元：《袁诗选序》，《童山文集》卷五，商务印书馆 1936 年版，第 61 页。
② （清）李调元：《寄袁子才先生书》，《童山文集》卷十，商务印书馆 1936 年版，第 115 页。
③ （清）袁枚：《答李雨村观察书》，《雨村诗话》卷十六，巴蜀书社 2006 年版，第 372 页。

几多名士辨香供。""子才真是今才子，天赐江淹笔一支。要与江河同不废，独开今古别成奇。诗名不让少陵占，游屣惟应宗炳知。天下传人当首屈，不知附骥更为谁。"①

嘉庆二年（1797）八月，袁枚收到李调元所寄的《函海》以及手抄本《续集》，回诗《奉和李雨村观察见寄原韵二首》："访君恨乏葛陂龙，接得鸿书笑启封。正想其人如白玉，高吟大作似黄钟。童山集著山中业，函海书为海内宗。西蜀多才君第一，鸡林合有绣图供。""蓬岛仙人粤岭师，栽培桃李一枝枝。何期小稿蒙刊正，竟示群英谬赏奇。面与荆州犹未识，音逢钟子已先知。醒园篇什随园句，兰臭同心更有谁。"② 并回赠《小仓山房集》及《外集》，不料红花船行至巫峡翻覆。是年十一月十七日，袁枚病故，李调元有《哭袁子才前辈仍用前韵二首》诗云："悬知老子是犹龙，不谓俄成马鬣封。江上冯夷停鼓瑟，山中师旷不调钟。六朝风月教谁管，万里云天失所宗。自恨彦先悭一面，生刍一束向南供。""辨香遥奉是吾师，望断龙门百尺枝。诗比渔洋声更大，老游粤海集尤奇。可能虎贲中郎将，若简驴鸣武子知。接罢和章兼接赴，文章万古更推谁。"③

（二）李调元与王文治

王文治（1730—1802），字禹卿，号梦楼，江南丹徒（今江苏省镇江市）人。清代文学家、书法家。乾隆二十五年庚辰（1760），会试第四名，殿试一甲第三名进士及第（探花），官翰林院编修、侍读，后外任云南临安知府，罢归。著有《梦楼诗集》二十四卷。

乾隆二十六年辛巳（1761），李调元参加恩科会试，下第，以副榜充内阁中书，寄寓羊肉胡同。是年冬的一个雪夜，王文治招饮李调

---

① （清）李调元：《得袁子才书奉寄二首并序》，《童山诗集》卷三十四，商务印书馆1936年版，第469页。

② （清）袁枚：《奉和李雨村观察见寄原韵二首》，《童山诗集》卷三十四，商务印书馆1936年版，第470页。

③ （清）李调元：《哭袁子才前辈仍用前韵二首并序》，《童山诗集》卷三十六，商务印书馆1936年版，第486—487页。

元，酒醉兴酣，示以琉球宝刀①，命调元作歌以记之。李调元见琉球刀锃亮如雪、寒光逼人，欣然作诗一首曰：

先生雪夜招我饮，寒光逼座半酩酊。兴酣出示琉球刀，挂壁魂飞斩蛟影。

鲛鱼皮室象鼻绿，龙雀戛环犀利等。晶英射目寒生毛，正色捧视冠先整。

为云前年驾海航，同槎聊得张骞肯。翻然直渡姑米洋，使舟触礁纷断绠。

飓风大作黄蛇浮，齐呼天妃向东请。忽见海面一灯来，如烟笼罩神光同。

须臾护送马齿山，那霸港中始无警。此邦本邻土噶喇，七岛倭人争斗逞。

割髭男儿好佩刀，往往不胜先刎颈。出鞘光如雪一团，风声乍过失腰领。

可老赠我不敢窥，百步遥闻血腥冷。传闻日本初铸时，煅炼阴阳耸精紧。

磨出七百七十锋，白昼阴森击雷霆。带时镔铁曲作柔，用日如囊锥脱颖。

至今匣有悲号声，时时霹雳惊夜永。不信试看一摩拏，白日晶晶天炯炯。

我闻此言胆为寒，便欲挟刀斩强梗。即今边塞多烽尘，安得一挥万方静。

歌罢放刀出门去，门外雪花避光景。②

---

① 乾隆二十一年（1756）丙子，王文治陪翰林侍讲全魁（斗南）、编修周煌前往琉球册封琉球国世子尚穆为王。次年正月自琉球开洋返国，饯别时得琉球国王赠琉球宝刀一具。王文治回国后曾自作《琉球刀歌》一首，后又多次出示朋友，先后有董潮、曹文埴、吴璵、程梦湘、宋铣、贾虞龙、唐思、李御、李调元等多人为之作歌。

② （清）李调元：《琉球刀歌（并序）》，《童山诗集》卷七，商务印书馆1936年版，第69页。

　　乾隆二十八年癸未（1763）三月，李调元参加会试，中第二名，房师即为翰林院编修王文治。李调元"自比东坡之于梅都官"①，自此修弟子礼甚恭，"而先生仍以谱序称五弟"②。李调元在《雨村诗话》中对其师生之间的交往记录如下：

　　　　癸未，余礼闱出梦楼先生本房，芷塘亦在赵云松房内。芷塘时年甫十六，同年以"祝小姐"呼之，亦犹庚辰前辈宋小岩也。先余爱学小李将军画，而不甚似，故人以此嘲之，几成别号，不复呼雨村矣。一日，宴于先生书屋，酒半，先生指祝与余曰："余有杜诗二句，可赠二君。"问何句？曰："'将军不好武，稚子总能文'也。"一座倾倒。③

　　乾隆二十九年甲申（1764）春，翰林院向皇帝推荐了17位"翰林人员"，作为"外用道府"的备选。王文治得"首膺选"。到底是大隐于"朝"还是小隐于"野"？王文治内心极为忐忑，于是他请其门生李调元为其《城市隐居图》题诗，李调元写道：

　　　　达人厌尘居，反向城中住。岂真爱城阛，胸自无尘故。
　　　　先生本仙藉，香案掌文赋。天惜斯文坠，降下玉堂署。
　　　　城阴结茅屋，遍植皆花树。独酌理琴书，焚香脱巾屦。
　　　　只此涤凡襟，何必山林住。乃知枕石流，要是捷径路。
　　　　圣朝无遗才，不才乃见弃。先生岂真隐，留为隐者悟。④

---

　　① （清）陈融：《颐园诗话》，转引自钱仲联主编《清诗纪事·乾隆朝卷》（九），江苏古籍出版社1989年版，第6087页。

　　② （清）李调元：《梦楼先生过海》，《淡墨录》卷十五，辽宁教育出版社2001年版，第213页。

　　③ （清）李调元著，詹杭伦、沈时蓉校正：《雨村诗话校正》卷四，巴蜀书社2006年版，第111页。

　　④ （清）李调元：《王梦楼先生命题城市隐居图》，《童山诗集》卷七，商务印书馆1936年版，第81页。

是年三月，王文治奉召由侍读外除云南临安知府。五月出都，临行前蒋士铨、朱孝纯、董潮、曹文埴、赵翼、吴省钦、毕沅等好友均有诗相赠。① 调元亦有长诗《送别王梦楼先生由翰林侍读出守临安一百韵》相赠，其诗云："翰墨千秋宝，文章一日传。……诗遍鸡林贾，名高鹤上仙。碎琴方掷地，破壁遂飞天。玉笋同时隽，琼林独占先。"此诗载《童山诗集》卷七，为所有送行诗中最长的一首，李对王的由衷称颂据此可见。此后，两人再没有来往过，但从同卷中所录的《放歌行送别别驾唐芝田之江南兼怀梦楼先生》和《寄怀王梦楼先生六十韵》两诗可以看出，调元对其恩师的思念并未中断。11 年后，即乾隆四十年（1775）发生了一件很神奇的事。《雨村诗话》卷十五云：

> 梦楼先生自临安守归吴中，久不得音耗。乙未二月，余在京闭户养疴，梦梦楼先生来京补官，燕坐如平时，坐中出诗一首，中有"赵北燕南新驿路，柯亭刘井旧瀛洲"句，极自得意，相与大笑而寤。忽门外剥啄声，传中翰顾星桥新自南来拜谒问疾，因见之，问先生踪迹，云："已归里，不出山矣。"袖中出先生《送别星桥诗》云："正拟都门作壮游，维驹为我暂勾留。巨觥低唱春娘酒，小海争迎夏统舟。赵北燕南新驿路，柯亭刘井旧瀛洲。烟云伴侣如相忆，为报清江有钓钩。"② 阅至五六，为之讶然，其惊为奇梦。

李调元梦中诗成真极为奇幻，但透过这一事件，可以看出他对王文治的思念之深。因此，在他得知王文治卒后，有《哭原任临安太守房师王梦楼先生二首》，其诗云："丹徒忽下两行泪，讣自新都坐上闻。房考

---

① 参见赵翼《瓯北集》卷十《送王梦楼侍读出守临安》；吴省钦《白华前稿》卷三十五《送王梦楼侍读守临安》；毕沅《灵岩山人诗集》卷十七《送王梦楼同年出守临安》；蒋士铨《忠雅堂诗集》卷十一《送别王梦楼侍读文治守临安》；董潮《红豆诗人集》卷十八《送王侍读梦楼出守临安》；朱孝纯《海愚诗钞》卷二《送王梦楼先生出守临安》。

② 此诗亦见于王文治《梦楼诗集》卷十一《吴中访顾星桥，止宿月满楼，时星桥将入都门，即以志别二首》第二首，文字与李调元所记略有出入。

暗中逢直讲，门生时亦唤将军。曾经沧海文尤阔，爱写兰亭笔不群。兜率天高何处去？向南遥奠预除莘。""去年瓯北达长笺，为道吾师健似仙。旋寄鸿书询绛帐，讵知马鬣隔黄泉。四家选已传通蜀，百韵诗犹忆去滇。从此笙歌停女乐，后堂终不到彭宜。"① 悲痛惋惜，言极凄楚。

（三）李调元与赵翼

赵翼（1727—1814），字耘松，一作云崧，号瓯北。江苏阳湖（今武进）人。乾隆二十六年（1761）进士及第，列一甲第三名，为探花。赵翼是清代乾嘉时期著名的历史学家和文学家，其与袁枚、蒋士铨并称"乾隆三大家"，与袁枚、王文治、李调元合称"林下四老"。著有《廿二史札记》、《陔余丛考》、《瓯北诗钞》、《瓯北诗话》等史学、诗歌和诗学著作。②

乾隆二十六年辛巳（1761）二月，李调元至京，寄寓羊肉胡同吏部考工司主事陆燨宅。三月与赵翼等人参加万寿恩科会试，李调元下第，以荐卷取副榜，充内阁中书与国子监学正。次年十二月移居椿树三条胡同，时赵翼亦居椿树三条胡同，且和李调元是斜对门。赵翼置诗酒会，李调元日与其唱酬往返，两人即于此时交谊。后来李调元在《得赵云崧前辈书寄怀四首》其二中对当时情况作了记载："忆昔青云附骥尘，君方及第户盈宾。时晴斋每招游侍，听雨楼同看剧频。椿树醉归三巷月，绿杨斜对两家春。癸闱犹记房车过，亲报余登第二人。"③由此可见，两人当时不仅诗酒言欢，而且还有看戏的共同爱好。乾隆二十八年（1763）三月，赵翼任会试同考官，揭晓出场，未回家即直奔李调元家告知其中第二名的捷报，这令李调元一直感念不已。④ 李调元对赵翼的诗歌有很高的评价，他认为赵诗"千变万化，不可以格

---

① （清）李调元：《哭原任临安太守房师王梦楼先生二首》，《童山诗集》卷四十二，商务印书馆1936年版，第560—561页。

② 严迪昌：《清诗史》（下），浙江古籍出版社2002年版，第932—933页。

③ （清）李调元：《得赵云崧前辈书寄怀四首》，《童山诗集》卷四十二，《童山文集》卷十《答赵耘菘观察书》中亦有记载。

④ （清）李调元著，詹杭伦、沈时蓉校正：《雨村诗话校正》卷一，巴蜀书社2006年版，第51页。

律拘，而笔舌所奋，如谐如庄，往往令人惊心动魄"①。因而在其《雨村诗话》中所选赵诗也独多。

乾隆三十一年丙戌（1766），李调元庶吉士散馆，改吏部文选司主事。同年冬，赵翼出任广西镇安知府。李调元有《送编修赵云崧翼出守镇安》诗云："玉堂挥翰究推谁，二载螭头四海知。自古词臣多出守，况今才子最能诗。桃榔树底行苗步，薜荔门中谒柳祠。莫遣瘴烟侵鬓发，他年燕许候摛词。"②"燕许"指唐朝诗人张说和苏颋。两人皆因文而名显，张说封燕国公，苏颋袭封许国公，故有"燕许大手笔"之说。李调元用此典故，表达了对赵翼未来的美好祝愿。此后 30 年中，赵李二人一直未有来往。这期间，赵翼在广西镇安府任上 3 年，又曾赴滇参与缅甸之役。后又调任广州知府、贵西兵备道道员等职。旋因广东谳狱旧案被劾。乾隆三十八年（1773），赵翼以母老为由告假归里，不再复出。

这期间还发生了一件非常有趣的事。乾隆三十九年（1774），当时李调元正在广东典试任上，有人以赵翼子的身份来拜谒，并出以《瓯北全集》见示。③ 李调元热情地予以款待，临别时赠其著作和厚礼。后经赵翼证实，李调元"提学粤东时，小儿年仅胜衣，从未有游粤者，此不知何人假冒干谒，遂使弟有此干儿，可发一笑"④。

乾隆六十年（1795）六月下浣，李调元十六卷本《雨村诗话》付梓。嘉庆二年（1797）十月，李调元接桐城姚鼐书并寄怀诗，十一月初一日即写信给赵翼，并托姚鼐向其转递《雨村诗话》十六卷。吴蜀相隔千里，赵翼收到《雨村诗话》时已是嘉庆四年（1799）的事了，

---

① （清）李调元著，詹杭伦、沈时蓉校正：《雨村诗话校正》卷一，巴蜀书社 2006 年版，第 51 页。

② （清）李调元：《送编修赵云崧翼出守镇安》，《童山诗集》卷八，商务印书馆 1936 年版，第 100 页。

③ （清）李调元著，詹杭伦、沈时蓉校正：《雨村诗话校正》卷五，巴蜀书社 2006 年版，第 144 页。

④ （清）李调元：《雨村诗话补遗》卷四。另见《瓯北集》卷四十一《雨村书中谓督学广东时余子以拙刻赞谒，厚赆而去，仆初未有子入粤也，盖他人假名干谒耳，书以一笑》。

阅读之余，感愧交并，遂赋四律寄答：①

> 不见李生久，今朝接寸笺。来原经万里，到已历三年。想象
> 须眉老，传闻子弟贤。京华旧游迹，振触一灯前。

> 天各一方远，年皆七秩余。料无重见日，但望再来书。豪气
> 应犹在，交情故未疏。采诗偏我厚，百首累抄胥。

> 此书前岁发，蜀土尚无虞。岂意鱼凫图，今成豺豹区。可能
> 扶老杖，当作辟兵符。莫是将军号，真教展宏图。

> 得信知君在，其如寇祸侵。遥知惊夜火，不敢响秋砧。契阔
> 同年面，迢迢两地心。忧时兼忆友，不觉涕沾襟。

　　赵翼对李调元的偏爱十分感动，并希望能与其经常保持书信联系。嘉庆五年（1800）七月初五，赵翼托其外甥、绵州刺史刘慕陔向李调元寄《上雨村观察同年书》并附寄其《陔余丛考》四十三卷。九月初八，李调元收到中断了30余年联系的赵翼的书和信，为之狂喜，遂即回复诗书《刘慕陔州尊遣吏送赵云崧前辈书，时万卷楼焚，云崧不知也，因作诗寄知，亦当为我一哭也》②和《答赵云崧观察书》③向老友赵翼倾诉自己辛苦营建的"万卷楼"突被火焚一事，并附寄在十六卷本基础上补遗后的《雨村诗话》和《童山诗集》。赵翼收到李调元书信已是嘉庆六年（1801）了，其有《雨村观察自蜀中续寄诗话，比旧增多，戏题于后》④诗云：

---

①　（清）赵翼：《接同年李雨村观察书，乃嘉庆二年十一月朔日自绵州封发，兼附雨村诗话十六卷，采拙诗独多，感赋四律寄答》，《瓯北集》卷四十一，上海古籍出版社1997年版，第1002页。

②　（清）李调元：《刘慕陔州尊遣吏送赵云崧前辈书，时万卷楼焚，云崧不知也，因作诗寄知，亦当为我一哭也》，《童山诗集》卷四十一，商务印书馆1936年版，第548页。

③　（清）李调元：《答赵云崧观察书》，《童山文集》卷十，商务印书馆1936年版，第118—119页。

④　（清）赵翼：《雨村观察自蜀中续寄诗话，比旧增多，戏题于后》，《瓯北集》卷四十三，上海古籍出版社1997年版，第1080页。

　　河岳英灵一代收，朋簪想见广交游。成如蜀锦千丝集，寄自巴船万里流。儒者当为非一事，才人痴想是千秋。只应占得骚坛将，群仰旌麾在上头。

　　一编排纂遣萧闲，意在多收不在删。无我文应推阿士，是谁诗敢压香山？姓名暗数稀同辈，旗鼓相当又一班。自是高名能号召，并时声气遍人寰。

　　芜词谬辱故人知，遣与名流并辔驰。世不乏才常接踵，士皆争胜谁低眉？事关公论情难徇，人以诗传品已卑。敢比湖州杨伯子，自携画像出生祠。

　　诚如李调元在《雨村诗话补遗序》中所云："乾隆乙卯六月，余已著有《雨村诗话》（十六卷本）刊行矣，一时求之者颇盛，海内以诗见投者日踵于门，每有佳句，存之箧笥，爱不忍释，韫椟而藏，今又七年矣。嘉庆五年二月，忽遭烽火，避寇锦城，因得与当道诸公及四方流寓交接往来，几及半载，于是所积益伙。秋后回绵，稍有余闲，捡金择玉，又得百十篇，乃分为四卷，名曰《雨村诗话补遗》。"① 赵翼充分肯定了李调元增多后的诗话所取得的巨大成就："河岳英灵一代收，朋簪想见广交游。成如蜀锦千丝集，寄自巴船万里流。"但也指出了一些不足："一编排纂遣萧闲，意在多收不在删"；"芜词谬辱故人知，遣与名流并辔驰"；"事关公论情难徇，人以诗传品已卑"。归结起来，即赵翼认为李调元增补后的诗话似有滥收求多，鱼目混珠之弊（言外之意是应该披沙拣金），并认为诗人成就的大小应该交由世人和历史去评判。随后，赵翼便寄去自己的《陔余丛考》和《廿二史札记》两书，之后调元又复信《得赵云崧前辈书寄怀四首》② 回忆与赵往昔在京城交厚之琐事，并称赞："袁赵媲唐白与刘，蒋于长庆

---

　　① 《雨村诗话补遗序》，李调元著，詹杭伦、沈时蓉校正《雨村诗话校正》，巴蜀书社2006年版，第380页。

　　② （清）李调元：《得赵云崧前辈书寄怀四首》，《童山诗集》卷四十二，商务印书馆1936年版，第566—567页。

仅元侔。"赵翼嘉庆七年（1802）冬又有《前接雨村观察续寄诗话，有书报谢，并附拙刻〈陔余丛考〉、〈廿二史札记〉奉呈，兹又接来书，并诗四章，再次寄答》①诗予以回复，其中有句云："寄书未卜人还在。"不料竟一语成谶，李调元于嘉庆七年壬戌（1802）十二月二十一日卒。赵翼《瓯北集》卷四十六有《李雨村观察挽诗》一诗，作于嘉庆九年甲子（1804），小序云："久不接雨村书，心窃忧疑，蒋于野自京回，曾晤其弟编修君鼎元，知已下世，惊悼之余，以诗当哭。"其诗云：

> 绵阳音断渺烟云，得信俄惊宿草坟。斯世几人真爱我，老年同辈又亡君。和凝板散千家集，文节楼伤万卷焚。奇士人间留不住，故应召掌紫台文。
>
> 每逢书到怅暌离，今并音书不可期。万里难为徐稚吊，一编重检蜀州诗。魂来梦里人犹旧，名在阳间鬼岂知。八表停云空目极，更从何处寄相思。②

综上所述，李调元和赵翼之间的关系是十分密切的，尤其是晚年两人乡居、刘慕陔任绵州刺史间，两人更是书信来往频繁。时有以袁枚、赵翼、蒋士铨为"乾隆三大家"及以袁枚、王文治、赵翼、李调元为"林下四老"的说法，然比较起来，李调元和赵翼由昔日的同为京官，同住一条胡同，一起观剧到退隐林泉，居家著书自娱等，二人志趣相投且相互倾慕：李谓赵为"千古而后第一倾服之人"③，赵谓李为"著书满家，传播四海，提唱风雅，所至逢迎"④，他们之间的交流

———————

①　（清）赵翼：《前接雨村观察续寄诗话，有书报谢，并附拙刻〈陔余丛考〉、〈廿二史札记〉奉呈，兹又接来书，并诗四章，再次寄答》，《瓯北集》卷四十四，上海古籍出版社1997年版，第1132页。

②　（清）赵翼：《李雨村观察挽诗》，《瓯北集》卷四十六，上海古籍出版社1997年版，第1202页。

③　（清）李调元：《答赵云崧观察书》，《童山文集》卷十，商务印书馆1936年版，第118页。

④　《雨村诗话补遗》卷四，李调元著，詹杭伦、沈时蓉校正《雨村诗话校正》，巴蜀书社2006年版，第416页。

也最多。赵翼著有《瓯北集》53 卷和《瓯北诗话》12 卷，李调元著有《童山诗集》42 卷和《雨村诗话》三种共 22 卷，在诗歌创作上他们均重"性情"，尚个性，主创新，两人犹如清代性灵派之两翼，和袁枚一道共同推动了清代性灵派文学的发展。

（四）李调元与姚鼐

姚鼐（1732—1815），字姬传，一字梦谷。因书斋名"惜抱轩"，故世称"惜抱先生"。乾隆十五年（1750）中举。乾隆二十八年（1763）进士及第，授庶吉士。曾任礼部主事，山东、湖南乡试副考官，会试同考官，刑部郎中等职。乾隆三十八年（1773），入选四库全书馆充纂修官，约两年即辞官归里。在扬州、安庆、徽州、江宁等地，主持梅花、敬敷、紫阳、钟山等书院讲席约 40 年。姚鼐是清代桐城派最为重要的古文家，其一生著述颇多，有《惜抱轩诗文集》、《春秋三传补注》、《国语补注》、《老子章义》、《庄子章义》，选编《古文辞类纂》等。

李调元和姚鼐同为乾隆二十八年（1763）癸未科殿试金榜进士，李调元列二甲十一名，姚鼐为二甲三十五名。乾隆三十七年（1772）二月，李调元服阕赴京待补，其时与姚鼐、吴瑄、祝芷塘等常相往还。后遇同在京候补的友人朱子颖，因朱初为珙县令时曾亲游醒园，李调元请朱忆作《醒园图》，"一时同馆阁部院诸公俱有诗"①。时任刑部郎中的姚鼐亦有诗云：

　　蜀山西自蛮夷之中来，千仞万仞雪崔嵬。剑阁山南锦江暖，桑麻沃野当中开。绵州绾毂剑关口，白沙碧水环杉柳。吏部平生居此州，万株种松百瓶酒。录诗空谷感英灵，投辖使驿招宾友。天下传君此醒园，君今却出剑门关。我见君颜长不怿，君道思家归不得。况复西山有畔夷，军兴大渡河西北。渰氐山密豺狼骄，又传兵马乘绳桥。丁男尽力助输挽，园林坐看生蓬蒿。前夕渝州

---

　　① （清）李调元著，詹杭伦、沈时蓉校正：《雨村诗话校正》卷九，巴蜀书社 2006 年版，第 213 页。

使君至，看山遍历邛嶬地。筹边经国意何长，就君传说西南事。为君水竹貌平分，先貌松维雪岭云。偃卧信知鱼鸟乐，明年定罢殿前军。①

此年，姚鼐曾拜访李调元，李调元有《和同年比部姚姬传鼐见访元韵》。农历九月十日，姚鼐邀李调元等赴法源寺看菊，《童山诗集》卷十三《九日后一日比部姚姬传邀游法源寺看菊》有载。乾隆四十五年（1780）冬，李调元在广东视学完毕，回京复命，途经安徽桐城，专程拜访老友姚鼐。拜其母，姚母以姚之堂妹为李调元妾，姚李二人把酒话旧，直至五更。② 李调元到京后，即擢直隶通永道。然两年后"即缘事发伊犁，幸以万金赎归"。后居家十余年，此间姚李二人书信中断，直至嘉庆二年（1797），李调元忽然接到姚鼐的书信，并附诗云："故人与我尚人间，会榜金羁玉筍班。地势风烟难蜀道，天涯云水各江关。偶将文笔传消息，竟谢簪缨孰往还。衰鬓不妨论事业，发挥潜德又诛奸。"③ 李调元有和诗云："自分相思梦寐间，忽闻消息慰颓颜。九年坐拥南京席，万卷高于北峡关。闻与王维谈佛近，应知袁虎共舟还。自惭苏老甘心退，尚悔从前作辨奸。""桐城驿路雪霜间，忆在君家醉别颜。往日争驰龙尾道，只今高卧鹿头关。故人半受衡文聘，英物先看夺锦还。我辈功名真似戏，何须核实论忠奸。"④ 姚鼐信中质问李调元后来为何伏而不出，李调元给了三点原因："其一，一生赋性至蠢，过于刚正，不惯外任，诚恐再遭

---

① （清）李调元著，詹杭伦、沈时蓉校正：《雨村诗话校正》卷九，巴蜀书社 2006 年版，第 215 页。李调元稿，丛书集成初编本《罗江县志》卷七亦有记载。

② （清）李调元：《答姚姬传同年书》，《童山文集》卷十，商务印书馆 1936 年版，第 126—127 页。

③ 此诗载于《惜抱轩全集·诗集卷十》，诗名《寄李雨村调元》。又见《童山诗集》卷三十五，两相对比，文字多有出入。李调元在诗集中所附的原作为《寄怀李雨村同年》，其诗云："古人与我尚人间，衰发无多皱满颜。地势最难通蜀道，天涯各自倚江关。流传文笔知消息，爱赏溪山孰往还。闭户不妨论事业，发挥潜德又诛奸。"姚鼐在寄此诗的同时又附其《寄祝芷塘》和《寄袁香亭》，祝、袁、姚、李皆同科进士，李调元对此也写有和诗，分别为《和姚姬传寄祝芷塘韵》、《和姚姬传寄袁香亭韵》，此两首诗见《童山诗集》卷三十五，商务印书馆 1936 年版，第 477 页。

④ （清）李调元：《和桐城姚姬传鼐太史见寄元韵并附寄祝芷塘、袁香亭两同年诗》，《童山诗集》卷三十五，商务印书馆 1936 年版，第 476 页。

倾跌，不知何处又觅万金也。其二，多与宰相为忤，画稿则得罪于阿舒二公，揭员则得罪于英公，虽冤结前生，事由同官酿成，而内而同部，外而同省，事皆由永姓一人怂恿，诗曰：'永言配命。'当安命也。其三，一生以清廉居官，本无赃累，原可捐还，而首相当官，非贿不准。若一入其门，便为其党，诚恐冰山见日，遗臭万年，此则宁终身废弃而不为也。"①

（五）李调元与纪昀

纪昀（1725—1805），字晓岚，一字春帆，号石云。清代文学家，直隶献县（今河北献县）人。乾隆十九年（1754）进士，改庶吉士，散馆授编修。历官贵州都匀府知府、翰林院侍读学士、《四库全书》总纂、礼部尚书、协办大学士、太子少保等，谥文达。

纪昀是李调元最为推重和服膺的诗人之一。乾隆二十六年辛巳（1761），李调元官内阁中书时便与纪昀的"两公子追逐文坛，驰驱诗酒"，后入翰林，"得先生发解之文，骈体之表，心摹而力追之，又承乏庶常，复见先生馆课存稿，更口诵而心维之惜乎"②。三十年（1765），李调元"与馆阁前工部侍郎刘圃山（星炜）、今兵部侍郎纪晓岚（昀）、内阁侍读学士汤莘南（先甲）、侍讲周雉圭（升桓）、给事中丁芷溪（田树）、编修王露仲（大鹤）、王诒堂（燕绪）、曹习庵（仁虎）、彭云楣（元端）、曹竹虚（文植）、毕秋帆（沅）晏游，见闻益广"③。三十三年（1768），纪昀因在两淮盐运使卢见曾案中"瞻顾亲情，擅行通信，情罪亦重，著发往乌鲁木齐效力赎罪"④。是年八月，纪昀离京西戍，调元"曾与两公子追送道左"。四十一年（1776），大小金川完全平定，纪昀作《平定两金川雅》和《平定两金川颂》歌颂乾隆武功，调元仿其应

① （清）李调元：《答姚姬传同年书》，《童山文集》卷十，商务印书馆1936年版，第126—127页。

② （清）李调元：《与纪晓岚先生书》，《童山文集》卷十，商务印书馆1936年版，第116页。"两公子"应指纪晓岚长子纪汝佶、次子纪汝传。

③ （清）李调元：《童山自记》，赖安海《李调元文化研究述论》，现代教育出版社2008年版，第96页。

④ 《清高宗实录》卷八一五，中华书局2008年影印本。

制体作《圣驾驻跸桃花寺闻金川红旗捷报恭纪四首》。①

　　乾隆四十七年（1782）三月，李调元在直隶通永道任上，恭迎圣
驾于蓟州盘山，与时任兵部右侍郎的纪昀"相见于宫门，匆匆数言而
别"。是年正月，《四库全书》成。七月，李调元奉旨运送一部《四库
全书》去盛京（今沈阳）文溯阁，不料行至卢龙县突遇大雨，县令郭
棣泰不备雨具，以致沾湿黄箱。李调元弹劾卢龙县令及永平知府弓养
正，反而被诬，这群乌合之众依附和绅，凭借权势，罗织罪名将李调
元削职查办，投入监狱。次年二月李调元被遣发伊犁，囚车行至涿州
（今河北省涿州市），恰逢袁守桐回任直隶总督。袁早年曾在四川做
官，他深知李调元其人、其学、其才，得知李含冤流放，即上奏朝廷，
以李有老母为由，求万金赎归。

　　乾隆四十九年（1784）甲辰，纪昀充会试副考官，李调元从弟李
骥元即出自其门下。后纪昀"每见吾弟辄问曰：'令兄安否？今年进
士，令兄以为何如？仍有贿得者否？'"这令李调元感念不已，"以被
废之人，而尚蒙齿牙之及，亦可谓平生之知己矣！"② 乾隆六十年
（1795），《童山诗集》四十卷、《淡墨录》十六卷等刊成，李调元遂手
书《与纪晓岚先生书》，并附寄两书请纪昀改削。

二　李调元与乾嘉戏曲名流的交往

（一）李调元与蒋士铨

　　蒋士铨（1725—1784），字心余，又字苕生，号清容，又号藏园，
晚年又有定圃、离垢居士等号，江西铅山人。擅长诗、词、曲等创作，
尤以曲最有成就，一生作曲数十种，较为著名的有《一片石》、《第二
碑》、《四弦秋》三杂剧和《空谷音》、《冬青树》、《桂林霜》、《香祖
楼》、《雪中人》、《临川梦》六传奇等，合成《藏园九种曲》。③ 李调

---

　　① （清）李调元：《圣驾驻跸桃花寺闻金川红旗捷报恭纪四首》，《童山诗集》卷十八，商
务印书馆 1936 年版，第 239—240 页。

　　② （清）李调元：《与纪晓岚先生书》，《童山文集》卷十，商务印书馆 1936 年版，第 117 页。

　　③ 参见刘大杰《中国文学发展史》，百花文艺出版社 2007 年版，第 591 页。

元一生喜欢看戏，晚年更是蓄养戏班，自导自演。他与蒋士铨都是乾嘉时期的著名诗人兼戏曲家，《雨村曲话》、《童山诗集》等著中记录了两人的交往情况。根据这些记载，我们得知两人最早的交往始于乾隆四十二年（1777）。当时李调元正奉命提督广东学政，九月十二日自京起程，途经江西南昌，接蒋士铨书信。《童山诗集》卷十九《新淦舟中汪明府来谒，得蒋心余太史士铨书，蒋与余相左于南昌，遣人以乐府追寄，藏园其诗稿也》云："卧听邮签报水程，开窗已见挂铜钲。半篙绿水舟初动，一片青山树上行。《空谷香》中人去远，藏园稿里句堪惊。友生聚散真无定，又见澹台在武城。"《雨村曲话》对此交往亦有记录："余往粤东时，过南昌——其时蒋已入京——其子知廉来谒。问其诗，已付水伯。以所著《空谷香》《冬青树》《香祖楼》《雪中人》四本见贻。余诗曾有'《空谷香》中人去远'之句，盖怀心余也。舟中为批点一过，不觉日行数百里，但见青山红树，云烟奔凑，应接不暇，扬帆直过十八滩，浑忘其险也。心余与余交最契。其再补官也，为贫而仕，非其本怀。壬寅相见于顺城门之抚临馆，欢甚。曾许题余《醒园图》。未几，病痹，右手不能书。今已南归矣。然闻其疾中尚有左手所撰十五种曲，未刊。蒋与武陵人袁枚，时人有两才子之目。晚年俱落落不得志。今欲选二家诗为《蒋袁探骊》，不果。袁诗曾为选刊粤中，蒋诗竟弃波涛，良可惜也。"① 综合上述两段文字，我们可知：其一，李调元赴广东任，途经南昌，蒋士铨遣子知廉携其戏曲著作《空谷香》、《冬青树》、《香祖楼》、《雪中人》四本见赠，并请李调元批点，李对蒋的几部作品评价甚高；其二，李调元与蒋士铨交厚，并认为蒋与袁为当时两才子，本想选刊二人诗歌，但最终未能如愿；其三，乾隆四十七年（1782），两人相见于顺城门之抚临馆，相谈甚欢。

　　在《雨村诗话》中，李调元多次评价蒋士铨的文学成就。如卷一云："近时诗推袁、蒋、赵三家，然皆宗宋人。子才学杨成斋，而能各

---

① （清）李调元：《雨村曲话》卷下，中国戏曲研究院编《中国古典戏曲论著集成》卷八，中国戏剧出版社 1959 年版，第 27—28 页。

开生面，此殆天授，非人力也。心余诗学山谷，而去其艰涩，出以响亮，亦由天人兼之……云崧则立意学苏，专以新造为奇异，而稗家小说，拉杂皆来，视子才稍低一格，然视心余，则殆有过之无不及矣。"① 又云："蒋苕生工于填词曲，独步一时。至于诗，不但不及袁子才，亦稍逊赵云崧。而子才一见倾倒，赞不绝口，有'名动九重官七品，诗吟一字响千秋'之句，大抵以题壁诗决其必贵，而自夸眼力也。然三人不免互相标榜……然平心而论，词曲，袁、赵俱不及蒋；诗，蒋俱不及袁、赵。而诗词俱兼者，断必推丹徒王梦楼先生。"② 调元对三家的诗学取向、诗歌特点、诗歌成就所作的评论总体上是公允的。

（二）李调元与魏长生

魏长生，字婉卿，四川金堂县人。因排行第三，故人称魏三，清乾嘉时著名的秦腔旦角表演艺术家，也是清代戏曲发展史上"花雅之争"中"花部"的泰斗。史料记载他"幼习伶伦，困阨备至"③，弱冠后曾于乾隆三十九年（1774）、乾隆四十四年（1779）、嘉庆五年（1800）三赴京师演出，尤其是乾隆四十四年（1779）在京演出《滚楼》一剧，引起强烈轰动。④ 后又辗转扬州、苏州等地演出，均获成功。

李调元的乾隆五十七年壬子（1792）的诗中有《得魏宛卿书二

---

① （清）李调元著，詹杭伦、沈时蓉校正：《雨村诗话校正》卷一，巴蜀书社 2006 年版，第 33 页。

② 同上书，第 41—42 页。

③ 参见（清）吴长元《燕兰小谱》卷五引张际余《魏长生小传》。另见徐柯《清稗类钞》第十一册"优伶类"的"魏长生为伶中子都"条（中华书局 1984 年版，第 5106 页）。

④ 参见吴太初《燕兰小谱》卷五："既而以《滚楼》一剧名动京城，观者日至千余，六大班顿为之减色。"小铁笛道人，《日下看花记》卷四："长生于乾隆三十九（1774 年）始于都，习见其《滚楼》，举国若狂。"昭梿，《啸亭杂录》卷八："魏长生甲午岁入都，名动京师，凡王公贵位，以至词垣粉署无不倾掷缠头数千百，一时不得识交魏三者，无以为人。"李调元，《雨村诗话》（十六卷本）卷十："近日京师梨园以川旦为优，人几不知有姑苏矣！如在京者，万县彭庆莲，成都杨芝桂，达州杨五儿，叙州张莲官，邛州曹文达，巴县马九儿，绵州于三元、王升官，而最著为金堂魏长生，其继成都陈银官次之，几于名震京师。吴太初《燕兰小谱》云：'长生名宛卿，昔在双庆部，以《滚楼》一出奔走豪儿，士大夫亦为心醉。'其他杂剧肖子，无非科诨海淫，一时观者如堵。而京中王府、萃庆、大成、裕庆、余庆、保和六大部，几无人过问，真可为长太息者。"徐柯，《清稗类钞》第十一册"优伶类"的"魏长生为伶中子都"条："既而以《滚楼》一剧，名动京城，观者日千余人，六大班顿为之减色。其他杂剧子肖，无非科诨海淫之状，使京腔旧本置之高阁，一时歌楼观者如堵。"（中华书局 1984 年版，第 5106 页）

首》，其一云："魏王船上客，久别自燕京。忽得锦官信，来从绣水城。讴推王豹善，曲著野狐名。声价当年贵，千金字不轻。"另一云："傅粉何平叔，施朱张六郎。一生花底活，三日坐中香。假髻云霞腻，缠头金玉相。《燕兰》谁作谱？名独殿群芳。"① 这两首诗是《雨村诗话》中记录李魏二人交往的唯一资料。"久别自燕京"说明两人很早就相识了，那到底是什么时间两人开始交往的呢？笔者作如下推断。

上文说过魏长生首次来京演出是在乾隆三十九年（1774），而李调元则于该年五月奉命典试广东，十一月回京复命，由此可知，两人最早很可能就是在此年交谊的。乾隆四十二年（1777）九月，李调元奉旨督学广东，自京起程，此后三年一直在广东学政任上。乾隆四十六年（1781）正月回京升任直隶通永道，二月即赴任，乾隆四十七年（1782）因"黄箱沾湿事件"入狱，魏长生也在此年被"奉禁入班"，因此二人的相识时间最有可能在1774—1777年。也就是说，魏长生第一次赴京演出时，就和当时在京城吏部任职的李调元认识。这离壬子年两人的书信通问已过去了15—18个年头，因而说"久别自燕京"。

三 李调元与朝鲜诗人的交流

清初，受朝鲜传统儒家"华夷论"和"尊明斥清"思想的影响，朝中的友好交流一度受到阻碍。乾隆朝以来，中国国力强大，文化昌盛，由于国家长期对朝鲜实施"厚往薄来"睦邻政策，朝鲜不再仇视清廷。更重要的是，朝鲜英祖（1725—1776）、正祖（1777—1800）时期，北学派受到重用，中朝文化交流也随着该派学者与清代文人学士的交往出现了繁荣。

乾隆四十一年（1776）十一月，柳得恭的叔父柳琴（字弹素）随同朝鲜副使徐浩修来到京城。贺圣之余，柳琴等朝鲜使臣一行趁便去当时北京书坊云集之地——琉璃厂——采购图书。一次偶然的机会，柳琴在

---

① （清）李调元：《得魏宛卿书二首》，载《童山诗集》卷三十一，商务印书馆1936年版，第421页。

书肆里看到了李调元的《粤东皇华集》，因欣赏其诗风而到处打听，终于乾隆四十二年（1777）元宵带着朝鲜"汉诗后四家"的诗歌选集《韩客巾衍集》拜访了李调元。对此，李调元在其诗话里作了简略记述：

> 乾隆丁酉上元，余在京，忽有朝鲜人柳琴到门云："我朝鲜副使徐浩修使也。浩修，字养直，号鹤山，大丘人。官里曹判书，兼同知经筵成均馆事，前宏文馆副提，集贤殿学士议政府舍人，湖南布政使承政院都承旨吏曹参判。因在琉璃厂书肆见尊刻《粤东皇华集》，无心山谷、放翁而自合于山谷、放翁，窃意著作必不至此，不止此外尚有几种，乞求数部。"勉恳不已。因令人与之，使去。①

言谈之中，柳由衷称颂李的《粤东皇华集》的诗风，并出示其手抄撰订的《韩客巾衍集》，乞求李为之作序和评定。李调元欣然同意，写序一篇，并对四家诗歌作了高度的评价："今观四家之诗，沉雄者其才，铿锵者其节，浑浩者其气，郑重者其词。"② 柳琴在华期间，曾屡次造访李室，与李调元以诗交厚，李既赠其以《粤东皇华集》、《松下看书小照》和《看云楼集》等，还分别品评四家诗歌，采录数首编入其《雨村诗话》。③ 柳琴、徐浩修等人与李调元的交流，不仅促进了清中叶中朝文学艺术的交流，而且为后来李调元与朝鲜"汉诗后四家"，即李德懋、柳得恭、朴齐家、李书九的诗文来往打开了大门。中朝文人的相互交流，在当时和后世都被传为美谈。

第三节　李调元著述成就综述

李调元一生勤于著述，尤其是晚年居家的近 20 年更是笔耕不辍，

---

① （清）李调元著，詹杭伦、沈时蓉校正：《雨村诗话校正》卷十六，巴蜀书社 2006 年版，第 368—369 页。

② ［韩］金台俊：《朝鲜汉文学史》，张琏瑰译，社会科学文献出版社 1996 年版，第 166 页。

③ 参见李调元著，詹杭伦、沈时蓉校正《雨村诗话校正》卷十六，巴蜀书社 2006 年版，第 368—371 页。

他的一生为后人留下了大量的著作。据今人詹杭伦的《李调元学谱》一书载："李调元今有传本的著作凡五十三种。"① 就其大类而言，他的著作在经、史、子、集四个方面均取得了丰硕的成果；就其所涉及的领域而言，则包罗了历史、地理、天文、文学、音韵学、金石学、民俗学等。尤其是晚年居家的 20 年，他潜心学术，编纂刊刻了大型的文化典籍《函海》，对清代巴蜀文化的保存和发展做出了重大的贡献。本节就从经、史、子、集四个方面对其著述成就予以综述，以期从中窥见李调元学术创作的大致轮廓。

一　经部

明末清初，以顾炎武、黄宗羲、王夫之等为代表的一大批文人力挽狂澜，他们沉痛反思明代主情文风误国的历史教训，大力倡导经世致用的儒学思想和文风；同时由于清初"文字狱"大兴，当时许多汉族文人为了逃避迫害，遂投身于经学研究之中，经学考订之风大行于天下，乾嘉时达到了空前兴盛的局面。李调元在任翰林院庶吉士和参与编修《四库全书》期间，对经学考订十分热心，据《清史列传》卷七十二《李调元传》、《童山自记》、《李调元学谱·著述谱》、《中国丛书综录》、《续修四库全书》、《续修四库全书总目提要（稿本）》等载，他的经部著作有：《易古文》三卷，《尚书古字辨异》一卷，《郑氏古文尚书证讹》十一卷，《童山诗音说》四卷，《周礼摘笺》五卷，《仪礼古今考》二卷，《礼记补注》四卷，《夏小正笺》一卷，《月令气候图说》一卷，《春秋左传会要》四卷，《左传官名考》二卷，《春秋三传比》二卷，《逸孟子》一卷，《十三经注疏锦字》四卷，《奇字名》十二卷，《古音合》二卷，《六书分毫》三卷，《通诂》二卷，《方言藻》二卷，《卍斋琐录》十卷，《精选幼学对类》一卷，共计二十一种七十七卷。今人张舜徽在其《清人文集别录》卷七《童山文集别录》中写道：

---

① 参见詹杭伦《李调元学谱》，天地出版社 1997 年版，第 131 页。

调元治经，宗主郑氏。常谓汉儒注经，去古未远，俱有家法，只言片语，不肯苟作，考古者所必穷。（《郑氏古文尚书序》）其治学取向，固与惠、戴同归，而研绎三礼为尤精。著有《周礼摘笺》、《仪礼古今考》、《礼记补注》诸书，皆所以发明郑学，以勘定后来诸家之说。①

"三礼"的研究代表了李调元在经学方面的最高水平和成就。《周礼摘笺》五卷卷首载李调元自序道："《周礼》，古周官底薄也。"东汉大经学家郑玄曾网罗众家为之作注，其注甚详。李调元为了简明详说，便于诵读作《周礼摘笺》五卷，即天官、地官、春官、冬官各一卷，夏官、秋官合为一卷。其性质是一部关于《周礼》的校勘记。具体内容和做法是："摘取注中经文互异之字而笺之，以折衷于一。"李调元的《周礼摘笺》一书和阮元的《十三经注疏校勘记》中的《周礼注疏校勘记》相比，虽然前者不如后者自然翔实，但李调元的《周礼摘笺》一书刊行要比阮元的早约 30 年时间，而且其中不乏真知灼见。《仪礼古今考》二卷，其《序》云："《仪礼》，周公所著，盖以为仪法之大备者，故命为《仪礼》……汉郑康成注《仪礼》时，以古、今二字并之，或从今，或从古，皆逐意强者从之；若二字俱合意者，则两见之。是今之《仪礼》，乃古今文互出之杂本也。余以为《仪礼》，故礼经，当从古文，不当从今文。盖今文出于川，而古文处于篆；传者口授或讹，而篆者古本犹存也……今特博采群书，摘古今致参互者之悉心考订，折衷于古，以补注疏之阙，以释从今之非。"由此可知，《仪礼古今考》是一部考订《仪礼》中古文与今文差异的著作，其目的在于"这种预估，以补注疏之阙，以释从今之非"。《礼记补注》四卷卷首载李调元撰《礼记补注序》云："《云庄礼记集说》十卷，元陈澔撰，澔字可大，都昌人，云庄其号也。其书成于至治壬戌（1322）……明初始定《礼记》用澔注，胡广等修《五经大全》，《礼记》亦以澔注为主，用以取士，遂诵习相沿。盖说

---

①　张舜徽：《清人文集别录》（上册），中华书局 1963 年版，第 207、208 页。

《礼记》者，汉唐莫善于郑孔，而郑注简奥，孔疏典赡，皆不似澔注之浅显。宋代莫善于卫湜，而卷帙繁富，亦不似澔注之简便……余少习举子业，先大夫即授以陈氏《集说》，余受而读之，以其间穿凿附会并及挂一漏万之处，颇不惬于心。因遍采说《礼》诸家为之补注于上，以备参考。"观《序》可知，李调元的《礼记补注》是一部对陈澔的《云庄礼记集说》补缺订讹的著作。

综观李调元的"三礼"，我们可以发现李调元的经学考订方面的一些特点，即李调元著述为文喜好古字，著作中竭力为古字张目，但多能突破前说，敢于破权威，追求新意。李调元的经部小学类著作，为当代学者研究李调元在音韵学、古文字学、训诂学以及方言词汇学等方面提供了重要的参考资料。

二 史部

李调元一生关心乡土文献，特别是值四库全书馆开之际，它广泛搜求资料，加之他曾两度跋涉岭南的独特经历，这些为他的史学创作提供了大量可靠的、翔实的素材，真积力久，史学成就也十分卓著。据《清史稿·艺文志》、《童山自记》、《李调元学谱·著述谱》、《中国丛书综录》、《续修四库全书》、《续修四库全书总目提要（稿本）》等载，李调元的史部著作共十二种七十三卷零一册：《制义科琐

李调元《淡墨录》书影

记》四卷，《续记》一卷，《淡墨录》十六卷，《井蛙杂记》十卷，《南越笔记》十六卷，《然犀志》二卷，《出口程记》一卷，《蜀碑记补》十卷，《罗江县志》十卷，《童山自记》一册，《升庵先生年谱》一卷，《游峨日记》一卷，《使粤驿程记》一卷。

《制义科琐记》及《续记》两书均载于《清史列传》卷七十二及

罗江县志卷一

沿革

邑人李调元雨村辑

罗江县禹贡梁州之域秦属鹑尾分野素属蜀郡汉涪县
地晋末置万安县属梓潼郡宋齐因之梁末移治涪
亭改曰潺亭县西魏复曰万安置万安郡隋皇朝
废县属绵州唐因之天宝元改曰罗江宋元明仍旧
编尸三里清类天文分野之书

晋绵州歌豆子山打兔鼓阳平关撒白雨白雨下娶
龙女织得绢一丈五一半属罗江一半属元武皆晋诗

嘉庆版《罗江县志》书影

《清史稿·艺文志》史部政书类。《制义科琐记》卷首有自序，就其内容及《序》而言，此书可看作是一本记录从明洪武至清八股科举考试中佚文奇事的笔记体小说。虽然此书当初的创作目的仅仅是"为制科雅话，以鸣盛事，亦以见国家待士之隆也"（《制义科琐记序》），但现在看来，此书较为真实地记录了明清两代科举制度的发展与变迁，其作为史料的价值越来越受到当代研究科举制度的学者的高度重视。《淡墨录》所载同《制义科琐记》，卷首《自序》云："《淡墨录》者，所纪皆本朝甲乙两榜诸名臣之言行也。"全书以时间为序，汇录了顺治、康熙、雍正、乾隆各朝一二甲进士的事迹言行，其中杂记科举制度的重要变更。《井蛙杂记》录于《清史列传》卷七十二，书前《自序》云："《井蛙杂记》者，蜀中历代琐事佚文"，成书于乾隆三十四年（1769）。《南越笔记》，后世学者认为其是根据明末清初学者屈大均的《广东新语》一书增删而成。屈大均明末诸生，曾参加反清武装，其书亦有反清复明的倾向，被列为禁书，李调元为躲避"文字狱"而对屈书进行增删改编，更名为《南粤笔记》重新刊行，可谓煞费苦心。全书较为生动具体地记录了粤东的气候、农事、物产、风俗、节日等，是一部记叙翔实的历史地理学著作。《然犀志》二卷，可以看作《南越笔记》的续篇。李调元视学粤东，遍至广、惠、潮、高、廉、琼、半等地，因临近海滨，故每食唯鱼为先，其中形形色色的鱼类及其他水族令李调元瞠目结舌，由于好奇心的驱使，每志其形状，考其出处，博采方言，一一精细备载，可以看作是一部记载广东鱼类、介绍水生物的海洋博物志。该书因在阐发海洋生物名义、摹写其状貌以及记载其怪异变化诸方面皆能做到细致独到，生动形象，栩栩如生，所以对于南海水生物的研究有一定作用。《罗江县志》十卷，《清史稿·艺文志》史部地理类有载。该书写于嘉庆七年九月，是李调元最后一部著作。全书共十卷，所记包括十五个门类，即卷一包括"沿革"、"城池"、"县属"、"名臣"、"各属"五个门类，卷二为"城内"门，卷三至卷八依次为"东乡"、"南乡"、"西乡"、"北乡"、"四乡"门，其中尤以"北乡"记录得最为详细，又分为"北乡上"、"北乡中"、"北乡下"，分别占卷六、卷七、卷八三卷，卷九为"人物"门，卷十为"节孝"、"道释"、"技术"、"土产"四个门类。此书在编写时，征引的材料能注明出处，所记的名胜古迹能经过实地考察，所以此书是一部颇为可信的县志。《童山自记》一书是李调元晚年自定的年谱，它为考证了解李调元生平事迹及著述提供了第一手材料。

　　《东海小志》，函海本，李调元撰。《续修四库全书总目提要（稿本）》云："是编乃官通永时所作。盖冀东地势与盛京接壤，先生常因公出关，见其物产富饶，因略志之，渐积成帙，勒为此卷。凡五十三条，皆关内皆不数数觏之动植物也。第十一条云：'树鸡似雉而小脚有毛，《尔雅》注云：鷄鸠大如鸽似雌雉。鼠脚无后趾，出北方沙漠地，树鸡即鷄鸠之别名也。'第十四条云：'外番犬强壮，常以代马供驱策，故元史有犬站之名。今赫真飞牙哈部落，尚有役犬以供负载者，所谓犬站，亦驿站之类也。'书中所记，既多奇禽异木，且其有关古籍者，必详为考证，是不仅可备传物君子之采择，犹可共经史专家之参考焉。"① 詹杭伦先生谓《函海》乾隆版收有《东海小志》一卷，疑系《使粤程记》一书之别名②，其实大谬不然。今据 A. W. 恒慕义《清代名人传略·李调元》载，李调元曾著《东海小记》一卷，为记述山海关地区物产之作。综合以上记载我们可知，《东海小志》即《东海小记》（"记"与"志"表述不同，实由翻译所致），为李于通州通永道任上所作。

---

① 中国科学院图书馆整理：《续修四库全书总目提要（稿本）》（17），齐鲁书社 1996 年版，第 51 页。

② 詹杭伦：《李调元学谱》，天地出版社 1997 年版，第 47、210 页。

《使粤程记》即《使粤驿程记》，为其赴粤试学任上所作。

三　子部

据《李调元学谱·李调元著述谱》，《续修四库全书总目提要（稿本）》载，李调元可考订的子部著述共有八种六十四卷：《诸家藏书簿》十卷、《诸家藏画簿》十卷、《譬林冗笔》（《雠林冗笔》）四卷、《唾余新拾》十卷、《续拾》六卷、《补拾》二卷、《剿说》四卷、《尾蔗丛谈》四卷、《新搜神记》十二卷、《弄谱》二卷。

《诸家藏书簿》及《诸家藏画簿》均载录于《清史列传》卷七十二。"谓之簿者，亦犹今之记账也"（《诸家藏书画簿序》），也就是收藏书画的目录。两书较为详细地记载了公、私家收藏书画的情况，这对后代学者考订前人前代书画的保存及流传情况极为有益。《唾余新拾》、《续拾》及《补拾》是一套对前人著作中的"英华"进行咀嚼，得其"常珍"的作品。《尾蔗丛谈》是一部记载明清年间发生于各地的怪异之事的笔记小说，其性质近似于同代蒲松龄的《聊斋志异》，但两书也有不同之处，即后者是一部文学性和传奇色彩很强的书，其所记"皆凿空造意，无实可征"，而前者所录皆为李调元生平宦游所历，大多为有据可寻，有事可考的怪异之事。《新搜神记》是一部补晋干宝《搜神记》的书，李调元曾将此书寄给当时的名画家余集，余集在答谢书《与雨村老前辈大人书》中称道："《搜神》则奇诡可喜。"[①]《弄谱》二卷，今仅见于乾隆甲辰本，共六十七则，其内容比较广泛，但主要记载的是各种民间艺术、说唱艺术、杂技杂耍、游戏娱乐等，其性质是一部介绍清代民间游艺民俗的书，它对于民俗文化的研究具有重要价值。

《譬林冗笔》四卷，李调元撰，子部杂家类著作。《函海》乾隆壬寅本、甲辰本，《八千卷楼书目》、《清续文献通考》、《清史稿·艺文

---

① （清）余集：《与雨村老前辈大人书》，《童山文集》卷十，商务印书馆1936年版，第122页。

志》、《续修四库全书总目提要（稿本）》等均著录。《提要（稿本）》云：“是编凡四卷，乾隆间曾刊入《函海》内，后来久佚。嘉道间所刊《函海》已无此书，故甚鲜觏。所载皆校雠子钞随笔札记，盖以唐马氏本子钞，与梁庾仲容子钞互勘而得者也。中多异著新说，为现存诸子中未闻未见者。如记韩昌黎考正鹖冠子曰：‘鹖冠子作书三卷，今存。韩昌黎尝考正之，今止有陆佃注，昌黎原本不可得矣。’及记燕丹子云：‘《燕丹子》三卷。’案太子名丹，谋报仇于秦，客田光因进荆轲使刺始皇，是书几其事。隋唐艺文志并作一卷，盖视庾氏钞子时，已亡其二卷矣。袁褧《枫窗小录》，隋载有序文甚奇，宋潜溪谓辞气类越绝书《吴越春秋》等皆是也。其自序曰：‘经史而外，百家著述，门分户别，或言天文术数、纵横名法、兵家杂技，遂有儒家墨家道家之目。名类至绩，号称诸子，梁庾仲容作子钞三十卷，唐马氏总，本其义，省作三卷，以庾氏之书，与当世所传多未合，故概从裁汰，今存邵太史得旧本，细加雠校，随笔记载，裒然成集，名之曰：《雠林冗笔》。日事丹铅，烦神费墨，颇亦自笑其冗，然习气未除，乐此不疲。亦或见谅于他日，至于辨学术之纯杂，考授受之源流，及章句之纰谬舛错，务使览者了然，则又居然考古荃蹄也。退之不云乎，荀与杨也，择然而不精，语焉而不详，夫荀与杨子书之最初者，而退之之言如是，况其下马者乎？’云云。亦可见其意也。”①

四　集部

李调元集部著述也十分丰富，有《童山诗集》四十二卷，《童山文集》二十卷、《补遗》一卷，《童山选集》十二卷，《童山诗选》五卷，《粤东皇华集》四卷，《五代花月》一卷，《蠢翁词》二卷，《全五代诗》一百卷、《补遗》一卷，《蜀雅》二十卷，《粤风》四卷，《童山续集》二卷，《游峨诗草》一卷，《雨村诗话》二卷，《雨村诗

①　中国科学院图书馆整理：《续修四库全书总目提要（稿本）》（34），齐鲁书社 1996 年版，第 434 页。

话》十六卷，《雨村诗话补遗》四卷，《雨村词话》四卷，《雨村曲话》二卷，《雨村剧话》二卷，《雨村赋话》十卷，《乐府侍儿小名》二卷等，共计十八种二百五十七卷。

李调元《童山诗集》书影

《童山诗集》、《童山选集》、《童山诗选》和《粤东皇华集》均为李调元的诗歌集。《童山诗集》为李调元晚年居家期间自编的诗歌总集，它以年为序共收录李调元一生所写的诗两千余首。由于《童山诗集》是按年编选，所以历来学者都将此书看作是研究李调元诗歌与生平的极其重要的作品。《童山选集》和《童山诗选》分别为李调元的女婿张怀湔和清人孙琪编选的李调元的诗歌选集。《粤东皇华集》主要收录的是李调元任广东学政期间的诗歌，此书刊行后受到韩国驻清副使徐浩修，诗人柳琴、李德懋等人的极力赞赏，评为："执事之诗即以《皇华》诸篇观之，超脱沿袭之陋，一任淳雅之真，非唐非宋，独成执事之言；而若其格致之苍健、音韵之高洁，无心山谷、放翁而自合于山谷、放翁，亦可谓欧阳子之善学太三复之余，不胜敬叹。"[1]《全五代诗》及《蜀雅》是李调元辑录的两部诗歌集，前者收录后梁、唐、晋、汉、周五代五十二年间的诗歌，后者为李调元广搜远采，披沙拣金而成的清代蜀诗选集。《童山文集》及其《补遗》是一套记录李调元生平郊游、学术思想的重要著作。《童山续集》二卷，李调元撰，李鼎元注。前有鼎元序，对其兄调元的学术经历叙述颇详。该集兼收李调元游峨时所写的《峨眉山赋》一

---

① ［朝］徐浩修：《朝鲜国副使启》，转引自詹杭伦《李调元学谱》，天地出版社1997年版，第235页。

卷和《游峨诗草》一卷，内容与《童山文集》和《童山诗集》部分相重。《蠢翁词》是李调元的词集，上下两卷共收词 59 调 105 首。该词集是研究李调元词的风格和思想的不可或缺的珍贵材料。《五代花月》一卷，李调元撰。据《中国丛书综录》载，该著仅收入清虫天子辑，清宣统中国学扶轮社排印本《香艳丛书》（第九集），宣统二年（1910）排印。《函海》各本均未见此书，内容不详。

此外，应该高度重视的是，李调元在其晚年还编纂刊刻了大型的文化典籍《函海》，以上涉及的各种经、史、子、集的著述大都收录其中。据今所知，《函海》共有六个版本，即乾隆壬寅本、乾隆甲辰本、李氏万卷楼刻本、嘉庆本、道光本、光绪本。其中由于道光本收录最为详赡，因此历来都被出版商作为出版的底版，道光本《函海》共计四十函，一百六十三种，八百五十二卷。《函海》是巴蜀文化史上的一座丰碑，其宝贵价值为人们所称道，与李调元同时的清代大文学家袁枚在阅读了李的赠书《函海》后，作诗赞道："正想其人如白玉，高吟大作似黄钟。童山集著山中业，《函海》抒写海内宗。"[1]

综上所述，李调元的各类学术著作是极其丰富多彩的，著作涉猎的领域也是极其广泛的，包括了历史、考古、地理、文艺学、语言学、音韵学、金石学、书画理论、农学、姓氏学、民俗学等各个学科。我国现代著名学者张舜徽在其《清人文集别录》卷七《童山文集别录》一文中评道："由其学由本原，故于序录群书，考论学术之际，于一名一物，悉能穷流溯源，洞究其所以然，谅非空疏不学者所易为。乾嘉中四川士夫之有文采而兼治朴学者，故未能或之先也。"[2]

第四节　《函海》研究四题

大型的文化典籍《函海》，是清代乾嘉时期大学者、文学家李调元

---

[1]　（清）袁枚：《奉和李雨村观察见寄原韵二首》，转引自詹杭伦《李调元学谱》，天地出版社 1997 年版，第 231 页。

[2]　张舜徽：《清人文集别录》（上册），中华书局 1963 年版，第 208 页。

贡献给中国文化宝库的一份珍贵遗产。《函海》刊刻于乾隆四十三年（1778）至四十九年（1784），历时七年。后又经李调元不断增补，至嘉庆六年（1801）共计刊刻印行四十函。四川当代著名学者张秀熟在其散文集《二声集》中曾说道："自《函海》印行，蜀人眼界为之一广，增长了许多知识见闻，初步认识到文章学术领域之广阔，这实在是一种大事。"① 《函海》印行，是四川乃至整个中国的一个重大的文化事件。200 年来，人们围绕它进行了多方面的研究，本节欲将现有的研究成果予以介绍，以期更多的人了解这部中国文化史上的传世巨著。

一 《函海》题解与成书

何谓《函海》？它是在怎样的背景下写成的？这是研究者在研究中首先遇到的两个问题。李调元曾在《函海序》中说道：

> 万派混茫，九洲各注。千顷澎湃，百川易盈。何则？其流愈分则其集不广也。若夫海为百谷之王，其含蓄也靡涯，其变幻也无尽。故古人著书，汇说部而成全集者，必以海名之。如稗海、学海之类昭昭也。②

中华书局 1983 年版《丛书集成初编目录》中有《丛书百部提要》载道："……曰函海，亦犹宋左圭之《百川学海》、明商浚之《稗海》也。"综观两段文字，我们可以知道，李调元的《函海》实际上是一部汇集前代学人和他自己著作的大型文化丛书。这部丛书之所以能辑成，原因在于：

> 余不能化于书而酷有嗜书癖。通籍后，薄游京师，因得遍访异书，手自校录。然自汉魏丛书津逮秘书而外，苦无足本。幸际圣天

---

① 张秀熟：《二声集》，巴蜀书社 1992 年版，第 146 页。
② （清）李调元：《函海总序》，嘉庆六年本（见笔者本书前所附书影）。

子重修《永乐大典》，采遗书、开四库，于是人间未见之书骈集麇至。石渠天禄，蔑以加矣。余适由广东学政任满，蒙特恩监司畿辅，去京咫尺，而向在翰院同馆诸公，又时获鳞素相通，因以得借观天府藏书之副本。每得善本，辄雇胥录之。始于辛丑秋，迄于壬寅冬，哀然成帙，真洋洋大观矣。有客谀余所好，劝开雕以广其传，遂欣然为之……冀以仰质高明，名曰函海……是则区区之心所愿与天下共宝之，又岂徒藏之童山为奕世所世守之宝也乎。①

　　由此可见，李调元《函海》的辑成一方面与他酷嗜读书的天性有关，另一方面则与他的独特经历密不可分。李调元生于蜀地、受教于江浙、出使于岭南、任职于京冀，他的足迹几乎遍及整个祖国，这为搜集整理各地异书创造了很好的条件。② 然而更为重要的是，在翰林院学习和通州任职期间正值国家开设四库全书馆，担任《四库全书》总撰官的纪昀以及先后在馆中担任编修职务的 360 人中，不少著名学者，如戴震、邵晋涵、姚鼐、程鱼门、翁覃溪、朱筠、王念孙、任大椿、钱大昕等，其中不少人与李调元是同年好友。李调元正是有这个得天独厚的条件，才能"借观天府藏书之副本"以及天下未见之书。以上三个条件是李调元《函海》成书的主要因素。

　　此外，还有一个促进因素就是，明末清初的战乱使四川经济、文化大大落后于其他各省。康乾圣朝，朝廷虽有薄赋轻徭、移民垦荒的经济和政治政策，然而振兴蜀中文化的计划一直没有提上议事日程。李调元出于振兴乡土文化，从而使巴蜀文化重焕异彩，"与天下共宝之"的目的，他不断搜求乡贤遗书及乡邦文献，并附以家集，汇编整

---

　　①　（清）李调元：《函海总序》，嘉庆六年本（见笔者本书前所附书影）。
　　②　（清）李调元《和程鱼门索余所刻〈函海〉元韵》："我虽生于蜀，吴越长在怀。十八便游浙，书籍得恣窥。摊钱向市购，书贾怜我痴。凡我之所欲，任意携归斋。我父悯其癖，广延师与友。端诵同队中，不顾纨绔咍。回蜀捷文战，花样实南来。我父常谓人，宦囊在此孩。以此通籍后，万卷左右堆。兼之好抄校，志欲百家该……充子嗜书性，贪残不让豺。而乃妙于乞，来语吐琪瑰。行将尽付君，覆瓿物亦偕。网罗名山遍，所阙吾川西。新都凤所嗜，余书雕始开。书成曰《函海》"《童山诗集》卷二十三，《丛书集成》，商务印书馆 1936 年版，第 316—317 页。

理成卷，这也是《函海》成书的一个重要因素。

二　《函海》的版本

李调元的《函海》是一部不断增删、不断完善的汇编文化丛书。据后世学者长期研究，《函海》一书至少有以下 6 种版本：

乾隆壬寅初刻本：此种版本始于乾隆辛丑（1781）秋，迄于壬寅（1782）冬，收书 146 种，分装 20 函；

乾隆甲辰本：收书 158 种（续、补之书皆分别计算），分装 24 函；

李氏万卷楼藏本：本版系甲辰版的增补版，共计 30 函，收书 157 种，凡 160 册，并有绵州李氏万卷楼藏版牌记；

嘉庆本：嘉庆六年（1801），《函海》经过李调元手订增至 40 函，此版即嘉庆十四年（1809）李鼎元重校印本之底本；

道光本：道光五年（1825），李调元之子李朝夔补刊印本，共 40 函。

光绪本：光绪二十三年广汉钟登甲乐道斋刊本。

《函海》以上 6 种版本中，道光本最善。因此，后世刊印也多以道光本为主。如民国商务印书馆编辑出版的《丛书集成初编》中所收的《函海》，系据道光本排印或影印；近年台湾出版的《百部丛书集成》所收《函海》也是据道光本影印的。《函海》国内馆藏稀少，但价值重大。鉴于此，人民出版社于 2012 年仿万卷楼原本出版《函海》影印本（精装全十册），从而为当代研究李调元学术及清代文化提供了重要文献。

三　《函海》内容与成就

《函海》由于卷帙浩繁、内容广博，所以分函装订，共计 40 函，821 卷。现将其各函所收录的书目内容摘录于下：①

第一函：华阳国志十二卷，翼庄一卷，古今同姓名录二卷，

① （清）李调元：《函海》目录，嘉庆六年本（见笔者本书前所附书影）。

心要经一卷。

第二函：说文篆韵谱五卷，缉古算经一卷，主客图三卷，续孟子二卷，伸蒙子三卷，素履子三卷，广成子解一卷，蜀梼杌二卷。

第三函：金华子杂编二卷，宝藏论一卷，易传灯四卷，敷文郑氏书说一卷，洪范统一一卷，孟子外书四卷，苏氏演义二卷，程氏考古编十卷。

第四函：唐史论断三卷，乌台诗案一卷，藏海诗话一卷，益州名画录三卷，山水纯全集一卷，月波洞中记一卷，采石瓜洲记一卷，产育宝庆集二卷，颅囟经一卷，出行宝镜一卷。

第五函：翼元十二卷，农书三卷，刍言三卷，常谈一卷。

第六函：靖康传信录三卷，淳熙荐士录一卷，江南余载二卷，江淮异人录二卷，青溪弄兵录一卷，张氏可书一卷，珍席放谈二卷，鹤山笔录一卷，建炎笔录三卷，辩诬笔录一卷，家训笔录一卷，旧文证误四卷。

第七函：建炎以来朝野杂记上。

第八函：建炎以来朝野杂记下（共四十卷）。

第九函：州县提纲四卷，诸蕃志二卷，省心杂言一卷，三国杂事一卷附三国纪年一卷，五国故事二卷，东原录一卷，肯綮录一卷，燕魏杂纪一卷，夹漈遗稿三卷，龙洲集十卷。

第十函：龙龛手鉴四卷，雪履斋笔记一卷，日闻录一卷，鸣鹤余音一卷，吴中旧事一卷，诗音辨二卷，卮词一卷，大学旁注一卷，中麓画品一卷，蜀语一卷。

第十一函：升庵经说十四卷，檀弓丛训二卷，石鼓文音释三卷，山海经补注一卷，庄子阙误一卷。

第十二函：艺林伐山二十卷，古隽八卷，丹铅杂录十卷，谢华启秀八卷。

第十三函：哲匠金桴五卷，均藻四卷，谈苑醍醐八卷。

第十四函：转注古音略五卷附古音后语，古音丛目五卷，古音猎要五卷，古音附录一卷，古音余五卷，奇字韵五卷，古音略例一卷（以上升庵韵学七种），古音骈字五卷，古音复字五卷，希姓录五卷。

第十五函：升庵诗话十二卷，诗话补遗二卷，升庵词品六卷，词品拾遗二卷。

第十六函：升庵书品一卷，升庵画品一卷，墨池琐录二卷，书画神品目一卷，金石古文十四卷，丽情集一卷庲集一卷，墐户录一卷，世说旧注一卷，古文韵语一卷，风雅逸篇十卷，古今风谣一卷，古今谚一卷，异鱼图赞四卷，异鱼图赞补三卷，云南山川志一卷，滇载记一卷，玉名诂一卷，俗言一卷，附升庵年谱一卷。

第十七函：金石存十卷，粤风四卷。

第十八函：四家选集（一小仓选集，二梦楼选集，三瓯北选集，四童山选集）。

第十九函：易古文三卷，尚书古字辨异一卷，古文尚书证讹一卷，诗音说四卷，左传官名考二卷，春秋三传比二卷，春秋左传会要四卷，周礼摘笺五卷，仪礼古今考二卷，礼记补注四卷，月令气候图说一卷，夏小正笺一卷，逸孟子一卷，十三经注疏锦字四卷。

第二十函：蜀碑记补共二十卷。

第二十一函：博物要览十二卷，然犀志一卷，出口程记一卷。

第二十二函：南越笔记十六卷。

第二十三函：通俗编二十五卷。

第二十四函：赋话十二卷，诗话二卷，词话四卷，曲话二卷，乐府侍儿小名二卷，方言藻二卷，诸家藏书簿十卷。

第二十五函：诸家藏画簿十卷，卍斋琐录十卷，奇字名十二卷。

第二十六函：井蛙杂记八卷。

第二十七函：制义科琐记四卷。

第二十八函：尾蔗丛谈四卷，古音合汇二卷，六书分毫二卷，通诘二卷，剿说四卷。

第二十九函：蜀雅二十卷。

第三十函：全五代诗一。

第三十一函：全五代诗二。

第三十二函：全五代诗三。

第三十三函：全五代诗四（共一百卷）。

第三十四函（附家集一）：石亭诗集十卷，文集六卷。

第三十五函（附家集二）：童山诗集上。

第三十六函（附家集三）：童山诗集下（共四十卷），附蠢翁词二卷。

第三十七函（附家集四）：童山文集二十卷，附童山自记一卷。

第三十八函（附家集五）：粤东皇华集四卷。

第三十九函（附袖珍版一）：淡墨录十六卷。

第四十函（附袖珍版二）：罗江县志十卷。

由上面的图书目录可以看出，《函海》一书所收录的书目内容包括三个部分：第一部分从第一函到第十函，这部分主要收录的是自两晋到唐、宋、元、明诸代的著作。这类书一般说来都很有史料价值。比如《华阳国志》，该书记述了今陕西汉中、四川以及云贵等地的历史和地理状况。该书记述的史实起自远古，止于东晋，内容广泛涉及政治、交通、经济、民俗、物产等方面，其中有很多内容为史书所不载，其性质是一部非常翔实的地方志。《蜀梼杌》则记述了五代前后蜀地的史事。其中还有一些不同时代稗官野史的记载，这些内容为后世史学研究提供了多方面的参考。第二部分从第十一函到第十六函，这一部分专门收录明代四川大学者、新都状元杨升庵的遗著。李调元对其非常敬仰，称赞其"博学鸿文，为古来著书最富第一人"①。李调元的《函海》收刻杨升庵的著作40余种，其范围广泛涉及经、史、子、集四部。第三部分从第十七函至第四十函，这部分主要收录的是李调元本人的著述和其编辑的著作，其间也夹杂少量调元之父李化楠的作品。

---

① （清）李调元：《函海序》，《童山文集》卷三，商务印书馆1936年版，第36页。

《函海》共计收录各类著述 160 余种，规模之大、内容之丰皆堪称清代四川刻书中的第一。《函海》的刊行，使李调元成为享誉全国的学贯古今、博大精深的全才型学者。同时，《函海》也对清代四川文化的复兴，以及使蜀学与齐鲁、秦陇、中原等文化并驾齐驱做出了重大的贡献。

四 《函海》续书两种

（一）《续函海》

《续函海》六函，嘉庆六年李调元手订，四川省图书馆收藏。卷首《续函海序》云："前刻《函海》一书，也已流传海内，其板由京载回，藏于万卷楼之前楹。自去岁庚申，凶焰忽延，常思莫守。于四月初六日，万卷一炬，化为烽云，幸《函海》另贮，未成焦土。以故五月中即雇车搬板至省，寄放青石桥白衣巷。迄今已及一年，改讹订正，又增至四十函，可谓无恨矣。然随身箧中所带钞本，其中有内府修《全书》时，经诸纂修者所校定，而未入聚珍板者，皆人间未见书，亦例得刊出，嘉惠来学。与夫但知什袭，而庋阁年多，虽不烬于火，亦必虫噬鼠啮，殊可惜也。因稍缩板式，改为袖珍，以便行远。附载拙纂一二，共得四函。后有余力余年，再行请益可也。嘉庆六年辛酉八月朔，绵州李调元雨村撰。"今传《续函海》共六函，包括：第一函《长短经》九卷；第二函《杨成斋》十卷；第三函《环溪诗话》一卷、《金德运图说》一卷、《韶舞九成乐补》一卷、《清脾录》四卷、《唾余新拾》二卷；第四函《新搜神记》十二卷、《榜样录》二卷；第五函、第六函《雨村诗话》十六卷、《雨村诗话补遗》四卷。计十种六十二卷。《续函海》除嘉庆六年（1801）原刻本外，又有光绪二十三年（1894）广汉钟氏校刻本，分装十二册。

在《续函海》中，共收录李调元自己的著作五种三十六卷，其中最为重要的是《雨村诗话》十六卷和《雨村诗话补遗》四卷。前者除绵州李氏嘉庆六年万卷楼《续函海》刊本外，还有嘉庆元年善成堂刊本、嘉庆十一年刊本、道光二十四年映秀书屋刊巾箱本、道光二十年万卷书屋刊本、九经堂重刊巾箱本、蔚文堂藏版（为万卷楼本的翻刻）、鸿章书局石印本，民国年间上海文瑞楼印行、日本西岛兰溪抄本和詹杭伦、沈时蓉《雨村诗话校正》本等。后者有《续函海》本和《雨村诗话校正》本。① 以上两书连同《雨村诗话》二卷本，共计二十二卷，为当代李调元诗学理论研究提供了重要的资料。

　　（二）《续函海补遗十六种》

　　今人考证李调元著作总数往往止步于《函海》和《续函海》两书，而对《函海》的另一种续书《续函海补遗十六种》很少注意。② 笔者经仔细查阅《续修四库全书总目提要（稿本）》，发现这样的记载："《续函海补遗十六种》，乾隆四川刻本，清李调元撰……此编盖继《函海》而作，故曰《补遗》。卷首署有川西李墨庄编，万卷楼藏板。万卷楼即调元藏书处也。墨庄实雨村之误，因其弟鼎元号墨庄，亦进士，世人不察，每以墨庄即调元号。当时史传竟有此误。此书极不易得，故不见于各家著录，或以续编，随辑随刊，致流传未广，全书体例，仍本《函海》杂丛体，而以蜀人著述为多，共十六种凡数十卷，计为《扬雄反离骚》一卷、《赵佩湘分部配合法》《间架结构摘要》《陆丹叔四库全书辨正通俗文字》一卷、《赵佩湘科场条例》《谢济经观海二集》《柯炘保产机要》《李调元精选对类》《童山续集》《游峨诗草》《游峨日记》《粤东皇华集》《使粤驿程记》《然犀志》《字学辨》《李本宣五经讲义俶》等。此十六种中，除《粤东皇华集》曾刊入《函海》外，其余皆未刻之珍贵著述，尤以《游峨日记》《童山续集》《精选对类》《辨正通俗文字》《然犀志》诸编，最称精审。故此书虽不逮《函海》博大，而亦足供艺林欣赏，至其板本难得，犹余事矣。"③ 由此可知，《续函海补遗十六种》

---

① 参见王纪波《〈雨村诗话〉诗学思想研究》，硕士学位论文，安徽大学，2013 年。

② 《中国丛书综录》、詹杭伦《李调元学谱·著述谱》、赖安海《李调元著作总数》等均未提及此种续书。根据《续修四库全书总目提要（稿本）》（32）中《续函海补遗十六种》的提要可知，此书为乾隆年间刻本，刊刻极少，笔者亦未亲见。如果真有此书辑刊流传，李调元的著述总数当不止目前各家所计之数。

③ 中国科学院图书馆整理：《续修四库全书总目提要（稿本）》（32），齐鲁书社 1996 年版，第 198 页。

是《函海》丛书的一种续书，而且是早于《续函海》（嘉庆六年李调元手订本）的《函海》续书。该丛书刊行极少，因此不见于各家著录。

《使粤驿程记》一卷，李调元撰。乾隆三十九年甲午（1774）五月二十五日，李调元奉命典试广东，任副主考，正主考为王懿修。例限十日出京，故是书记事始于六月，自京师起程，至冬季北返，为这半年之事的记录。内容包括各地风土名胜、古迹人物、乡试典制、闱中仪节，以及考官至省地方官之迎送酬答等多有叙录。此书可与李调元的《粤东皇华集》及收录于《童山诗集》甲午年的诗歌互证，既可见各地民俗风景，又可证清人对科举考试的重视。①

《精选幼学对类读本》一集一卷，清李调元选辑。《续修四库全书总目提要（稿本）》云："虽云初学阶梯，实极精审，首列辨四声法，次即对文，其类别分格式，五音、天文、时令、地理、宫室、国号、人物、身体、衣帛、食馔、器物、珍宝、文史、草木、禽兽、五色、数目、声色、心情、方隅、内外、虚字、如似、重叠、将乍、助辞、勤学等门，并附习对定式、四声字母、唐人切韵、字谱之图，辨声切韵，叠韵双声等，于小学文字，颇有裨益。因此集以文字音韵为本，以聊语为例，集玉篇广韵之精要，在昔日虽属初学，今日则专门之艺也。"② 从其内容来看，辨四声法、习对定式、四声字母、唐人切韵、字谱之图、辨声切韵、叠韵双声等均为理论谱诀，对文则为实例，从二字对到二十字对，先以字隶，再以类分，虽为小书一本，但编排得极为精致。

《游峨日记》一卷，李调元撰。此书一卷，虽属日记纪游之作，实金石考古之重要著录也。始于乾隆五十四年（1789）夏，与其弟鼎元同游青神峨眉，至秋始归。按调元家居绵州，属川北道，峨眉天下秀，尤为蜀中名胜，地处川南，故沿途所经，先由绵至省，再由成

---

① 中国科学院图书馆整理：《续修四库全书总目提要（稿本）》（32），齐鲁书社1996年版，第200页。

② 同上书，第201页。

都经南路至峨眉，书中所记，凡地理沿革、梵宇建置，名胜碑碣，地方人物等，无不祥纪。尤以成都草堂祠，浣花溪诸地，考据精确，其他凡各地金石，除录原文外，并绘图考证说明，洵可供征文考献之采择，并不史志之缺略也。按雨村《函海》丛书中有《蜀碑记》及《补编》，大皆采撷前人史志，此书则均亲身所历，亲手所摹，故较之二书，尤称精审。又是时汉州张邦伸云谷亦归里，书中屡称之，足徵二人交谊之笃，然则此编虽云游峨，而所考据经历者，实不至于峨眉也。①

《童山续集》二卷，李调元撰，李鼎元注。前有乾隆五十四年己酉（1789）鼎元序，于其兄之学术经历，叙述颇详。首为《峨眉山赋》一卷，由墨庄为之详注，博大富丽，足比两都，次《诗草》一卷，多考古酬答之作，其中与张云谷邦伸最多，按邦伸亦吾蜀乾嘉时名家，著述精博，如《古绳乡志略》、《云栈纪程》、《全蜀诗汇》等，皆称重一时，因家居汉州，与调元时相往还唱和，又诗草中有艾鹏九惠《眼镜诗》，盖眼镜于清初，此文记其沿革效用，足供考古者之参证。综读全集，洵不愧名家之作也。②

《然犀志》二卷，清李调元撰。是帙为其视学东粤时所作，专以记滨海水产，鱼属为多，介虫附之，昔稽含状南方草木，宋祁记益部方物，四库皆收于史部，而禽经鱼赞，四库亦编于谱录；两航杂录，多记物产，四库又列入杂家，是则此编应属何部，四库既无可适从，就书论书，似宜入谱录为允，观李调元所自序曰：水族之适用，惟鱼，而鱼之类不一，江淮河汉之鱼尚可约指，而海中之鱼之众，则尤琐屑而难名。余视学粤东，遍至其地，如广惠潮高，雷廉琼，半皆滨海，以故供食馔者，惟鱼为先，而其中奇奇怪怪，令人瞠目而不下箸者，指不胜屈，以是博采方言。按诸山海地志，一一精细备载，每得一物，

---

① 中国科学院图书馆整理：《续修四库全书总目提要（稿本）》（32），齐鲁书社1996年版，第217页。

② 同上书，第218页。

即志其形状，考其出处云云，则固一海鱼谱也。全书所记，约百种不足，然亦有既非海鱼，又非虫介，而亦居然拣入者，如江瑶柱，则介蛤之肉柱，非生物也。纪江瑶则可，纪江瑶柱则误矣。又如自叙为纪廉钦惠潮滨海诸地之物，然高丽不属粤东，北海不滨粤境，所产亦衰然在列，则是又不以地境限矣。大抵是帙，实随时记录所闻，或獭祭古籍而摘录之，非先有体例，成于一时者，故瑶砆杂糅，有可信，有不可信，以为读书多识之一助，固无不可也。志名然犀者，取温峤照见幽潜故实耳，又此帙所纪者，调元所著《南越笔记》中，亦多载之，可以互参也。①

　　《柯炌保产机要》一卷，明汤处士撰、柯炌（集庵）删补、李调元辑。《保产机要》一书的主要版本有清乾隆四十四年（1779）周会莱抄本和清乾隆五十二年（1787）濮川同善堂刻本②，调元究竟据何本辑录，或是于通州任上遣胥从四库馆中录之，今不得而知。书前有《保产机要小引》云："诗经有云：凡人之生，必圻副灾害其母，故以如达羊、后稷始生之灵异，此在古昔已然，况后世乎？是以仁人君子，非不知天生天化，相忘于不识不知，四海九州之大，族类殷繁，不必尽有保产之书也。而有所不今乚者，则以人命至重，嗣续须延，偶涉艰难殒亡废救，群壤小邑，或无名医，风通晨昏，难为拯济，苟无参资之功，是以生民之缺陷也。若夫泰郡汤处士《保产机要》一册，余近得读之。见其简切谆复，谋付重梓。杜子莹阳又以钱居士《绣阁宝生》遗余，所言吻合。余因遍简医书，朱丹溪《产宝百问》、杨子建《十产论》、陈自明《妇人良方》，参考互订，始知汤钱两编皆本于先哲，而疏衍详明，一览尽见。余遂以《机要》为主，存其确论，节其冗言，补其未备之条，载以经验之剂，至易至简，可遵可行，居家者可忽诸？至若胎前、产后各证，

---

　　① 中国科学院图书馆整理：《续修四库全书总目提要（稿本）》（34），齐鲁书社 1996 年版，第 489—490 页。

　　② 王瑞祥：《中国古医籍书目提要》，中医古籍出版社 2009 年版，第 1845 页。

浩不及载，惟临产一开，喜家不能措手，故著为通俗之言，以行于世云。丙辰秋日，吴嶧集庵柯炌识。"由此可知，该书和函海本的《颅囟经》一样，同为李调元所辑录的中国珍稀医学古籍。不同的是，《颅囟经》为我国最早的儿科医学专书，著者不详。《保产机要》为妇产优生之典籍，撰者汤处士和删补者柯炌均为明代医家，生卒年不详。《续函海补遗》本辑录的《柯炌保产机要》为柯炌读汤处士《保产机要》、钱居士《绣阁宝生》后，以汤著为蓝本，删冗补缺，并附多年临证验方之作。李调元的辑录对这本古医籍的保存、流传有着一定的贡献。

《分部配合法》一卷，李氏续"函海"补遗本，清赵佩湘校刊。清代朝廷公文要求用"馆阁体"楷书书写，科举考试中也要求用这种字体，这种字体强调字形、大小、粗细统一，讲求乌黑、方正、光洁。这种字体的书写工整如一，千人一面，故常常受人诟病。清乾嘉著名学者洪亮吉《北江诗话》云："今楷书之匀圆丰满者，谓之'馆阁体'，类皆千手雷同。乾隆中叶后，四库馆开，而其风益盛。"[①] 但由于清代殿试中试卷不再誊录，所以应评卷的关键在于应试者的书法，有时甚至达到"重字抑文"的程度。因此要进入翰林院，馆阁体是必修的。赵佩湘为江苏丹徒人，乾隆五十八癸丑科进士，嘉庆辛未督学四川，此书一卷，撰者不详，赵氏校订付梓以惠蜀地士子。该书专研"馆阁体"的书写法则，并用飞白摹刻以资临仿。该书与清末著名书法家黄自元的《间架结构九十二法》同为中国书法名作，两书相辅而行，为士人所重。

《粤东皇华集》四卷，李调元撰。乾隆三十九年甲午（1774），李调元奉命为广东副典试，夏往冬返，来回六月，沿途及任所凡所经历，皆以诗记之，后经删汰改易又两年刊成，故名《粤东皇华集》。雨村是书虽记其见闻吟咏，而多关于风土民情、人物逸闻，颇可考证。书前有乾隆丙申程晋芳序，称此集诗文，雄肆超诣，不愧前贤。

---

① （清）洪亮吉：《北江诗话》卷四，人民文学出版社1998年版，第66页。

李调元著作著录情况①

书名版本	性质	《童山自记》	《清史稿·艺文志》	《清史列传》	《中国丛书综录》	《丛书集成初编》	《八千卷楼书目》	《清续文献通考》	《续修四库全书》	《续修四库全书总目提要（稿本）》
易古文	撰	2卷			3卷		2卷	2卷		3卷
尚书古字辨异	撰	1卷		1卷	1卷		2卷	2卷		1卷
古文尚书证讹	撰	10卷		11卷	11卷		11卷	12卷		11卷
古文尚书考	撰						1卷	1卷		
童山诗音说	撰		4卷	4卷	4卷		4卷	4卷		4卷
左传官名考	撰		2卷	2卷	2卷	2卷	2卷	2卷	2卷	2卷
春秋三传比	撰	1卷	2卷	2卷	2卷	2卷	2卷	2卷		2卷
春秋左传会要	撰		4卷	4卷	4卷		4卷	4卷	4卷	4卷
左传事纬	撰						4卷	4卷		
周礼摘笺	撰	5卷		5卷	5卷		5卷	5卷	5卷	5卷
仪礼古今考	撰	1卷	2卷	2卷			2卷	2卷	2卷	2卷
补记补注	撰	4卷		4卷	4卷	4卷	4卷	4卷		4卷
月令气候图说	撰			1卷	1卷	1卷	1卷	1卷		1卷
夏小正笺	撰			1卷	1卷		1卷	1卷		1卷
逸孟子	辑		1卷	1卷	1卷	1卷	1卷	1卷	1卷	1卷
十三经注疏锦字	撰	2卷	4卷	4卷	4卷		4卷			4卷
奇字名	撰			12卷	12卷	12卷	12卷	12卷	12卷	12卷
卍斋琐录	撰		10卷	12卷	10卷	10卷	10卷			8卷
字录	撰						2卷	2卷		
合字注	撰						1卷			
汇音	撰						2卷	2卷		
尾蔗丛谈	撰			4卷	4卷		4卷	4卷		4卷

---

① 詹杭伦的《李调元学谱》（天地出版社 1997 年版）一书已对《函海》各本收录李调元著作的情况作了统计，详见该书第 221—224 页。本书将李调元著作在《童山自记》、《清史稿·艺文志》、《清史列传》、《中国丛书综录》、《丛书集成初编》、《八千卷楼书目》、《清续文献通考》、《续修四库全书》、《续修四库全书总目提要（稿本）》等重要书籍中的著录情况予以统计，制作了上面的李调元著作著录情况表，旨在方便研究者从《函海》之外的书籍中查找李调元著作的信息。

续表

书名版本	性质	《童山自记》	《清史稿·艺文志》	《清史列传》	《中国丛书综录》	《丛书集成初编》	《八千卷楼书目》	《清续文献通考》	《续修四库全书》	《续修四库全书总目提要（稿本）》
雠林冗笔	撰		4卷				4卷	4卷		4卷
粤风	辑		4卷	4卷	4卷	4卷	4卷	4卷		4卷
诸家藏书簿	撰	10卷	10卷	10卷	10卷	10卷	10卷		10卷	
诸家藏画簿	撰	10卷	10卷	10卷	10卷	10卷	10卷		10卷	
骨董说	撰		12卷							
剿说	撰		4卷	4卷	4卷	4卷	4卷			4卷
史说	撰						6卷	6卷		
官话	撰		3卷				3卷	3卷		
剧话	撰		2卷				2卷	2卷		
弄谱	撰		2卷				2卷	2卷		
东海小志	撰						1卷	1卷		1卷
雨村诗话	撰	16卷	2卷	2卷	2卷	2卷	2卷	10卷		2卷
雨村词话	撰		1卷	2卷	4卷		1卷	1卷		4卷
雨村赋话	撰						10卷	10卷		
雨村曲话	撰		2卷	2卷	2卷	2卷	1卷	2卷		
唾余新拾（续、补）	撰			10卷续16卷补12卷			10卷续6卷补2卷	10卷续6卷补2卷		10卷续16卷补12卷
方言藻	撰		2卷	1卷	2卷	2卷	2卷	2卷		2卷
出口程记	撰	1卷		1卷	1卷	1卷	1卷	2卷		
乐府侍儿小名	撰			2卷	2卷	2卷	1卷	1卷		2卷
雨村赋话	撰	12卷	10卷	10卷	10卷	10卷		12卷	10卷	
蜀雅	辑	20卷	20卷	20卷	20卷	20卷	20卷	20卷		20卷
井蛙杂记	撰			10卷	10卷		10卷			10卷
南越笔记	撰	10卷	16卷	16卷	16卷	16卷	16卷	16卷		16卷
制艺科琐记	撰		4卷	4卷	4卷	4卷	4卷	4卷	4卷	
续制艺科琐记	撰		1卷				1卷			
金石存	校刊		15卷				15卷	15卷		15卷
金石品	撰		2卷				2卷	2卷		

续表

书名版本	性质	《童山自记》	《清史稿·艺文志》	《清史列传》	《中国丛书综录》	《丛书集成初编》	《八千卷楼书目》	《清续文献通考》	《续修四库全书》	《续修四库全书总目提要（稿本）》
骨董志	撰		12卷					12卷	12卷	
然犀志	撰		2卷	2卷	2卷	2卷	2卷	2卷		2卷
通诂	撰		2卷	2卷	2卷	2卷	2卷	2卷		2卷
观海集	编	10卷								
古音合	撰			3卷	2卷			3卷		2卷
童山选集	撰				12卷					
童山文集（补）	撰		20卷补遗1卷	20卷	20卷补遗1卷	20卷补遗1卷		20卷	20卷补遗1卷	20卷
蠢翁词	撰		2卷	2卷	2卷	2卷		2卷		
粤东皇华集	撰	10卷		4卷	4卷			4卷		4卷
淡墨录	撰		16卷	16卷	16卷	16卷	10卷	16卷		6卷
罗江县志	撰		10卷	10卷	10卷	10卷	10卷	10卷		10卷
蜀碑记补	撰	10卷	10卷	10卷	10卷	10卷	10卷	10卷		10卷
六书分毫	撰			2卷	3卷	3卷	3卷	3卷		3卷
精选幼学对类	撰									1集1卷
童山续集	撰									2卷
使粤程记	撰	1卷								1卷
游峨日行记	撰	1卷								1卷
游峨诗草	撰									
全五代诗（补遗）	辑		100卷	100卷	100卷补遗1卷	100卷补遗1卷		100卷		100卷补遗1卷
童山全集	撰									10种53卷
升庵先生年谱	撰		1卷				1卷			1卷
童山诗选	撰						5卷			5卷
雨村诗话补遗	撰									4卷
童山诗集	撰			42卷	42卷	42卷		42卷	42卷附2卷	
韩客巾衍集	评									4卷
龙洲集	编						10卷			

续表

书名版本	性质	《童山自记》	《清史稿·艺文志》	《清史列传》	《中国丛书综录》	《丛书集成初编》	《八千卷楼书目》	《清续文献通考》	《续修四库全书》	《续修四库全书总目提要(稿本)》
释雅	撰		1卷				10卷	10卷		
梵言	撰		1卷				1卷	1卷		
诗音辨	撰		2卷	2卷				2卷		
岭南视学册	编	26卷								
粤东试牍	编	2卷								
春秋职官考	撰	1卷								
西域图志	撰	30卷								
西川李氏藏书簿	撰	30卷								
冰清玉润集	编	1卷								
童山自记	撰			1卷				1卷		

注：1. 以上表中所列著作并非李调元全部著作。未著录于以上各种丛书的李调元的作品如《史说》六卷、《官话》三卷、《剧话》两卷、《弄谱》两卷、《字录》两卷、《李雨村所著书》十四种二百〇一卷等均著录于 A. W. 恒慕义主编的《清代名人传略》一书"李调元"传略条。《五代花月》一卷，李调元撰，著录于《香艳丛书》〔清虫天子辑，清宣统中国学扶轮社排印本，宣统二年（1910）排印〕第九集。

2.《雨村词话》四卷，李调元撰，除上述丛书著录外，还著录于《词话丛编》〔唐圭璋辑，民国二十三年（1934）排印本〕。

3.《雨村曲话》二卷，李调元撰，除上述丛书著录外，还著录于《曲苑》〔陈乃乾辑，民国十年（1921）海宁陈氏景印本〕、《重订曲苑》〔陈乃乾辑，民国十四年（1925）石印本〕、《增补曲苑》〔民国古书流通处辑/民国正音学会增辑，民国十一年（1922）上海六艺书局排印本〕、《新曲苑》〔任讷辑，民国二十九年（1940）上海中华书局排印本〕。

4.《出口程记》一卷、《南越笔记》一卷，李调元撰，分别著录于《小方壶斋舆地丛钞十二帙补编十二帙再补编十二帙》〔清王锡祺辑，清光绪十七年（1891）补编二十年（1894）再补编二十三年（1897）上海著易堂排印本〕第六帙、第九帙。

5.《童山诗选》五卷，李调元撰；《蜀诗》十五卷，明费经虞辑，清费密、李调元续辑，均著录于《古棠书屋丛书》〔清孙澍、孙锴辑，清道光中鹅溪孙氏刊本〕集部。

6. 部分名字相似的作品，如《左传官名考》与《春秋职官考》、《使粤驿程记》与《使粤程记》、《游峨日行记》与《游峨日记》、《郑氏古文尚书证诠》与《古文尚书证诠》、《粤东观海集》与《观海集》、《升庵先生年谱》与《杨升庵先生年谱》、《杨扬字录》与《字录》、《骨董志》与《骨董说》、《春秋三传比》与《左传三传比》等疑为同一著作。

第二章

李调元的诗歌与诗学

第一节　李调元诗歌创作述论

李调元,《清史列传》卷七十二《文苑传》三有传。《清史列传》称其"所为诗文,天才横逸,不假修饰","朝鲜使臣徐浩修见其诗,以为超脱沿袭之陋,而合于山谷、放翁、极为敬服"[①]。李调元于清诗发展以及中外文化交流应有一定贡献。然时人和后人长期以来对其诗歌创作褒贬不一,憎者骂其诗"俗鄙尤甚,是直犬吠驴鸣,不足以诗论矣"[②],爱者则认为其"与随园老人,正如华、岳二峰,遥遥相峙;风云变化,两不可测"[③]。当然也不乏公允之论,如清人王培荀在《听雨楼随笔》中认为:"雨村诗文,后人或不满之,亦名高则责之必刻耳。如《宋宫词百首》,华贵蕴藉,岂寒俭人所能学步!"[④] 今综观其《童山诗集》我们可以看到,李调元一生"于诗酷爱陶渊明、李太白、杜少陵、韩昌黎、苏东坡"[⑤],并在当时与袁枚、赵翼、蒋士铨、王文

---

① 王钟翰点校:《清史列传》,中华书局1987年版,第5917页。

② 郭绍虞编选,富寿荪校点:《清诗话续编》,上海古籍出版社1983年版,第2367页。

③ (清)余集:《与雨村老前辈大人书》,《童山文集》卷十,商务印书馆1936年版,第122页。

④ (清)王培荀:《听雨楼随笔》,巴蜀书社1987年版,第22页。

⑤ (清)李调元著,詹杭伦、沈时蓉校正:《雨村诗话校正》,巴蜀书社2006年版,第14页。

治等性灵派著名诗人交往甚密，其诗在思想内容、艺术表现方面均能手眼自具，有着自己独特的风貌。

一　李调元诗歌的创作分期及思想内容

李调元一生创作了大量诗歌，按照内容和风格的不同，其诗歌创作可分为三个时期：乾隆二十八年前其求学于川、浙，诗歌多写景抒怀、讴歌田园之作；乾隆二十八年到五十年其步入仕途，诗歌多写仕宦坎坷、民生凋敝和岭南风俗；乾隆五十年后其归隐乡里，诗歌多为抒发性灵的闲适之作。李调元的诗歌思想内容丰富，风格、体式、语言等独具特色，在清代乃至中国文学史上占有一定地位。

李调元一生，著作等身。就文学创作而言，其涉猎范围极广，如诗、词、曲、剧、赋、文等皆有尝试和创建，然总体看来，能代表其最高文学成就的还是诗歌。诗歌创作是贯穿李调元一生的文学活动。李调元诗集《童山诗集》中，收录其一生的诗歌作品 2000 多首。其中除少数颂扬清政府镇压少数民族反抗和宣扬孝义节妇，缺乏诗味的作品外，大都思想内容深刻，感情真切深挚，具有很高的思想价值和文学成就。他的诗歌内容博大精深，为了全面宏观地把握其诗歌创作的思想和成就，我们按照其诗抒写内容和风格的不同，姑且将其诗歌创作分为三个时期。

30 岁中进士以前（即乾隆二十八年以前），这个时期是李调元学识积累和诗歌的初创期。此间他的诗歌作品多为写景抒怀之作。这类诗歌多借描写景物来抒发他青年时期振羽欲飞的远大抱负。如《巫山高》[①]：

> 巫山高，高入云。云中十二峰，五色何氤氲！琪花玉树纷难详，遥见碧树开天阍。黄金为门白玉墙，中有云鬟明月珰。含情弄态如相望，亦犹藐姑射山旁。飘飘似仙云中翔，阳台何山无斜阳！为云为雨山之常，底事巫山巫襄王。

----

① （清）李调元：《巫山高》，《童山诗集》卷一，商务印书馆 1936 年版，第 8 页。

遥观巫山十二峰，风光无限；翘首宇宙，壮怀万里，诗人的开阔胸襟得到了典型的体现。又如《丈夫行》①：

> 丈夫持此身七尺，安能终日心逼仄？
> 何不跃上天街游，汗漫九垓驰八极。
> 不然万里边庭开，请缨仗剑从军台。
> 龟兹国边拍骑去，乌思藏里斫头回。
> 胡为踽踽藕穴里，出亦不喜入不喜。
> 平生事业竟何成？卑哉著书漆工子。

天街远游，驰骋八极；请缨从军，征战疆场。诗歌生动地表现了诗人青年时期的高远心志和阔大胸襟。

在这个时期，李调元的写景抒怀之作中还有一些抒写恬淡闲适心境的诗作。如《由白塔瀼渡东津》、《自东津步至西涧》、《游富乐山》、《由富乐禅林至西山观宿》、《游云龙山》等诗歌抒发了诗人漫步游山时悠闲安逸的心情。

从小生活在农村，诗人独有的那种敏感，使他对农村四时的美景和农民的生活有很深的感触。在 30 岁以前的这段时期，李调元除了写景抒怀，表达自己远大抱负的诗作外，他还写有一些饶有趣味的田园诗。如《田家四时杂兴》②：

> 春至催耕鸣，薄言向田里。戒妇预为黍，呼儿先载耜。
> 荷锄带晨出，晚归泥满趾。田硗藉人力，粪壤须肥美。
> 眷言兴农事，努力自兹始。
>
> 绕屋桑柘稠，掩荫虚落翠。新麦已登场，余蚕犹待饲。

---

① （清）李调元：《丈夫行》，《童山诗集》卷二，商务印书馆 1936 年版，第 20—21 页。
② （清）李调元：《田家四时杂兴》，《童山诗集》，商务印书馆 1936 年版，第 21—22 页。

青秧及时移，田归携饷至。杯盘俱瓦缶，初不择精致。
高树席草茵，陇上各饱醉。睡到不自知，安知天与地。

种稻已成穗，黄云倒平原。村村栉板急，人牛一时喧。
腰镰既获径，碌碡卧场园。得谷甫入廪，科吏夜打门。
丁男输租回，优游且晚飧。

严冬百草枯，邻里及闲暇。田家重农隙，翁媪相邀迓。
列坐酒三巡，或起四五谢。盘荐园中蔬，壶倾家甏醡。
酣呼递相酬，笑语杂悲咤。客散送柴门，月色耿凉夜。

　　组诗以时间为序，诗人给我们生动地再现西南农村一年四季的农
忙活动。其中，既有耕耘插秧时的悠闲自在，也有挥汗如雨、龙口夺
食时的热火朝天，还有丰收庆功宴上的欢喜与尽兴。但诗歌中"得谷
甫入廪，科吏夜打门"似乎还透露出诗人对官吏搜刮百姓的斥责以及
对受此遭遇的农民的几分同情。李调元入仕后，由于目睹农民生活的
艰辛和农村的凋敝，这种思想倾向成为他后来描写下层人民的诗歌的
主题。这一点我们在后面还要做进一步的分析和探讨。此外，此类诗
歌还有描写农村平淡生活和田野新景象的《农父词》，以及描写牧童
骑牛晚归、笛声嘹亮的《牧童词》等。
　　从乾隆二十八年（1783）至乾隆五十年（1785）是李调元诗歌创
作的第二个时期。这个时期是李调元入仕为官的时期，也是他诗歌趋
向成熟和不断发展、丰富的时期。这个时期他频繁往返于各个任所，
饱尝仕途的艰辛和目睹农民生活的惨淡，写下了不少思想内容深刻、
艺术成就极佳的诗歌作品。这个时期的诗歌内容和主题主要集中在两
个方面，一方面抒写自己官场生活的坎坷和人生道路的曲折，另一方
面则继承和发展了青年时期田园诗歌中揭露社会黑暗，同情农民不幸
遭遇的倾向，对田园诗进行了内容的拓展和思想深度的发掘，创作出
了艺术成就更高的描写下层人民生活的诗歌。

李调元30岁中进士后,面对坎坷的仕途和人到中年的艰辛,诗歌成了他抒发内心情感的主要方式。他的许多诗歌就记述了这些官场的忧乐。如其在考功司任职时,由于性情刚直,拒奉贿赂,被高太监奚落,他初次尝到了为官的辛苦,心有所感:"早知命不延,功名亦逝水。"① 残酷的生活和仕宦现实,使他不得不陷入深深的思考中。有时他勉励自己坚守贞操,不断进取,"我本纤毫尘不染,底须明镜照人怀"②,"君如问我踪,泥上觅鸿爪"③。尽管他也曾为自己的仕途和生活苦心经营,然而两袖清风、性好直率的他还是摆脱不了生活的困境和穷困的命运,如他在《忆编修祝芷塘德麟》中写道:"今君在金闺,锦绣出金铰。而我泣穷途,蓬头杂山獠。清官无一钱,稚子方饥龁","漂泊四十口,嗷嗷只心搅"④。李调元和祝芷塘为同榜进士,然二人命运却是天壤之别。惨淡的生活,暗淡的前途,使他有时对做官和人生心灰意懒。他在"黄箱"事件⑤中被永平知府弓养正等诬陷入狱,在牢狱中他凄惨地写道:"沉冤似海谁能白,薄宦如冰念已灰。"⑥ 又如《重经大悲庵有感》⑦:

再来萧寺暗伤神,风景依然似隔旬。

幻影泡花生死梦,鬓丝禅榻去来因。

云烟有态徒过眼,天地无情不庇身。

---

① （清）李调元:《再用东坡次叶涛见和诗韵》,《童山诗集》卷八,商务印书馆1936年版,第96页。

② （清）李调元:《月夜有感》,《童山诗集》卷九,商务印书馆1936年版,第116页。

③ （清）李调元:《忆编修祝芷塘德麟》,《童山诗集》卷九,商务印书馆1936年版,第113页。

④ 同上。

⑤ 乾隆四十七年（1782）五月,李调元奉旨运送一部《四库全书》赴盛京,行至卢龙,遇到风雨,装载书籍的"黄箱"被淋湿。调元和卢龙知县、永平知府弓养正互参,均落职。

⑥ （清）李调元:《元旦寄岳梅巢二首》,《童山诗集》卷二十四,商务印书馆1936年版,第321页。

⑦ （清）李调元:《重经大悲庵有感》,《童山诗集》卷九,商务印书馆1936年版,第110页。

到底虚名竟何益？如今真是大悲人。

有时他也会产生"不如归去"的念头。如他在《感怀（二首）》中写道①：

仕宦亦何谓，田园胡不归。半生妻子累，一死友朋稀。
病每无医觅，贫惟有力依。道旁谁可愬，流涕自相挥。

一岁疲奔命，千秋恨结冤。人心纵如此，天道亦宁论。
蕉鹿知今梦，莼鲈负昔言。堪伤清白吏，遗得子孙存。

半生辛劳，遍尝人生之苦痛，一切心酸和冤气，痛感无人可诉。得失如梦，"田园胡不归"？

李调元在这个时期还写有很多的描写民生凋敝，同情农民不幸，痛斥统治者暴政的诗歌。这类诗歌无论从思想深度还是从艺术上看都具有很高的成就。这类诗歌中最具代表的是"三行"，即《石匠行》、《窑户行》和《乞儿行》。试举《石匠行》为例来看②：

有翁折脚啼道上，皮肉淋漓新吃杖。如狼差吏驱出门，不许拦街呈诉状。旁人指点翁来因，旧是南山伐石匠。问翁胡为遭鞭棰，眉皱胸填气沮丧。往时县中倒立碑，去思德政屹相向。不知有益黔首无，各为甘棠何足让。十字市口树为林，几欲斩尽青山嶂。自吾祖父供此役，日往高岩亲度量。车辇夫扛百不停，巍巍鳌戴万人仰。立时官府颜色欢，给赏才足沽村酿。此项名为里下派，何曾一家解索偿。而今室内无一丁，只余老身全补放。字刻

---

① （清）李调元：《感怀（二首）》，《童山诗集》卷九，商务印书馆 1936 年版，第 109—110 页。

② （清）李调元：《石匠行》，《童山诗集》卷九，商务印书馆 1936 年版，第 117 页。

青天过手多，至今名姓半遗忘。朝来新令初升堂，便有循声千口扬。不即鸠工垂不刊，龚黄未免心快快。昏夜传呼急于火，天明县前听点唱。可怜萧条一细民，囊橐无钱倩谁饷。今者稍稍愬私情，拍案立即遭考掠。君看腰间锤与凿，薄技陷入无地藏。但是官名果不朽，身虽饿莩亦何妨。

老石匠世代以伐石刻碑为业，但仍囊中羞涩，食不果腹，无奈之下他拦街呈诉状，却被如狼似虎的差吏鞭杖得血肉模糊。有苦无处诉，孤苦无助的老石匠只好跛脚来到街边，向路人诉说着自己的辛酸与痛楚。此诗近似白描似的描写了下层劳动者的艰难处境，深切地表达了诗人对他们的同情和对统治阶级暴政的不满。此类诗歌李调元均能以现实主义的笔法真实地记录、描述眼前之事，深刻地剖析事情背后的社会根源。除"三行"外，还有《石壕》等诗也表达了此类思想感情。

此外，这时期李调元诗歌创作中还有一些描写南国风俗的清新俊爽之作。这类诗歌多写于诗人两次赴广东为官途中及期间，收录在《粤东皇华集》和《童山诗集》卷十五甲午上、十六甲午下，卷二十一戊戌、二十二己亥中。迥异于北国的岭南的山川景物、奇特的民俗风情、土歌民谣等无一不使他感到新鲜亲切，无一不通过其灵动的体验捕捉下来见之于笔端。这类诗歌的创作，不仅丰富了其诗歌思想内容，而且也为他的"诗道性情"性灵诗学作了很好的注脚。如《淘鹅谣（并序）》①：

淘鹅其大如鹅，能沉水取鱼。颐下有皮袋，尝盛水二升许以养鱼，每淘一次，可充数日之食。亦呼水流鹅。渔童谣云："水流鹅，莫淘河，我鱼少，尔鱼多，操弓欲射汝，奈汝会淘何。嫌其词俚，不足以风，故易之。"

---

① （清）李调元：《淘鹅谣（并序）》，《童山诗集》卷十六，商务印书馆 1936 年版，第211 页。

淘鹅淘鹅，汝勿淘河。我淘鱼少，汝淘鱼多。汝用皮袋，我用网罗。网罗鱼可漏，皮袋鱼难过。可漏鱼尚可，难过鱼奈何？一支竹弓，一支枉矢，射杀淘鹅，淘河应止。

李调元《南越笔记》卷一载"粤俗好歌"，《雨村诗话》卷十二又载"余试粤东诸生古学，先以诗，次必以《竹枝词》命题，盖以观其土俗民情也。记其最佳者，颇可谱入《风谣》"①。土风民谣这种来自民间的原生态的创作激起李调元的极大兴趣，他不仅以此来试学以观民风，而且还陶醉于此，利用这些鲜活的"眼前诗料"进行再创作，如《花燕（并序）》、《青雏引（并序）》等。同时，受粤地民间情歌的影响，李调元也创作了一些诗风明快、感情炽烈的"代言体"情歌，如《沓潮歌》②：

沓潮来，沓潮去，来如乘风去如雨。与郎朝暮同沓潮，不知郎船在何处。虎头门外波淫淫，牛城门内信沉沉。春汛冬汛尚有定，唯有郎心无定心。郎心不似潮，侬心与潮赴。与郎今往来，但以潮为度。

又《浪花歌》③：

摇桨过郎船，滴水上郎身。语郎勿相怪，水是郎媒人。

此类诗歌虽然为数不多，然就思想内容而言，它却能上承《诗经·国风》传统，以更加自由的形式给我们展现了一幅幅有别于"十五国风"的"粤风"的独特画面。

---

① （清）李调元著，詹杭伦、沈时蓉校正：《雨村诗话校正》，巴蜀书社2006年版，第280页。
② （清）李调元：《沓潮歌》，《童山诗集》卷十六，商务印书馆1936年版，第212页。
③ 同上。

乾隆五十年（1785）五月，李调元辞官回乡。从此他隐居"醒园"，谢绝了一切官场往来和应酬活动，钻研学术，课童演戏。晚年生活的悠闲为他诗歌的创作创造了良好的条件，他晚年乡居期间写了大量的闲适诗。其中最具典型的是《醒园遣兴（二首）》①：

> 笑对青山曲未终，倚楼闲看打鱼翁。
> 归来只在梨园坐，看破繁华总是空。
>
> 生涯酷似李崆峒，投老闲居杜鄠中。
> 习气未除身尚健，自敲檀板课歌童。

醉心丝管，陶情花鸟，闲时课童，生活悠游自在。此类诗歌中颇具代表性的还有《独游醒园》、《移居醒园四首》、《戏作》、《醒园晚兴》、《游窦圌山》、《栽花二首》、《困园杂咏四首》、《移居困园二首》、《小筑四章章十句》等。李调元晚年所写的这类闲适诗多能即景遣兴，能化深沉的人生感触于平淡自然的诗歌语言之中，读之令人回味无穷。

二 李调元诗歌的艺术成就

李调元的诗歌在艺术上也取得了很高的成就，这主要体现在三个方面。

第一，诗歌艺术风格多样化。他年轻时追慕诗仙李白，直言"我诗颇向谪仙偷"②，"余本今之诗狂者，非李太白不取也"③，甚至在他笔下也创作出"下笔直捣三峡江，翻涛搅浪不肯住，竟欲手摘龙耳，

---

① （清）李调元：《醒园遣兴（二首）》，《童山诗集》卷二十六，商务印书馆 1936 年版，第 346 页。

② （清）李调元：《莲客送酒复次前韵答之》，《童山诗集》卷二十二，商务印书馆 1936 年版，第 161 页。

③ （清）李调元：《题家桂山秋江载书图》，《童山诗集》，商务印书馆 1936 年版，第 245 页。

刳鳌腹，拔鲸尾，以与光焰万丈之李杜争豪强"①。这类效法李白豪放、飘逸、自然诗风的抒怀之作。到了中年，由于仕途的坎坷和人生经历的丰富，他的诗歌风格也开始发生了新的变化，其中慢慢多了一些像杜甫诗歌那样的"郁折往复之致"②。在这个时期，他多能借助自然质朴的语言和灵活多样的形式，表达自己对整个社会人生的真实看法和想法，诗歌内容丰富而深刻，气调苍凉而悲慨，具有深刻的思想性和极强的艺术感染力。晚年在家幽居，心无旁骛，生活安逸。这个时期的诗歌相较以前，诗风又有了新的变化，其诗歌语言清新自然、朴实平淡，然意味却深长隽永。

第二，诗歌形式众体皆备。调元诗学李白，不仅表现在风格模仿上，他还在诗体运用上对李白有所借鉴。他自称"一生爱学青莲体，只恐三分略似诗"③。在李调元的《童山诗集》中，"乐府歌行体"诗占有很大比重，并且其中不乏袭取"乐府古题"创作的诗歌，如《上之回》、《巫山高》、《艾如张》、《乌夜啼》、《猛虎行》、《来日大难》、《少年行》、《子夜四时歌》、《苦雨行》、《练时日》、《帝临》、《西颢》、《元冥》、《君马黄》、《将进酒》、《邯郸行》、《蛱蝶词》等；同时，他还不断自创新题，创作了大量的"新乐府"、"歌行体"和"歌谣体"诗。《童山诗集》中还有大量的长句四、五、七言古体，这类诗歌往往具有很强的叙事性。《童山诗集》中同时也有一些短小精悍、富于理趣的五、七言绝句。

第三，诗歌语言清朗多趣。这与其诗学理论是分不开的。李调元在《雨村诗话·序》中云："诗者，天之花也。花阅一春而益新，诗阅一代而益盛……夫花既以新为佳，则诗须陈言务去。"④ 花以新为

① （清）李调元：《八月中秋人谦集云谷借树轩分韵得相字》，《童山诗集》卷十八，商务印书馆1936年版，第245—246页。

② （清）程晋芳：《童山诗集序》，《童山诗集》，商务印书馆1936年版，第1页。

③ （清）李调元：《和严丽生学淦题童山续集原韵二首》，《童山诗集》卷三十九，商务印书馆1936年版，第535页。

④ （清）李调元著，詹杭伦、沈时蓉校正：《雨村诗话校正》，巴蜀书社2006年版，第26页。

佳，诗歌也应力避陈词滥调，保持清新自然。他还在《雨村诗话》（十六卷本）卷一中对诗歌语言提出了三大审美标准："诗有三字诀，曰：响、爽、朗。响者，音节铿锵，无沉闷堆塞之谓也；爽者，正大光明，无嗫嚅不出之谓也；而要归于朗，朗者，冰雪聪明，无瑕瑜互掩之谓也。"①"响"、"爽"、"朗"三字分别从三个方面对诗歌创作和审美提出了要求："响"，指诗歌的节奏、韵律方面应铿锵有韵，要有一种音乐美、音律美，这样才能给人以听觉上的美感；"爽"，指诗歌应该是诗人性情和磊落人品的自然流露，而非假以修饰的结果；"朗"，则强调诗歌语言要有锤炼，极力追求一种简洁精练之美。此三字诀是其诗歌语言清朗的关键所在。同时，在诗歌创作中，李调元又不失蜀人善谑的特点，如《蜡梅》一诗云："东风昨夜有机事，开破封书第一丸。却被蜜蜂漏消息，先差蜡凤报衙官。枝枝蕊似雕黄玉，阵阵香疑艺紫檀。道是梅花君不信，如何腊月并冲寒？"② 上述这些一起形成李调元诗歌"潇洒有致，清朗多趣"③ 的语言风貌。

三　李调元诗歌创作成就的总体评价

概而言之，李调元是一位善于汲取前人经验而又富于独创精神的诗人。他的诗歌创作，无论在思想内容还是在艺术方面，都取得了较突出的成就。他的诗歌在当时引起了世人的关注和喜爱。袁枚在读了李调元的诗歌后称赞道："西蜀多才君第一，鸡林合有绣图供。"④ 王懿修评论其诗歌成就为："英辞绚烂，壮气腾骞，以西蜀之渊云，为南宫之冠冕。"⑤ 程晋芳"三复其诗"评论云："合观全集，大矣美

---

①　（清）李调元著，詹杭伦、沈时蓉校正：《雨村诗话校正》，巴蜀书社2006年版，第27页。

②　（清）李调元：《蜡梅》，《童山诗集》卷三，商务印书馆1936年版，第29页。

③　严迪昌：《清诗史》，浙江古籍出版社2002年版，第945页。

④　（清）袁枚：《奉和李雨村观察见寄原韵》，《童山诗集》卷三十四，商务印书馆1936年版，第470页。

⑤　（清）王懿修：《用前韵寄怀李雨村观察四首并序》，《童山诗集》卷三十七，商务印书馆1936年版，第506页。

矣。"① 朝鲜诗人李德懋在《清脾录》（朝鲜本、卷之四）中则认为："羹堂诗步武腾骧，边幅展拓，每一读之，襟抱豁如，雄秀博达，浩无端倪。"② 在诗歌方面所取得的巨大成就，奠定了李调元作为文学家的地位，他无愧于清代"四川诗坛盟主"③ 的称号。

第二节　李调元乐府诗研究

乐府诗是中国诗歌史上一种重要的诗体。这种诗歌起初在汉代的兴起与音乐有着密切关系，然而由于历史的变迁，中唐出现的"新乐府"以及唐以后的乐府诗离音乐越来越远，虽然这些诗歌并非"通体离乐"，但毕竟其在音乐、体式、语言、制题等方面已经异于最初的乐府诗。所以对于唐后乐府诗分类不能再沿用宋代郭茂倩《乐府诗集》的着眼于"音乐"的划分标准。那么还可以怎么分类呢？今人王辉斌在《唐后乐府诗史》一书中认为："唐后乐府诗主要是由旧题乐府和新题乐府两大类所构成，而新题乐府，则又有即事类乐府、宫词类乐府、歌行类乐府、竹枝类乐府、祭祀类乐府之分。"④ 笔者以为这种划分是合理的，它比较符合唐后乐府的实际情况。因此，本节拟以此种划分标准对李调元的乐府诗作些探讨。

在李调元《童山诗集》和《粤东皇华集》的所有诗歌中，乐府诗占有很大的比重。这些诗歌按照其立题名篇大概可分为以下四类。

一　古乐府

古乐府，又称古题乐府、旧题乐府，是相对于新乐府（新题乐府）而言的一种诗体。《童山诗集》中的《上之回》、《巫山高》、《乌夜啼》、

---

① （清）程晋芳：《童山诗集序》，《童山诗集》，商务印书馆1936年版，第1页。

② ［朝］洪大容、李德懋著，邝健行点校：《干净同笔谈·清脾录》，上海古籍出版社2010年版，第261页。

③ （清）李调元著，罗焕章主编：《李调元诗注》，巴蜀书社1993年版，第9页。

④ 参见王辉斌《唐后乐府诗史》，黄山书社2010年版，第12页。

《猛虎行》、《少年行》、《艾如张》、《苦雨行》、《练时日》、《帝临》、
《青阳》、《朱明》、《西颢》、《元冥》（玄冥）、《将进酒》、《君马黄》、
《邯郸行》、《射虎行》、《古剑行》、《古柏行》、《结交行》、《忆昔行》、
《牧童词》、《蛱蝶词》等，这类诗歌都是古乐府。这些诗歌多为李调元
青年时期所作，诗题取自汉乐府旧题或唐宋乐府诗。从诗歌内容看，大
多表现诗人的慷慨任气、壮怀激烈，以及对世事人生的看法，如《将进
酒》："人心如面安可窥，旁人侧目君不知。大江流水有穷日，白衣苍狗
无尽时。我当酌君当斟，呼牛呼马随君意，清圣浊贤知我心？"① 又如
《结交行》："我生岂不愿安贫，捉襟见肘羞煞人！我生岂不愿求富，
金穴铜陵不牢固。我闻士可杀而不可辱，宁以直祸无枉福。君不见伯
龙欲为十一方，有鬼抚掌笑其旁。"②

二 咏史乐府

咏史乐府是乐府诗中非常重要的一种。其以叙述历史事件为主，
表达作者对历史的看法和态度。清代的咏史乐府非常发达，这一方面
与清朝入主中原大兴"文字狱"有关，另一方面也与明清异代的历史
有关。李调元曾作《蜀乐府十二首》：《荷池引》、《御沟怨》、《银瓶
击》、《汉殿仙》、《老神仙》、《狗皮道士歌》、《青羊宫》、《两横行》、
《嘓噜曲并序》、《乌生八九子》、《拉马行》、《圈坟叹》。其中前七首
为咏史乐府。李调元借 1644 年张献忠入蜀建立大西政权的史事表达了
他对历史的看法。如《荷池引》③：

> 银塘昨夜芙蓉泣，锦城将染黄巢血。一声鼍鼓动地来，满宫
> 粉黛无人色。妾家华阳绝世姝，豆蔻花梢二月初。曾侍吾王供酒
> 翰，肯教辱贼佐校书。尘土蔽天血流水，惟有荷花瓣无滓。誓将

---

① （清）李调元：《将进酒》，《童山诗集》卷二，商务印书馆 1936 年版，第 20 页。

② 同上书，第 20 页。

③ （清）李调元：《荷池引》，《童山诗集》卷一，商务印书馆 1936 年版，第 3 页。

亭亭不污身，对花先向王前死。池水潺潺今几春，夜夜秋风吹白苹。香魂虽杳遗墨在，只字珍于魏夫人。

李调元自序"为蜀王近侍严兰珍也。兰珍，华阳人。父椿茂，邑诸生。兰珍工书法，年十六与同邑齐飞鸾、许若琼、李丽华同选入宫，甲申十一月，贼攻城急，兰珍投西院荷池死"。此乐府旨在赞扬为国守节的行为。又如《银瓶击》①：

炮车轰轰城门开，贼如虓虎四门来，黑云压头洒红雨，哭声震天门已启，此时阿琼在何地，别藏荆轲抱仇志，宫中歌舞夜偏长，恨无匕首乘贼睡，席上银瓶当利刀，一瓶击去脑流膏，贼大恚，群贼至，刀兵齐下截两臂，虽折两臂终完名，今日方知许飞琼。

自序"为许若琼也。王薨之日，贼入宫，僭据逆阉王官执琼，献贼伪封皇后，夜半宴寝宫，呼琼侍酒，酒酣，琼执席上银瓶，击献贼额，贼大怒，戕琼右臂，琼以左手搏贼，贼又戕左，骂不绝口，贼众脔之"。此为歌颂不畏强暴、以弱抗强的英雄行为。再如《青羊宫》②：

文人怪事竟至此，二万秀才同日死。宫中笔砚堆如山，门外浣溪血成水。玉石不分尽遭戮，若比焚坑祸尤酷。即今元气虽复还，天黯犹闻酸鬼哭。富贵如浮云，儒冠解误身。君不见，当时状元张大受，三日荣华万年臭。

自序谓"伤蜀士也。贼诡称开科，用军法发遣后，至者诛及至尽，杀于成都西门外青羊宫，凡二万二千三百人，笔砚堆积如山，又

---

① （清）李调元：《银瓶击》，载《童山诗集》卷一，商务印书馆1936年版，第4页。
② 同上书，第6页。

开武科取状元张大受，宠赐无比，三日阖门尽诛"。此诗虽选取的是一个历史片段，却极言献忠当年屠蜀之暴行，带有强烈的批判性。

三 歌行体乐府

一般认为，"歌行"出自"乐府"，其主要特征有以下几点：第一，句式以七言、杂言为主；第二，诗题中包含歌词性字样（如"歌"、"行"、"歌行"、"曲"、"引"、"谣"、"词"、"吟"、"叹"、"咏"等）或具有歌词性质；第三，主观抒情性；第四，有酬赠性质。以此标准，我们发现"歌行体乐府"诗在其所有诗歌中占有很大比重，并且这类诗歌的创作贯穿其一生，它是李调元诗歌成就的典型代表。具体来说，这部分诗歌又包括以下三种。

其一，由同名岭南民歌直接改写的歌行。例如：《蜘蛛曲》、《竹叶歌》、《素馨曲》、《踏月歌》、《怨曲》、《缩发谣》、《浪花歌》等。前五者由"粤歌"直接改写而成，后两者则分别由"蛋歌"和"瑶歌"改编。试举几例来看：

《南越笔记》卷一"粤俗好歌"条中的《竹叶歌》①：

> 竹叶落，竹叶飞，无望翻头再上枝。担伞出门人叫嫂，无望翻头做女时。

《粤东皇华集》中的《竹叶歌》②：

> 竹叶昨日飞，休望叶上枝。女儿昨日嫁，无望女儿时。

《南越笔记》卷一"粤俗好歌"条中的《素馨曲》③：

---

① （清）李调元：《清代广东笔记五种·南越笔记》，广东人民出版社 2006 年版，第 200 页。
② （清）李调元：《粤东皇华集》卷三，丛书集成初编本，中华书局 1991 年版，第 101 页。
③ （清）李调元：《清代广东笔记五种·南越笔记》，广东人民出版社 2006 年版，第 200 页。

素馨棚下梳横髻，只为贪花不上头。十月大禾未入米，问娘花浪几时收。

《粤东皇华集》中的《素鑫曲》①：

棚下梳横髻，素馨香满头。笑娘此花过，花浪也应收。

《南越笔记》卷一“粤俗好歌”条中的《绾发谣》②：

清河绾髻春意闹，三十不嫁随意乐。江行水宿寄此生，摇橹唱歌桨过滘。

《粤东皇华集》中的《绾发谣》③：

三十犹未嫁，绾髻随意低。夜来明月里，高唱过前溪。

李调元喜欢将七言四句的民歌改为五言，语言更通俗，也更凝练，所表达的内容方面并无变化。但也因此而丧失了一些东西，如《素鑫曲》删掉了“十月大禾未入米”一句，《南越笔记》卷一“粤俗好歌”云：“十月熟者名大禾，岁晏而米不入，花浪不收，是过时而无实也。此刺淫女，亦以喻士之不及时修德，浪荡而至老也。”④很显然，改过之后的民歌比兴意味有所减弱。再如《竹叶歌》删掉的“担伞出门人叫嫂”本是南越的特殊婚俗，《南越笔记》卷一“粤俗好歌”

① （清）李调元：《粤东皇华集》卷三，《丛书集成》初编本，中华书局1991年版，第102页。

② （清）李调元：《清代广东笔记五种·南越笔记》，广东人民出版社2006年版，第201页。

③ （清）李调元：《绾发谣》，载《粤东皇华集》卷三，《丛书集成》初编本，中华书局1991年版，第101—102页。

④ （清）李调元：《清代广东笔记五种·南越笔记》，广东人民出版社2006年版，第200页。

云:"凡村落人奴之女,嫁日不敢乘车,女子率自持一伞以自蔽。既嫁,人率称之为嫂,此言女一嫁,不能复为处子,犹士一失身,不能复洁白也。"① 表面看来,改过之后的"女儿昨日嫁"也表示出嫁之意,但却减弱了此歌的地方风俗特色。

其二,取材岭南风物而创作的歌行。这类诗歌主要有:《淘鹅谣(并序)》、《青雏引(并序)》、《番狗怨(有序)》、《懒妇叹(有序)》、《断草乌吟(有序)》五首。这五首歌行分别用《南越笔记》卷八中的"淘鹅"、"青雏",卷九中的"番狗"、"懒妇",卷十二中的"断草乌"等条的内容为序,以富有岭南特色的动物为题材进行创作,既状物绘形,又不乏教育意义。此外,像"菩提树"、"荔枝"、"落花生"均为《南越笔记》中所记之物,"花燕"、"蕉布"等也是岭南风物,李调元皆有歌行体诗咏之。

其三,模仿乐府民歌体而创作的歌行。这类歌行体乐府诗歌非常丰富,是其诗歌创作成就的主要代表。按照内容,这类诗歌又可细分四类。

一是情歌。李调元曾辑录《粤风》一书,里面大多为情歌。受此影响,他也模仿南越乐府民歌体自创了大量的情歌。如《相思曲》、《沓潮歌》、《合欢词》、《薏苡谣》、《扶留曲》、《寄远曲》、《戏作催妆词》四首等。这类歌行多以岭南风物为比兴,直抒胸臆,感情真切而热烈。

二是咏物诗。除以上歌咏岭南风物的歌行体诗外,李调元还写有《双燕曲》、《光孝寺南汉刘𬬭铁塔歌》、《九华石歌》、《燕子曲》、《石鼓歌》、《雷琴歌》等。其中,除此之外,这类诗歌中还有一些写得意境宏阔、大气磅礴的诗篇,如《大风渡黄河歌》②:

> 狂风动地沙如雾,行人望见黄河渡。轰轰波声白昼闻,浩浩不息东南去。我闻黄河天上来,惊涛巨浪相喧豗。迢迢一线眼中

---

① (清)李调元:《清代广东笔记五种·南越笔记》,广东人民出版社2006年版,第200页。
② (清)李调元:《大风渡黄河歌》,《童山诗集》卷六,商务印书馆1936年版,第63页。

起，千里万里声如雷。晓来北风急如驶，河伯勃怒蛟龙起。咆哮直入沧海大，日月簸荡珠宫里。岂是三时葱岭雪，化为桃花渡头水。我思昆仑山，河水从中开，山高两千五百丈，九折乃达轩辕台。世无张博望，安知星宿在何隈？却笑河上看河人，意欲捧土填孟津。古今事势亦非一，临渊结网徒艰辛。嗟乎！安得风息水亦息，我虽不渡渡亦得。

三是纪行诗。中国古代文人士大夫或徜徉山水以熏陶雅趣，或外出宦游以实现理想，或仕宦途中以抒发见闻等，他们每到一处都要以诗纪行叙事。这类诗歌就是"纪行诗"。李调元诗歌中的这类诗歌有《采珠曲》、《后采珠曲》、《出门行》、《冰山行》、《呻吟行》、《石匠行》、《窑户行》、《大风行》、《今日行》、《乞儿行》、《蹇驴行》、《凌江行》、《冰牀行》、《两痴老行》、《担炭行》、《晓发渭城逢家应宿以武闱落第归西山隐居沽饮为别放歌》、《华阴道望华山歌》等。这里面有一部分写作于广东视学期间，如《采珠曲》和《后采珠曲》对中国著名的南珠故郡合浦（合浦县当时属广东廉州府，今合浦属广西北海市）一带采珠业的繁荣作了记载，具有一定的史料价值。还有一部分大多写于诗人中年仕宦或归川途中，如《石匠行》、《窑户行》、《呻吟行》、《乞儿行》，但也有一些写于晚年乡居短暂外出期间，如《担炭行》等诗，以纪实的手法揭露沿途所见的百姓生活之苦，鞭挞官吏压迫，具有较强的思想性。

四是述怀诗。《丈夫行》、《籔木谣》、《美人行》、《神鸦行》、《种芝行》、《临江江上短歌》四首、《农夫词》、《观绳妓歌》、《听吕桂亭林鼓琴歌》、《观罩鱼歌》、《清江引》等。这类歌行一些表现了诗人的高远志向和远大抱负，如《丈夫行》云："丈夫持此身七尺，安能终日心偪仄？何不跃上天衢游，汗漫九垓驰八极。不然万里边庭开，请缨仗剑从军台。龟兹国边拍骑去，乌思藏里斫头回。胡为踯躅藕穴里，出亦不喜入不喜。平生事业竟何成？卑哉著书漆公子。"① 还有一些则

---

① （清）李调元：《丈夫行》，《童山诗集》卷二，商务印书馆 1936 年版，第 21 页。

表达了诗人对社会人生的某种看法，如《窾木谣》："窾木窾木，风从中出。笙簧笙簧，言从口扬。窾木尚有因，笙簧不可当。初或疏兄弟，渐乃离爷娘。嗟乎！曾参杀人母反走，古今间人只在口。"① 此乃以窾木、笙簧为比，讽道听途说、人云亦云之人。又如《美人行》："青春华宴张翠帷，吴姬越女裁冰丝。玉颜纤手倾玻璃，珠翘摘阮为君娱。为君娱，君莫辞。君莫辞，妾当舞，君不见美人转瞬亦黄土。"② 此谓人生短暂，不如及时行乐。再如《神鸦行》："富池庙祀西陵守，庙前神鸦传已久。往来索食不避人，抛接高低皆到口。我怪其异欲弹射，其奈党羽纷前后。人言此是甘公魂，精灵不可机械收。我思将军英烈气，关公尚避曹瞒走。安能幻作羽毛身，啧啧向人求酒肉。嗟尔神鸦应知足，藉奈灵威惠实厚。君不见权门索贿多走狗，凭仗威福无不有。"③ 此乃借神鸦索食批当权者贪得无厌。此类诗歌也有一些描写农村恬静生活，表达诗人平和心境的诗，如《农父词》、《牧童词》、《沿溪夜行》等。

四　竹枝词

竹枝词也是乐府诗的一个重要种类。竹枝本为巴渝（今四川东部）一带的民歌，到了唐代，由于受刘禹锡、白居易等人据其改创新词并大力提倡，这样竹枝词才开始被纳入乐府诗的范畴。元末"铁崖乐府诗派"的代表杨维桢等人在杭州西湖发起了一场"西湖竹枝酬唱"，当时著名的诗人如萨都剌、杨载、虞集、揭傒斯等 120 多人参加了这场规模盛大的酬唱活动，后杨维桢甄选这次酬唱的竹枝结集为《西湖竹枝集》。这种空前的创作规模和成果对明清两代的竹枝词创作有着深远的影响。清代是中华竹枝词发展的最后一个高峰。李调元曾两次赴广东，其对当地的竹枝词是非常关注的，这点可从其《雨村诗

---

① （清）李调元：《窾木谣》，《童山诗集》卷一，商务印书馆 1936 年版，第 9 页。

② （清）李调元：《美人行》，《童山诗集》卷二，商务印书馆 1936 年版，第 21 页。

③ （清）李调元：《神鸦行》，《童山诗集》卷三，商务印书馆 1936 年版，第 32—33 页。

话》的记载中看出来："余试粤东诸生古学，先以诗，次必以《竹枝词》命题，盖以观其土俗民情也。记其最佳者，颇可谱入《风谣》。"①李调元不仅考试以《竹枝词》命题，记录竹枝词，而且还自己创作竹枝词。这方面的代表性作品有收在《童山诗集》中的十首《南海竹枝词》，以及《蠢翁词》中的十六首《竹枝》。我们以前者为例来看。

《南海竹枝词》十首对清代广东珠江三角洲南海县一带的气象物候、地理物产、衣食住行、岁时节令、婚嫁习俗、经贸情况作了鲜明而具体的描绘，表达他对岭南生活的独特感受。② 如：

> 南越炎方带湿潮，沁心日日食甘蕉。阶前龙眼谁遗核，过雨旋看长小苗。
> 樱桃黄颊鲥尤美，刮镬鸣时雪片轻。每到九江潮落后，南人顿顿食鱼生。
> 白𣺌香气满瓷罂，斩断灵芝手作羹。闻道家家逢社日，更将南烛煮青精。

"炎热"、"湿潮"等是对广东夏季气候环境的准确概括，由于湿热多雨，所以草木生长得迅速、旺盛。"甘蕉"、"龙眼"、"鱼生"、"白𣺌"、"灵芝羹"、"青精饭"等则典型地体现了当地的饮食特色。又如：

> 自是繁华地不同，鱼鳞万户海城中。人家尽畜珊瑚岛，高挂阑干碧玉笼。
> 人鱼遇舶浪如雷，风雨无端雾不开。往往近城人共语，昨宵海怪上潮来。
> 水干水大水中居，处处头公两妇夫。见说一生舟里活，㞘哥

---

① （清）李调元著，詹杭伦、沈时蓉校正：《雨村诗话校正》卷十二，巴蜀书社2006年版，第280页。

② （清）李调元：《南海竹枝词十首》，《童山诗集》卷十六，商务印书馆1936年版，第213—214页。

背上背葫芦。

奇珍大半出西洋，番舶归时亦置装。新出武彝茶百饼，花边钱满十三行。

榀收帆举白龙洋，拾得珍珠不满筐。八月蓼花红满岸，定知今岁得明珰。

清代的广州是南方重要的经济中心，来自世界各地的商船昼夜穿梭，将西洋的工业品运到广州出售后又将中国的茶叶等土产运回西洋。由于当地的渔业、货运和对外商贸交易等都要通过水运方式来完成，因而广州在当时又有"浮城"的美誉。素有"金山珠江，天子南库"之称的"十三行"更是已成为当时十分显赫的对外贸易口岸和中外经济文化的交汇中心。再如：

广州夫娘高髻妆，不戴素馨必瑞香。见客纤纤红指甲，一方洋帕献槟榔。

这首诗则描绘了当时广州已婚妇女发型、头饰、染指甲的装扮，以及待客交际习俗。又如下面这首则反映了南海县船家的婚礼习俗：

谁家心抱喜筵开，迎得花公结彩来。不识蛋歌定谁胜，隔帘催唤打糖梅。

婚娶当天，夫家要设喜筵招待送亲客人，筵罢，由贵戚男子（花公）系结彩带亲自送新郎入房中，这天亲友还要向新人索要糖梅吃。世代居于水上，以艇为家的蛋人，新郎迎娶新娘时要对唱蛋歌，正如清人屈大均在《广东新语·蛋家艇》中云："诸蛋婚时以蛮歌相迎。男歌胜则夺女过舟。"①《广东新语·粤歌》又云："蛋人亦喜唱歌。婚

---

① （清）屈大均：《广东新语》卷十八，中华书局 1985 年版，第 485 页。

夕两舟相合，男歌胜则牵女衣过舟也。"① 此诗中"不知蛋歌定谁胜"一句，正描写了一对新人联船对歌的情景。

总之，这十首竹枝词从多个侧面反映了清代广州的社会、文化、经济情况和世态风俗，具有很高的社会史料和民俗研究价值。在艺术上这些诗歌也有着明显的特色，首先是通过小镜头的描写，将当时广阔的社会生活场面和人物形象有声有色地展现出来。其次，作者在创作中入乡随俗，适当采用方言土语，如"甘蕉"（香蕉）、"鱼生"（生鱼脍）、"尿哥"（孩童）、"夫娘"（已婚妇女）、"心抱"（新娘）、"花公"（送新郎入房的贵戚男子）、"蛋歌"（蛋人唱歌）、"打糖梅"（亲友向新人索要糖梅吃）等词语都加深了诗歌的地方色彩和乡土气息。除以上两种创作于广东的《竹枝词》外，李调元晚年还作了六首《钓鱼竹枝歌》，内容极富生活乐趣，风格清新自然。②

五　宫词

王辉斌认为："宫词类乐府是以反映宫廷生活见长的一类新题乐府。"③ 这类乐府诗的创作者身份特殊，不乏王公贵族、朝廷重臣，甚至是皇帝后妃，因而其多具有雍容华贵的风格特色。历史上唐代的王建创作的大型连章体《宫词一百首》曾名贯天下，对后世宫词创作产生了深远影响。李调元的《南宋宫词百首》就是这样的创作。这组宫词辑录在《童山诗集》戊寅年中，《香艳集》亦全文著录。④ 李调元的《南宋宫词百首》通过对南宋宫廷行乐生活的粗线条描绘和宫掖逸闻的叙述，不仅具有"以补正史"的价值，而且还有"讥刺微词"和"规诫"功能。例如：

---

① （清）屈大均：《广东新语》卷十二，中华书局1985年版，第361页。

② （清）李调元：《钓鱼竹枝歌》，《童山诗集》卷三十五，商务印书馆1936年版，第481—482页。

③ 王辉斌：《唐后乐府诗史》，黄山书社2010年版，第20页。

④ （清）李调元：《南宋宫词百首》，《童山诗集》卷五，另见《香艳集》1914年第2期。

龙楼侍寝受恩新，花外流莺款语频。宫女姓名排四季，按时传唤直班人。①

此首宫词记述的南宋度宗之事。度宗（赵禥）荒淫昏庸，沉溺酒色。宫人以春夏秋冬四季直书阁。按宫中制度，嫔妾进御，次晨须至阁门谢恩，书其月日，以凭查考。度宗即位之初，一日谢恩者达三十余人。度宗建亭名别是一家春，人以为谶。未几宋亡。② 又如：

一掬河山如锦绣，三千玉貌似花丛。一朝放出君门去，不忍回头忆故宫。③

此为记述度宗次子恭帝赵显之事。度宗逝世后，4 岁的恭帝赵显即位，元军进抵临安，陆秀夫等至元军中，求称侄纳币，不从。太皇太后命用臣礼。恭帝上表称臣，献传国玺。全太后（度宗后，赵显母）、帝显被俘北去。元人索宫女内侍及诸乐官，宫女赴水死者以一百数。汪元量《湖山类稿·醉歌》有诗记其事："六宫宫女泪涟涟，事主谁知不尽年。太后传宣许降国，伯颜承相到帘前。""乱点连声杀六更，荧荧庭燎待天明。侍臣已写归降表，臣妾签名谢道清。"④

《南宋宫词百首》为李调元 25 岁（乾隆二十三年）随父寓居杭州第一山，即南宋历圣之三殿时的抚今追昔之作，其内容风格华贵蕴藉，有论者评论谓："《南宋宫词百首》，可媲唐之王建，而与樊谢之《南宋杂事诗》并垂不朽。"⑤

---

① （清）李调元：《南宋宫词百首》，《童山诗集》卷五，商务印书馆 1936 年版，第 55 页。
② 邱良任：《历代宫词纪事》，暨南大学出版社 1995 年版，第 232 页。
③ （清）李调元：《南宋宫词百首》，《童山诗集》卷五，商务印书馆 1936 年版，第 56 页。
④ 邱良任：《历代宫词纪事》，暨南大学出版社 1995 年版，第 232 页。
⑤ （清）符保森：《寄心庵诗话》，钱钟联主编《清诗纪事（九）乾隆朝卷》，江苏古籍出版社 1989 年版，第 6087 页。

第三节　李调元的诗学体系

李调元不但喜欢作诗，而且还善于从作诗的实践中总结诗学理论。在他的诗学著作《雨村诗话》，以及他的散文集《童山文集》中有大量的关于诗歌的研究，这些独特的论述共同构成了他完整的诗学体系。这个体系主要包含以下几方面的内容。

一　诗歌本质论

关于诗歌的本质，中国诗论家很早就开始探讨了。先秦时期，中国人就提出了关于诗歌本质认识的开山纲领——"诗言志"。后来，随着诗歌创作的发展，诗歌的抒情性质开始受到关注，西晋时期著名诗论家陆机明确提出了"诗缘情"的命题。此后，"言志"论和"缘情"论犹如探讨诗歌本质的两条线索，时而并行、时而交错、时而更迭，共同构成了中国古代诗歌本质论。

李调元论诗，继承了前人的"缘情"论，力主"诗道性情"。他在其诗学专著《雨村诗话》中开宗明义地提出"诗道性情"[1]、"诗以道性情"[2]。同时在《童山文集》中也认为："诗也者，人之性情也。"[3] 那么，诗人的"情"是如何产生的呢？他认为诗人情感之所以会萌发，原因主要有以下两点：第一，"诗之生于情，亦由境之有以启其情也"[4]，亦即诗人情感的喷发乃是由于所处语境的触发，诗歌的意境来自情与境的统一；第二，"诗虽发于情，而实本于性，性不笃者，情不真也"[5]，李调元进而又认为诗歌所传达出来的诗人之"情"与诗人的个性、性格、性情等密不可分，诗歌要靠诗人的真实情感来

---

[1] （清）李调元著，詹杭伦、沈时蓉校正：《雨村诗话校正》，巴蜀书社 2006 年版，第 13 页。
[2] 同上书，第 18 页。
[3] （清）李调元：《云谷诗草序》，《童山文集》卷五，商务印书馆 1936 年版，第 62 页。
[4] 同上书，第 67 页。
[5] 同上书，第 62 页。

打动人，性情不笃，诗情不真，像那些出于虚情假意的矫揉之作就很难打动读者，很难给读者以心灵的触动和共鸣。

李调元力主"诗道性情"，他还用"性情"作为标准来衡量古今作品的成就。在他看来，"李白长于乐府歌行而五七律甚少，杜少陵长于五七律而乐府歌行亦多"，李白杜甫两人的诗歌作品虽形式有异，然其所作皆各有其长，且两者诗作皆从其性情之中自然流出，所以李杜诗歌皆有其成功之处。综观古今的诗文创作，凡成功者，皆由于其是诗人真情实感的自然流露的结果。诗歌创作中，诗人"有性而自泪之，有情而自漓之，似乎智而其愚孰甚！毛嫱、丽姬虽粗服乱头，无损其为天质之美也。捧心效颦，人望而却走矣"①。那些朴素无华的诗歌由于具有情感的真挚性，所以这类诗歌仍不失其"天质之美"。相反，那些一味模仿，刻意形式创造而毫无自然率真情感的诗歌则令人生厌。诗歌创作绝不能"以貌为，少陵《发同谷》诸篇，昌黎、东野联句，皆偶立一体。至昌谷之奇诡，义山之獭祭，各有寓意，不可以貌为"②。前代诗人如杜甫、韩愈、孟郊、李贺、李商隐，他们的诗歌之所以能成为后世诗人摹写的范本，并不仅仅是由于其诗歌形式或风格的新奇，而是这些诗歌乃是形式和内容的完美结合。"近人袭取二李隐僻字句，以惊世炫目，叩其中绝无所谓，是皆无病呻吟，效颦而不自知其丑者。"③古之诗歌，"自渊明而上溯《三百篇》，何尝有不可解字句，使人眩惑，而其意之所托，或兴或比，往往出人意表，千百载竟无能道破者"④。然今人诗歌却专以形式诱人，"句奇而意平，可笑也"⑤。

诗歌固然是"缘情"之物，然而李调元对于诗歌本质的探讨并没有停留于此，而是进一步论述了诗歌创作中的情感控制问题。他说：

---

① （清）李调元著，詹杭伦、沈时蓉校正：《雨村诗话校正》，巴蜀书社2006年版，第12页。
② 同上书，第18页。
③ 同上。
④ 同上书，第18—19页。
⑤ 同上书，第19页。

诗非出于情之难，出于情而不失其正之为难。三百篇多出于委巷与妇女之口，其人初未尝学其辞。颇足为法何也，情之正也。汉魏以来作诗者，体裁不一，务为靡绮，而去古愈远。唯晋之陶靖节和平淡远，为千古学诗之宗。后之王、孟、韦、柳各得其一体，而终失其自然之音。香山之拟，东坡之和，盖又远矣。信乎作诗之难也，岂非不得夫情之正之故乎。吾独于姜山稿而窃叹靖节之去人未远也。其为诗也，可乐可观而无淫词，可哀可歌而无怨词，铺锦列绣而不失于绮，长江大河而不失于滥，沨沨乎一出于情之正焉。①

诗歌要抒写诗人之情感，然而诗人情感的表达又必须有所节制，必须局限在一定的范围内，如果诗歌变成诗人情感的一种单纯宣泄，诗歌创作任凭诗人的情感泛滥而不加理智的控制，这样就会大大降低诗歌的审美效果。这种看法无疑具有极大的合理性。

不可否认，李调元"诗道性情"的诗歌本质论是对中国古代"缘情说"的继承。然而，也必须看到，在清代乾嘉的特殊环境中，李调元关于"诗道性情"的论述也有其巨大的时代意义。乾嘉年间，所谓"海宇乂安，四夷宾服"，清王朝经过约百年的经营，其基本政权已经巩固，人民生活相对安定，到处呈现出一片"乾嘉盛世"的繁荣景象。与相对稳定、和谐的社会相适应，文学的发展也出现了"诸派争鸣"的热闹局面。这时期，海内有影响的主要有"神韵派"（末流）、"格调派"、"肌理派"等。"神韵派"以清康熙年间的大诗人王士禛为代表，其诗论主要继承唐司空图、宋严羽等人的主张，力主诗歌创作中的若即若离、镜花水月的清远意境，"神韵派"末流更是将诗歌创作导向超玄和虚空，使诗歌创作脱离现实世界，呈现出严重的形式主义倾向。"格调派"以乾隆时期的诗人沈德潜为代表，其诗论主要继承明末前后七子的观点，认为"诗贵性情"但"亦须论法"，诗歌创

---

① （清）李调元：《姜山集序》，《童山文集》卷五，商务印书馆 1936 年版，第 66 页。

作应学古，即近体宗盛唐，古体学汉魏，难免使诗歌流于泥古模仿而缺乏生气。另有以翁方纲为代表的"肌理派"。"肌理派"倡导以学问为诗，力主将儒家经术考订与金石文字爬梳摄于诗歌创作之中，从而使诗歌内容晦涩苍白，味同嚼蜡。在这种诗风颓废，各种形式主义诗论喧嚣的情形下，李调元继承"诗缘情"的传统，力主诗歌表达诗人的真情和体验，坚决与袁枚、赵翼、蒋士铨、王文治等人站在"性灵"的大纛下，以无畏的勇气坚决抵制清代诗坛的形式主义和复古思潮，正是在这种层面上，笔者认为李调元的"诗缘情"诗歌本质论具有明显的进步意义。

二　诗歌发展论

中国古代诗歌源远流长，先秦之《诗》、《骚》，汉之《乐府》，魏晋南北朝之建安、玄言、田园、山水、永明、宫体，唐代中国诗歌发展更是达到了巅峰，此后宋元明清各代诗歌亦自有特色。诗歌是中国古代文学中最富变化的文体之一，诗歌的变化发展也是历代文学批评家经常议论的论题，如刘勰《文心雕龙》的《通变》、《时序》、《明诗》，钟嵘的《诗品》，叶燮的《原诗》等著作中均有关于诗歌发展问题的论述。清代李调元在其《雨村诗话》中也谈论了诗歌发展的问题，他的观点主要集中以下两个方面。

首先是关于诗歌发展动力的认识。诗歌的发展是一个比较复杂的问题，历史上曾有很多人就诗歌发展的动力进行过探讨和论述。有的认为诗歌发展与社会政治风气密切相关，如汉代《毛诗序》云："治世之音安以乐，其政和；乱世之音怨以怒，其政乖；亡国之音哀以思，其民困。"又云："至于王道衰，礼仪废，政教失，国异政，家殊俗，而变风变雅作矣。"刘勰在《文心雕龙·时序》篇中也得出了相近的结论："时运交移，质文代变"，"歌谣文理，与世推移"①，"文变染

---

① 范文澜注：《文心雕龙注》卷九，人民文学出版社1958年版，第671页。

乎世情，兴废系乎时序"①。明代胡翰《古乐府诗类编序》云："诗系一代之政，婉而微章。辞义不同，由世而异……随其俗之所尚，政之所本，人情风气之所感。"② 叶燮《原诗》云："其正变系乎时，谓政治、风俗之由得而失，由隆而污。此以时言诗，时有变而诗因之。"③薛雪《一瓢诗话》云："运会日移，诗亦随时而变。"④ 这些都说明诗歌发展要受时代政治风气影响，异政不同时的诗歌发展状况是不一样的，即"代代有诗"。

也有人认为诗歌发展与统治者的文学爱好分不开。如刘勰在《文心雕龙·时序》中说："自献帝播迁，文学蓬转，建安之末，区宇方辑。魏武以相王自尊，雅爱诗章；文帝以副君之重，妙善辞赋；陈思以公子之豪，下笔琳琅；并体貌英逸，故俊才云蒸。"⑤ 建安文学的繁荣与曹氏父子的诗文喜好是分不开的。南朝也有类似情况，如梁萧纲、萧绎、陈叔宝等喜好诗歌，并带头创作和大力提倡宫体诗，从而促进了宫体这一颓废诗体的发展。还有人认为诗歌发展与后人的师承有关。如刘勰所论的"通"、钟嵘所论的"溯流别"、杜甫所论的"转益多师"等。还有认为时代学术思想对诗歌发展具有一定的影响，如晋代的玄言诗、宋代"以理盛"的载道言理诗等都无不受到当时学术思想的影响。

现代文学理论认为，文学活动是一个系统，它由四个要素构成：世界、作者、作品、读者。其实，影响诗歌产生和发展的因素也不外乎这四个。李调元主张"诗道性情"，诗之本质在于诗人的性情，所以他对诗歌作者的性情在诗歌发展中的影响尤其关注。他在《雨村诗话·序》（十六卷本）中云："诗者，天之花也，花阅一春而益新，诗

————————

① 范文澜注：《文心雕龙注》卷九，人民文学出版社 1958 年版，第 675 页。

② （明）胡翰：《古乐府诗类编序》，钱伯城等主编《全明文》卷 80，上海古籍出版社 1994 年版，第 751 页。

③ （清）叶燮：《原诗·内篇》（上），人民文学出版社 1979 年版，第 7 页。

④ （清）薛雪：《一瓢诗话》，人民文学出版社 1979 年版，第 106 页。

⑤ 范文澜注：《文心雕龙注》卷九，人民文学出版社 1958 年版，第 673 页。

阅一代而益盛。"① 又在《雨村诗话补遗·序》中云:"人以愈生而愈众,诗亦愈出而愈工。"② 不同时代、不同时期、不同诗人由于各具情性,所以从纵向来看,诗歌的发展总是面貌殊异,越来越丰富。他还以后人学《诗》例子来说明他的观点:

> 《诗》三百篇有正有变,后人学焉而各得其性之所近。《楚骚》之幽怨,少陵之忧愁,太白之飘艳,昌谷、玉川之奇诡,东野、阆仙之寒俭,从乎变者也。陶靖节以下,至于王昌龄、王维、孟浩然、高适、岑参、韦应物、储光羲、钱起辈,具发言和易,近乎正者也。③

《诗经》作为中国古代诗歌的源头,千百年来一直是后世诗家学习诗歌创作的最高范本。然就其内容而言,汉末郑玄所撰的《诗谱》中就明确地将《诗经》分为"诗之正经"和"变风变雅"两大部分。一般说来,"诗之正经"包括《颂》诗全部、《大雅》大部分和《小雅》、《国风》小部分;"变风变雅"包括《大雅》一部分和《小雅》、《国风》大部分。"风雅正变"与时代政治密切相关,治世之音为"正",乱世、衰世之音为"变",体现在诗中,"正"诗多颂美和易之声,"变"则"怨刺相寻"④。李调元也同样看到了这一点,然而他并没有局限于此,而是进一步考察了后世诗人在学习《诗》的基础上对诗歌的发展情况。人生而禀性不同,所以在学习前代经典的时候,每个人总会按照自己的"性之所近"去有所选择地模仿、继承,在这一点上,李调元对于诗歌发展的论述实际上和他的"诗道性情"的诗歌本质论取得了内在的一致性。由于诗歌是"道性情"的方式,所以后世诗歌和前代诗歌相比之所以能手眼自具,原因就在于后世诗人的诗

---

① (清)李调元著,詹杭伦、沈时蓉校正:《雨村诗话校正》,巴蜀书社2006年版,第26页。
② 同上书,第380页。
③ 同上书,第19页。
④ 参见郑玄《十三经注疏·毛诗正义·诗谱序》,《四部备要》本。

歌均是从其"性情而出",均有其独特的情感内蕴,因而从这种意义上讲,诗歌创作者的性情禀赋、情感思绪也就成了推动诗歌发展的一个重要力量。李调元对于诗歌发展动力的论述,突出强调了诗人在诗歌创作中的能动性、主体性,这和前代很多将诗歌发展归结于社会政治等外部条件的推动相比,无疑具有极大的合理性。

其次是诗歌发展中的创新观。创新是一切艺术创作所追求的目标,也是诗歌等艺术形式能够生生不息的主要原因之一。诗歌发展贵在创新。那么,在李调元看来,诗人如何发挥自己的主体性和能动性去进行创新呢?他在《雨村诗话·序》中作了详细论述:

> 夫花既以新为佳,则诗须陈言务去。大率诗有恒裁,思无定位,立言先知有我,命意不必犹人。①

李调元的诗歌创新观,大致包括以下几项内容。

第一,在诗歌语言形式方面,"诗须陈言务去"。唐代著名文学家韩愈曾提出"惟陈言务去"的诗论主张。认为诗歌创作务必剔除陈言旧辞,这样诗歌才能出新和不断发展。李调元继承了这一观点。在他看来,"诗者,天之花也"②。花以新为佳,诗歌也应自创新词,力避陈词滥调和形式模仿。联系乾嘉诗坛创作,我们可以看到李调元这一诗论主张有着极为深刻的历史背景和现实意义。清代乾嘉时期,文学创作异常活跃,诗歌流派纷呈,各领风骚。沈德潜、翁方纲、厉鹗、袁枚等人,或主格调,或言肌理,或倡宋诗,或论性灵,清中期诗坛开始出现了多元化的发展格局。乾隆时期,内阁学士兼礼部侍郎的沈德潜继王士禛而主盟诗坛。沈德潜论诗倡导"格调",诗歌创作宗唐、黜宋、尚古。他曾编选《唐诗别裁》一书,其中以李白、杜甫格调为宗,力图恢复诗歌创作的雄浑宏伟的格调传统,从而使清代诗坛呈现唐诗般的恢宏气象。

---

① (清)李调元著,詹杭伦、沈时蓉校正:《雨村诗话校正》,巴蜀书社2006年版,第26页。
② 同上。

沈德潜的"格调说"一时得到诗坛的广泛响应，促成了清中期诗坛风气的转变。然而，也应看到，"格调说"的诗论也给乾嘉诗歌的发展带来了负面影响。正如沈德潜编选唐诗时主要着眼于杜甫所论的"掣鲸鱼碧海中"（《戏为六绝句》）和韩愈赞扬的李杜"巨刃摩天扬"（《调张籍》）一类具有雄健粗犷格调的作品一样，乾嘉时人的诗歌创作也出现一味刻意袭取唐人奇诡语词而流于形式主义的弊病。

与沈德潜"同在浙江志馆，而诗派不合"①的厉鹗，则继承了清初朱彝尊、查慎行等人所标举的宋诗派方向。他潜心研究宋诗，学习宋人，作诗好用宋代僻典、碎事，诗境幽寒清寂，著有《樊谢山房集》，编有《宋诗纪事》一书，从而扩大了宋诗的影响。"宋诗派成员分布较广，浙西、浙东、吴中、扬州、金陵、北京等地皆有人从事于提倡学宋并付诸实践，其中又以厉鹗等浙江诗人和批评家用力专勤而且持之以恒"②，所以一般宋诗派也被称为"浙诗派"或"浙派"。宋诗派以"黄庭坚"为"宋诗家祖"，诗歌创作主要学习江西诗派，从而突出了宋诗的特色，也提高了以黄庭坚为代表的宋诗的历史地位。但也因其诗境多幽僻孤峭，题材狭窄，粗鄙者仅流于"廋词谜语"等形式追求一途，故不乏非议者。

与李调元同时的另一位内阁学士翁方纲，其学识广博，且深受乾嘉汉学考据思潮的影响，论诗力主"肌理"说。认为"为学必以考证为准，为诗必以肌理为准"③，"义理之理，即文理之理，即肌理之理也"④。肌理说重点强调"理"，即要求诗歌创作要接受义理指导，要多读书，要突出诗歌中的学问含量等。其"诗宗江西派，出入山谷、诚斋"，因此，其旨归和宋诗，尤其是与江西诗派的志趣是一致的。持"肌理"说的诗人仍然走的是一条复古主义的道路。

---

① （清）袁枚著，顾学颉校点：《随园诗话》，人民文学出版社 1982 年版，第 823 页。
② 王运熙、顾易生主编：《中国文学批评史新编》（下册），复旦大学出版社 2010 年版，第 272 页。
③ （清）翁方纲：《志言集序》，《复初斋文集》卷四，续修四库全书第 1455 册，上海古籍出版社 2002 年版，第 391 页。
④ 同上。

　　李调元对上述乾嘉诗风十分反感，他站在反传统教条、反泥古、反形式主义等立场，和"性灵派"主将袁枚、副将赵翼等人不约而同地扛起"性灵"的大纛，为清代诗歌的发展开辟出一片新天地。他严厉批评时人诗歌创作中的形式模仿陋习，认为"诗不可以貌为，少陵《发同谷》诸篇，昌黎、东野联句，皆偶立一体。至昌谷之奇诡，义山之獭祭，各有寓意，不可以貌为。乃今人袭取二李隐僻字句，以惊世炫目，叩其中绝无所谓，是皆无病呻吟，效颦而不知其丑者"①。同时还对"宋诗派"、"肌理派"等人所推崇和效法的江西诗派也提出了尖锐的批评，他说："西江诗派，余素不喜，以其空硬生凑，如贫人捉襟见肘，寒酸气太重也……后山诗，则味同嚼蜡，读之令人气短。如'且然聊尔耳，得也自知之'二句，系集中五律起笔，竟成何语？真谓之不解诗可也。拥被呻吟，直是枯肠无处搜耳。"② 也对宋诗派等宋诗学人刻意引典、用事等提出敬告："诗不可用僻事，亦如医家不可用僻药。善医者不得已而用药，必择其品之善、用之良，如参苓、耆术可以久服而无害者，必无不验；善诗者不得已而用事，必择其典之雅、词之丽，如经史、诸子可以共知而无晦者，必无不精。"③ 李调元正是从"诗须陈言务去"入手，对乾嘉诗坛的复古主义、形式主义，以及奇诡诗风的追求进行了猛烈抨击。

　　第二，在诗歌创作立意、内容方面，应"立言先知有我，命意不必犹人"。更加值得注意的是，李调元强调的诗歌创新，并没有停留在"陈言务去"的语言形式方面，而是进一步在命意、内容等方面为诗歌的创新作出了可贵的探讨。在诗歌创作过程中，李调元认为应该坚持诗人的主体性原则，即诗歌立意要突出诗人的独特情感，诗歌创作要体现诗人的个人特色，绝不能因模仿或其他原因而丧失诗人创作的本来面貌。这一原则的倡导，实际上是与李调元"诗道性情"的诗歌本质论分不开的。由于他认为诗歌是抒写人的主观情愫的形式，所以每个人的诗

---

①　（清）李调元著，詹杭伦、沈时蓉校正：《雨村诗话校正》，巴蜀书社 2006 年版，第 18 页。
②　同上书，第 22 页。
③　同上书，第 40 页。

歌由于其所要抒发的情感不相同，其所采用的形式也就多种多样，如果一味模仿他人的东西，势必会导致产生"得筌忘鱼"或"得言忘意"的后果。所以从这个角度讲，李调元提出的"立言先知有我，命意不必犹人"的诗歌创新观，实际上是其诗歌本质论在创作中的一种具体反映。

在《雨村诗话》中，李调元还用这一原则来评价清代诗人的诗歌作品。如评论清代诗人金补山的诗歌说："作诗须自成一家言，若徒东摹西仿，千百世后，又安知我为谁乎？曾记康熙中新城最盛时，有戊辰编修金补山以成会稽进士，未第前以百韵长篇投新城王公，公曰：'诗家上乘，全在妙悟。'取所订《唐贤三昧集》贻之。忽悟曰：新城一生只得到王孟境界，杜之《北征》、韩之《南山》，岂是一味妙悟者？盖敏妙出自灵府，而沉酣资于学力。于是独持一论，纵览典籍，刻意辟新，遂成一家。至今浙西论诗，必首屈焉。有《出都作》云：'四库横陈作老饕，南徐琪比北徐高？坐中客笑羊公鹤，帐底人窥魏武刀。到处唊名如画饼，几番检韵失题糕。翠毛零落炎州冷，重为山鸡惜羽毛。'亦可谓能自树立，不随人俯仰者矣。"① 批评长洲沈德潜的诗歌"摹仿太过，反失性情"，"雅不喜读其集，以其台阁气重也"②。渔洋、归愚二人，一为康熙诗坛泰斗，一为乾隆诗坛盟主，然渔洋论诗主"神韵"，编选《唐贤三昧集》，"书中不选李、杜两家，而是推崇王维、孟浩然、韦应物等人所谓'山水清音'的一派"③。单就其诗学志趣而论，确能自具手眼，对于纠正清初诗人"专学盛唐肤廓、晚唐的缛丽和宋人以议论、学问为诗的偏向起了一定的作用"④；归愚之诗，主"格调"，且由于身居高位，饱受乾隆宠信，其创作多将政治与诗歌混为一谈，粉饰太平，歌功颂德，走的仍是千百年来"文以载道"、"文以明道"的旧途。因此，对于具有明确性灵诗学追

---

① （清）李调元著，詹杭伦、沈时蓉校正：《雨村诗话校正》，巴蜀书社2006年版，第179页。
② 同上书，第362页。
③ 周勋初：《中国文学批评小史》，复旦大学出版社2007年版，第120页。
④ 游国恩、王起、萧涤非、季镇淮、费振刚主编：《中国文学史》（修订本），人民文学出版社2002年版，第189页。

求的李调元来说，清代前中期诗坛的"神韵"、"格调"两派均流于泥古，均在诗人个性、情感的表达方面有着一定的缺陷。在他看来，"人有性而自泪之，有情而自沥之，似乎智而其愚孰甚！"① 诗歌创作中，诗人应该自然地表达自己的独特情感，要能"人所到，我不必争到；人不到，我却独到"②，只有始终坚持诗歌创作的主体性原则，其诗歌才能创新，才能历经千百年而"与古人并驱也"。

三　诗歌审美论

李调元力主"诗道性情"，反对诗歌创作的形式主义弊端，然其并未否定诗歌的形式，反而在诗歌的艺术形式、风格技巧等方面有着较高的美学追求和较深入的探索。他的诗歌审美论主要体现在他对诗歌审美标准的认识上。在《雨村诗话》（十六卷本）卷一中，他提出："诗有三字诀，曰：响、爽、朗。响者，音节铿锵，无沉闷堆塞之谓也；爽者，正大光明，无嗫嚅不出之谓也；而要归于朗，朗者，冰雪聪明，无瑕瑜互掩之谓也。言诗者不得此诀，吾未见其能诗也。"③ 这既是其对诗歌创作审美标准的一种理解，也是其品评鉴赏他人诗歌的主要依据。怎样的诗歌才能给人以美感？李调元从三个方面给出了答案。

首先是"响"。《说文解字》："响，声也。"④ 即指诗歌应铿锵有韵，要有一种节奏美、音乐美，只有这样它才能给人以听觉上的美感。比如越中俞文樵的《揭阳道中》，其诗云："蓝舆屈曲度危岑，石势初惊笋出林。烧后草痕经雨活，春来花瘴满山深。防身剑卧枯蛟影，失路诗多猛虎吟。不敢逢人矜七尺，顿令贫贱负初心。"⑤ 此诗对仗工整，音韵调谐，李调元称之"作诗须响，即是此也"。又如萧山陈山堂太史的五言诗《晤白处士》云："千金轻季布，一诺死藏洪。"《长千里》云：

① （清）李调元著，詹杭伦、沈时蓉校正：《雨村诗话校正》，巴蜀书社2006年版，第12页。
② 同上书，第6页。
③ 同上书，第27页。
④ （东汉）许慎：《说文解字》，中华书局1963年版，第58页。
⑤ （清）李调元著，詹杭伦、沈时蓉校正：《雨村诗话校正》，巴蜀书社2006年版，第180页。

"人归桃叶渡，家近绿竹楼。"七言诗《古意》云："盘中芍药调新妇，山下蘼芜问故夫。"《边词》云："沙苑马肥青苜蓿，凉州人醉绿葡萄。"《江村》云："残雨白遮云外树，落霞红带晚来潮。"《白丁香诗》云："几树瑶花小院东，分明素女傍帘栊。冷垂串串玲珑雪，香送丝丝罗绮风。稳称轻盈匀粉后，细添薄鬓洗妆中，最怜千结朝来坼，十二阑干玉一丛。"① 皆属对雄整流丽，掷地金声，被李调元称为诗中"最响亮者"。

其次是"爽"。《说文解字》："爽，明也。"② 以爽论诗，旨在要求诗歌表达的意思应该明白晓畅，切忌晦涩。因此，"诗不可用僻事，亦如医家不可用僻药。善医者不得以而用药，必择其品之善、用之良，如参等、省术可以久服而无害者，必无不验；善诗者不得已而用事，必择其典之雅、词之丽，如经史、诸子可以共知而无晦者，必无不精"③。

最后是"朗"。即强调诗歌语言要有锤炼，极力追求一种简洁精练之美。对此，他形象地做了说明："诗尤贵洁。金在沙必拣其砾，米在箕必簸其秕，理也。若拣金而不去砾，簸米而不去秕，则尘饭土羹，知味者必不食；以瑕掩瑜，善鉴者必不观矣"④。诗歌语言只有经过"披沙拣金"、"簸米去秕"般的锤炼，才能去粗取精，具有一种玲珑剔透、精练简洁之美。李调元十分重视诗歌的字句锤炼和篇章安排，他认为："诗贵锤炼，所谓百炼成字，千炼成句也。"⑤ "诗思无涯语要该，摛章琢句费安排。"⑥

四　诗歌方法论

李调元的"响"、"爽"、"朗"分别从声音、含义和语言三个方

---

①　（清）李调元著，詹杭伦、沈时蓉校正：《雨村诗话校正》，巴蜀书社2006年版，第180页。

②　（东汉）许慎：《说文解字》，中华书局1963年版，第141页。

③　（清）李调元著，詹杭伦、沈时蓉校正：《雨村诗话校正》，巴蜀书社2006年版，第40页。

④　同上书，第71页。

⑤　同上书，第191页。

⑥　（清）李调元：《高步云亲家问作诗法》，《童山诗集》卷三十四，商务印书馆1936年版，第468页。

面为诗歌创作和鉴赏提出了标准。那么，如何才能达到这样的审美要求呢？对此，李调元给出了自己的回答。这些内容构成了他的诗歌方法论。

古之诗人多谈及诗法。然归纳其大致，主要存在两种，一种是有法，另一种是无法。后者如张戒《岁寒堂诗话》卷上云："诗人之工，特在一时情味，固不可预设法式也。"① 苏轼《答谢民师推官书》云："大略如行云流水，初无定质，但长行于所当行，常止于所不可不止，文理自然，姿态横生。"② 石涛《石涛画语录·变化章第三》云："无法而法，乃为至法。"③ "无法"多针对一些诗歌创作成熟的作家而言，他们多有着丰富的创作经验和艺术体验，其诗作也多为抒写内心一时之感动，任凭情感之流恣意流淌，故而为"无法"，无法为创作中的一种最高方法。前者又可分为"死法"和"活法"两种情况，对此，清代的诗论家叶燮在《原诗·内篇》中作了非常经典的论述：

　　然法有死法，有活法。若以死法论，今誉一人之美，当问之曰："若固眉在眼上乎？鼻口居中乎？若固手操作而足循履乎？"夫妍媸万态，而此数者必不渝，此死法也。彼美之绝世独立，不在是也。又朝庙享燕以及庶士宴会，揖让升降，叙坐献酬，无不然者，此亦死法也。而格鬼神，通爱敬，不在是也。然则，彼美之绝世独立，果有法乎？不过即耳目口鼻之常，而神明之。而神明之法，果可言乎！彼享宴之格鬼神、合爱敬，果有法乎？不过即揖让献酬而感通之。而感通之法，又可言乎！死法，则执涂之人能言。若曰活法，法即活而不可执矣，又焉得泥于法！而所谓诗之法，得毋平平仄仄之拈乎？村塾中曾读《千家诗》者，亦不肖言之。若更有进，必将曰：律诗必首句如何起，三四如何承，

① （宋）张戒：《岁寒堂诗话》，商务印书馆1939年版，第4页。
② （北宋）苏轼：《答谢民师推官书》，《苏轼文集》卷四十九，中华书局1986年版，第1418页。
③ （清）石涛著，窦亚杰注：《石涛画语录》，西泠印社出版社2006年版，第34页。

五六如何接，末句如何结；古诗要照应，要起伏。析之为句法，总之为章法。此三家村词伯相传久矣，不可谓称诗者独得之秘也。若舍此两端，而谓作诗另有法，法在神明之中，巧力之外，是谓变化生心。变化生心之法，又何若乎？则死法为定位，活法为虚名。虚名不可以为有，定位不可以为无。不可为无者，初学能言之；不可为有者，作者之匠心变化，不可言也。①

李调元重视诗法。早在《雨村诗话》（二卷本）序中写道："尝以为诗法不出诸大家，每于同人多谆谆论辩。今择摘可以为法者略举一二以课儿，与俗殊酸咸，在所不计也。"② 李调元所谓的诸大家，主要包括汉魏六朝之三曹、七子、嵇阮、三张二陆两潘一左、刘琨、卢谌、王羲之、陶潜、鲍照、谢朓、江淹、何逊、阴铿、庾信等，唐之王杨卢骆四杰、陈子昂、李白、杜甫、白居易、元稹、王建、张籍、韩愈、柳宗元、杜牧、李商隐、司空图、罗隐等，宋之苏轼、欧阳修、魏野、林逋、唐庚、苏过、黄庭坚、陆游、杨万里、范成大，元之元好问、杨维桢、虞集等，明之高杨张徐四杰、前后七子、李东阳、杨升庵等。③ 李调元认为上述各家的诗法对于初学者具有指引作用，因而两卷本的《雨村诗话》可以说是孩童学习诗歌写作的入门之作。但李调元并不拘泥古法，他在《雨村诗话》（十六卷本）中认为："大率诗有恒裁，思无定位，立言先知有我，命意不必犹人"④，在《雨村诗话补遗》中认为："非谓我用我法，不失古规矩，亦云予取予求，聊以自怡悦尔。"⑤ 结合李调元三种《诗话》的序言，我们发现李调元对于诗法的认识是不断发展的，从早期的主张取法古人，到追求自我，再到随心自取，李调元的诗歌方法论既与叶燮的"活法"说有着一定的暗

---

① （清）叶燮：《原诗》，人民文学出版社 1979 年版，第 20—21 页。

② （清）李调元著，詹杭伦、沈时蓉校正：《雨村诗话校正》，巴蜀书社 2006 年版，第 2 页。

③ 同上书，第 9—24 页。

④ 同上书，第 26 页。

⑤ 同上书，第 380 页。

合，又体现了他最终的性灵诗学旨归。具体来看，李调元所谈论的诗歌方法论主要包括字法、句法、章法三个方面的内容。

（一）字法

从字法方面讲，他认为，"作诗须用活字，使天地人物，一入笔下，俱活泼泼如蠕动，方妙。杜诗'客睡何曾着，秋天不肯明'，'肯'字是也。即元方回《瀛奎律髓》之所谓'眼'也"①。又"萧山张迓可远，五言如《送人入蜀》云：'朝云迎剑气'，'迎'字是也；《寒食》云：'山花暖杜鹃'，'暖'字是也"②。"肯"、"迎"、"暖"等字，分别将秋天、朝云、山花等物人化，情感化，此类字的传神运用使诗顿时"活泼泼如蠕动"，故其均为"活字"。"活字"即"诗眼"，古人作诗，常因个别字用得精警而使整句或整首诗流传千古，这种情况在古代诗歌史上不乏其例，如洪迈在《容斋随笔》中所载王安石的诗句"春风又绿江南岸"的"绿"字，历经十数次改动，最终确定为"绿"字；王国维《人间词话》所举宋祁词句"红杏枝头春意闹"的"闹"字，"著一'闹'字，而境界全出"。"诗眼"即为诗之传神之处，"诗眼"的锤炼是字法的一个重要方面。

另外，还可以从字音、字义方面去下功夫。就字音而言，由于古之诗歌创作与音乐有着天然的联系，所以古人作诗对于诗歌字音非常讲究。诗中字不仅要符合诗歌平仄的声、韵、调方面的基本要求，而且设调，选韵也要"掷地金声"，体现"响"。严羽《沧浪诗话》云："下字贵响。"③吕本中《童蒙诗训》云："予窃以为字字当活，活则字字自响。"④李调元继承前人的观点，认为"古人作近体诗，必先选韵，一切晦涩者不用。如葩即花也，而葩字不亮；芳即香也，而芳字

---

① （清）李调元著，詹杭伦、沈时蓉校正：《雨村诗话校正》，巴蜀书社2006年版，第16页。
② 同上书，第191页。
③ （南宋）严羽：《沧浪诗话·诗法》，何文焕辑《历代诗话》，中华书局1981年版，第694页。
④ （宋）吕本中：《童蒙诗训》，《宋诗话辑佚》（下册），中华书局1981年版，第587页。

不响，诸如此类"①。"响"既是其诗歌创作和品评的审美标准之一，也是其诗歌创作字法的一项重要内容。就字义而言，诗歌还可巧借谐音字来寓意。如广东谣云："雨里蜘蛛还结网，想晴惟有暗中丝。"以"晴"寓"情"，以"丝"寓"思"②。

（二）句法

从句法方面讲，诗句是诗歌的重要组成部分，所以历来诗人重视佳句的营造。杜甫曾说："为人性僻耽佳句，语不惊人死不休。"诗句虽没有固定程式，但如果运思巧妙，诗句往往会给人以美的享受。《雨村诗话》中，李调元提出的句法很多，有倒装句法、借叶衬花法、化旧翻新法、意在空际法、加一倍法等，兹就其论句法的内容摘录和分析如下：

> 作诗须讲句法，有句法，则着字皆活，所谓"文章切记参死句"也。如曲江句云："一水云际飞。"若俗手，必作"一云水际飞"也。放翁句云："山从飞鸟行边出。"若俗手，必作"鸟从山边出"矣。知此，方可与言诗。③

"一水云际飞"句出唐张九龄《彭蠡湖上》中"一水云际飞，数峰湖心出"一联，"山从飞鸟行边出"句出陆游《游修觉寺》中"山从飞鸟行边出，天向平芜近处低"一联。两句均采用倒装法，其句法与杜甫《秋兴》之"红稻啄残鹦鹉粒，碧梧栖老凤凰枝"一联有异曲同工之妙。一是强调了水、山，给人以动感；二是为了符合诗歌格律。

> 诗有借叶衬花之法，如杜诗"今夜鄜州月，闺中只独看"，

---

① （清）李调元著，詹杭伦、沈时蓉校正：《雨村诗话校正》，巴蜀书社 2006 年版，第 150 页。

② 同上书，第 311 页。

③ 同上书，第 38 页。

自应说闺中之忆长安，却接"遥怜小儿女，未解忆长安"，此借叶衬花也。总之古人善用反笔，善用傍笔，故有伏笔，有起笔，有淡笔，有浓笔，今人曾梦见否？①

安史之乱，杜甫身陷囹圄，中秋月夜思亲之情尤切，然诗人并未明写念亲之情，而是写家中妻子思念自己，接着设想家中孩子年幼尚不能体察其母怀人之情，以及陷于乱世中的父亲之痛，这种句法即借叶衬花法。诗借孩子衬其母，孩子、妻子又衬托诗人，由明而暗逐层深入，极言诗人之孤寂和思亲之苦。

诗学唐人，须要脱去唐人面目。乾隆丁丑人日，周海山先生在琉球，诗云："暖云如絮雨如尘，不见长安却见春。十二月中都作客，八千里外未归人。蛮花匝地红于锦，海浪兼天白似银。谁说道衡离思苦，江南山色尚堪亲。"末句翻用唐赵嘏句。②

诗有翻用古人句而更新者。宋楼攻媿《西湖竞渡曲》云："二分烟水八分人。"厉太鸿云："竹风葵日共鲜新，向午湖亭扇障尘。试为楼家参转语，八分烟水二分人。"以今日西湖言之，自以烟水八分为定论，是亦犹扬州月，自以二分为定也。③

作诗须化旧翻新，余过高州热水池，见前观察福山王概题壁诗云："怪石耸山冈，涧流热水渌。炎蒸熏我心，肯向此中浴。"④

上述三段引文皆谈论的是"化旧翻新法"，亦即宋黄庭坚所论的"点铁成金"或"脱胎换骨"法。一般是取古人诗句，加以点化和翻

---

① （清）李调元著，詹杭伦、沈时蓉校正：《雨村诗话校正》，巴蜀书社 2006 年版，第 15 页。
② 同上书，第 110 页。
③ 同上书，第 199 页。
④ 同上书，第 240 页。

用，从而创造出新的诗歌以表达诗人自己的情意。由于李调元论诗主张"自出新意"、"自具手眼"、"陈言须务去"等，所以其对此句法颇为推崇。此外，李调元还提到"加一倍法"和"意在空际法"，例如：

> 《悲歌行》，客子怀故乡之作也。妙在起句"悲歌可以当涕"，人至伤心极处，不能涕而思以歌当之，较涕愈痛矣。此为加一倍法。①

> 少陵诗有不可解之句，如《咏怀宋玉》一首曰："怅望千秋一洒泪，萧条异代不同时。"夫"异代"即"不同时"，乃作此语何耶？盖身虽异代，摇落之悲，却似同时人耳，此为深知宋玉也。《秋兴》之"瞿塘峡口曲江头"，摘出一句不可解，下云"万里风烟接素秋"，乃知刘继庄所谓"两句合而一句之义始成"，真妙论也。又如"晚节渐于诗律细，谁家数去酒杯宽"，偶对不测，自称"律细"，何耶？盖雨中遣闷，戏呈路十九曹长耳。雨中闷极，唯有作诗饮酒，故想路十九也。此皆意在空际之法。②

"加一倍法"，指诗歌创作中通过词语的反复渲染从而使诗句的意思层层递进，加重诗歌的情感分量；"意在空际法"，则指诗歌创作中通过想象、联想等手段沟通古今、穿越时空，以之创造宏阔的诗歌意境。

（三）章法

章法，又称"篇法"。王世贞《艺苑卮言》卷一云："首尾开阖，繁简奇正，各极其度，篇法也。"③简言之，章法主要指诗歌的谋篇布局和结构方法。古人十分重视章法，甚至认为"有好句而无局，亦不成诗"④。李调元也很注重从章法方面评价古人诗歌，如在《雨村诗

---

① （清）李调元著，詹杭伦、沈时蓉校正：《雨村诗话校正》，巴蜀书社2006年版，第7页。

② 同上书，第17—18页。

③ （明）王世贞著，陆洁栋、周明初批注：《艺苑卮言》，凤凰出版社2009年版，第14页。

④ （清）吴乔：《围炉诗话》卷四，载《清诗话续编》，上海古籍出版社1983年版，第592页。

话》中他称赞杜甫的"《秋兴八首》章法联络之妙，诸家评祥矣。余独爱'蓬莱宫阙对南山'一首，思玄宗，因后日西禁，而追忆其当阳临御时也。通首皆虚，只第七句'一卧沧江惊岁晚'，点出'秋'字。末句'几回青琐点朝班'，又挽足全首之意。若'惊岁晚'下再作凄凉语，便于上下文不称。今人诗全不讲收束，以此为金丹可也"①。又评价杜甫的《何将军山林十首》"章法细密，为杜诗五律之冠不待言"②。在章法方面，古人谈论最多的是"起承转合"法。李调元在《雨村诗话》中也对此多有论述：

> 文章亦如造化也。四序虽定而万物之生成不然，谷生于夏而收于秋，麦生于冬而成于夏，有一定之时，无一定之物也。文之起承转合亦然。徐文长曰："冷水浇背，陡然一惊。便是兴、观、群、怨之副本。"惟能于虚空中猝然而起，是为妙起。本承也，而反特起，是谓妙承。至于转，尤难言，且先将上文撇开，如杜诗云："江雪飘素练，石壁断空青。"此殆是转之神境。所以古乐府偏于本题所无者，忽然排宕而出，妙在有意无意之间，如白云卷空，虽属无情，却有天然位次。只是心放活，手笔放松，忽如救火捕贼，刻不容迟；忽如蛇游鼠伏，徐行慢衍，是皆转笔之变化也。至于合处，或有转而合者，有合而开者，有一往情深去而不返者。人所到，我不必争到；人不到，我却独到，要在人神而明之。果能久于其道，定与古人并驱也。③

李调元总体讲究诗歌的"起承转合"要灵活多变，要体现个体特色，要不拘一格。对于起句，他尤为重视。如：

---

① （清）李调元著，詹杭伦、沈时蓉校正：《雨村诗话校正》，巴蜀书社 2006 年版，第 17 页。
② 同上书，第 14 页。
③ 同上书，第 6 页。

诗先要起句得手。杜诗云："客睡曾何着"，又云"亦知戍不返"，如此起法，何人有此?①

凡作古诗必有其气，起句首要。偶见徐芬若《松山》起云："一峰飞入云，云故推之出;一峰飞出云，云故攫之人。"如此奇警，得未曾有。②

他认为"文章妙处，俱在虚空"③，而在"虚空"中突然而起的才为妙起。这种由诗人"十方八面，凭空结撰"的诗歌，不仅使诗歌开头非常吸引人，而且也使诗歌一开始就具有某种"或奇峰插天，或千流万壑，或喧湍激濑，或烟波浩渺"④的万千气象。

综上所述，我们发现其中有一个内在的线索，即诗人的个性、主体性和情感。李调元认为诗歌为道"性情"之物，而"性"为情之本。不同时代之人各从其个性和特定情感出发，从而创作出富有自己特色的作品，从而推动文学的不断发展。诗歌要达到"响"、"爽"、"朗"的审美标准，以及在方法上有所突破，这些都是与诗人的"主体性"分不开的。因此，笔者认为，李调元的诗学中有着明确的自我意识，上述四论并不是各自独立的，它们共同构成了李调元的诗学体系。

第四节　李调元与性灵派

李调元属于清代性灵派，学界早有公论。如严迪昌在《清诗史》中认为李调元"确实是随园的追随者"，"其为袁枚'性灵'说之同路人是肯定的"⑤。蒋寅认为，李调元"总体上看，仍以归属于性灵派为

---

① （清）李调元著，詹杭伦、沈时蓉校正：《雨村诗话校正》，巴蜀书社 2006 年版，第 16 页。
② 同上书，第 208 页。
③ 同上书，第 6 页。
④ 同上。
⑤ 严迪昌：《清诗史》，浙江古籍出版社 2002 年版，第 944—945 页。

宜。这不仅因为书中于袁枚轶事津津乐道，同时也像袁枚那样惯于自我标榜，且热衷于表彰闺秀诗人乃至皂吏、青衣、梓匠之属，人称'自来姓名怜才切，一句忘收便不安'；最根本的是，李调元论诗也注重人生体验的个性化表达，反对模仿，要排斥一切妨碍性情表达的因素，与袁枚之说如出一辙"①。笔者 2009 年发表的《性灵派研究　绝对不能忽视李调元——兼就"乾隆三大家"的有关问题与当代"性灵派"研究者商榷》一文更是明确地指出："李调元以其明确的性灵诗学追求和实践，为性灵派文学在清代发展做出了极为突出的贡献，当代性灵派研究，绝对不能忽视李调元。"② 郑家治也认为，"说李调元亲近性灵派，是性灵派诗人是有一定根据的"③。

李调元在诗学理论中，力主"诗道性情"，"立言先知有我，命意不必犹人"，"诗有三字诀，曰：响、爽、朗"等，为清代"性灵派"诗学的发展做出了突出贡献。本节拟对李调元的性灵诗学及其在性灵派中所占的地位作些探讨。

一　李调元的性灵诗学思想

当代性灵派诗学的著名研究者王英志先生，在《袁枚全集》的《随园诗话》前言中，认为袁枚的性灵诗论，其含义是从创作的主观条件出发，强调创作主体必须具备真情、个性、诗才三方面要素。李调元作为性灵派的重要成员，他和袁枚一样，也有其明确的性灵诗学观点。下面我们拟从上述三方面着手，在与袁枚诗学的比较中来阐释李调元的性灵诗学思想。

首先是性情论。袁枚说："诗者，人之性情也。"（《随园诗话》，下凡引此书者均只标注卷号）"诗写性情，为吾所适。"（卷一）"凡诗

---

① 蒋寅：《李调元诗学札记》，《四川省第二届李调元学术研讨会论文汇编》，四川省民俗学会秘书处编，第 93 页。

② 孙文刚：《性灵派研究　绝对不能忽视李调元——兼就"乾隆三大家"的有关问题与当代"性灵派"研究者商榷》，《中华文化论坛》2009 年第 2 期。

③ 郑家治：《李调元三种〈雨村诗话〉述评》，《地方文化研究辑刊》第四辑。

之传者，都是性灵，不关堆垛。"（卷五）李调元也持同样的观点，他在其《雨村诗话》中多次谈到"诗道性情"。如他在《雨村诗话》（两卷本，卷下）中评论李白、杜甫诗歌时说道："盖诗道性情，二公各就其性情而出，非有偏也。"① 又如在卷下的另一处，他又说："诗以道性情"②，并且他还认为古人诗歌"自渊明而上溯《三百篇》，何尝有不可解字句，使人炫感，而其意之所托，或兴或比，往往出人意表，千载竟无能道破者"。这些源自"性情"而"道性情"的诗歌虽句平，然意奇；相反，后世那些不顾前人诗歌寓意专以袭取前人诗歌隐僻字句为能事者，他们创作的诗歌虽惊世炫目，然平心而论，其"皆无病呻吟，效颦而不知其丑者"，其诗歌"句奇而意平，可笑也"③。

其次是个性论。关于个性论，王英志先生认为袁枚的个性论主要包括三大主张：一是认为诗人应具个性，即"人各有性情"（《随园诗话》补遗卷一）。诗人创作过程中不可"无我"，"作诗，不可以无我，无我，则剿袭敷衍之弊大"（卷七），诗歌创作如果"有人无我，是傀儡也"（卷十）。二是认为诗歌创作要有创新，要"以出新意、去陈言为第一着"（卷六）。三是反拟古、反格调。相应地，李调元也从个性、创新和反泥古、反格调三方面提出了近似的观点：第一，他认为"大率诗有恒裁，思无定位，立言先知有我，命意不必犹人"（十六卷本序）。第二，诗歌创作中"人所到，我不必争到；人不到者，我却独到，要在人神而明之。果能久于其道，定于古人并驱也"（两卷本，卷上）。"夫花既以新为佳，则诗须陈言务去"（十六卷本序）。第三，"作诗须自成一家言，若徒东摹西仿，千百世后，又安知我为谁乎？"（卷七）并且他还以这种理论为评判标准，指责沈德潜的诗歌"摹仿太过，反失性情"，同时还明确表示："余雅不喜读其集，以其台阁气重也。"（卷十六）

最后是诗才论。袁枚崇尚天才、灵性在诗歌创作中的重要作用，

---

① （清）李调元著，詹杭伦、沈时蓉校正：《雨村诗话校正》，巴蜀书社 2006 年版，第 13 页。
② 同上书，第 18 页。
③ 同上书，第 19 页。

李调元也认为"诗有捷才，殆天赋也"（十六卷本，卷二）。袁枚阐述了诗歌创作中的灵感现象，李调元同样重视灵感，他常云："书戒忙时作，诗多醉后成。"（卷五）袁枚强调艺术须自然天成，要求诗歌在艺术境界上要有自然化工之美，推崇诗歌的最高境界是"天籁"，李调元则提出："诗有三字诀，曰：响、爽、朗。响者，音节铿锵，无沉闷堆塞之谓也；爽者，正大光明，无嗫嚅不出之谓也；而要归于朗，朗者，冰雪聪明，无瑕瑜互掩之谓也。"（十六卷本，卷一）

在上述简单对比中，我们可以看出：李调元和袁枚一样，他们实际上都是提倡性灵（性情）说。然而当代性灵派诗学的研究者似乎并没有对李调元予以足够的重视，甚至忽视李调元，这显然是欠公允的。仔细分析这种现象产生的原因，这可能与研究者一直以来很难看到完整的《雨村诗话》有关。据今人詹杭伦的《雨村诗话校正》一书可知，完整的《雨村诗话》共二十二卷，有两卷本、十六卷本和补遗四卷本之别，且三者互不重复，各自独立，共同反映了李调元的诗学思想。然长期以来，大多学者仅以收入乾隆初刻本《函海》的、最为普及的、两卷本的《雨村诗话》为依据来评论其诗学思想，如吴熙贵先生的《李调元诗话评注》就只对两卷本的诗话作了评注，又如蒋祖怡、陈志椿两位先生编纂的《中国诗话辞典》中对《雨村诗话》的评析，虽然也提到了十六卷本和补遗四卷本的《雨村诗话》，但在论述其诗学时，也往往以两卷本的内容为主。甚至还有论者因李调元在两卷本中征引沈德潜的《说诗晬语》，就认为其诗学观点尊唐黜宋，进而认为他颇受沈氏影响，认为他"有折衷格调和性灵两说的倾向"①，这些显然都是很片面的。笔者以为，两卷本的《雨村诗话》虽有其重要性，但毕竟只是李调元诗学著作的一小部分，不能全面地反映其诗学思想。当代学者只有详尽占有《雨村诗话》的全部材料，才能对其诗学理论做出客观和公允的评价。

---

① 刘德重、张寅彭：《诗话概说》，中华书局1990年版，第223页。

二　李调元诗学在性灵派诗学中的地位

通过上文论述，我们已经了解了李调元丰富的性灵诗学观点。那么，对于生活在乾嘉时期的李调元来说，他的诗学在整个清中叶性灵派诗学中所占的地位如何？下面我们就这个问题作些探讨，同时兼就"乾隆三大家"的有关问题与当代"性灵派"研究者做些讨论和商榷。

首先，论及乾嘉学术，学界必论到以沈德潜为代表"格调派"，以袁枚为表的"性灵派"和以翁方纲为代表的"肌理派"。就"性灵派"而言，袁枚诗学思想的核心"性灵"一词，并非袁枚首创，也并非明公安派所首创，其实早在齐梁时代刘勰的《文心雕龙·原道》中就提到"性灵"一词。不过刘勰的"性灵"与性灵派所说的"性灵"的含义还不一样。后来钟嵘在《诗品》中，颜之推在《颜氏家训·文章篇》中，晚唐李商隐在《献相国京兆公启》中，南宋杨万里在反对江西诗派之剽窃古人时，都提到了"性灵"一词。① 到了明代，公安派则把"独抒性灵，不拘格套"作为自己的诗学理论主张，这时"性灵"才获得了与清代性灵派所说的"性灵"大致相同的内涵。清中叶性灵派论诗主"性灵"，但大多数时间是把"性情"看作"性灵"的同义语。袁枚的《随园诗话》就是一例，其多用"性情"、"赤子之心"等指代"性灵"。如果要以"性情"作为性灵派诗学的标志，那么就会引出一个亟须探讨的问题，即李调元的诗学在整个清中叶性灵派诗学中所占的地位如何。

上文我们已经谈到，李调元早在其两卷本的《雨村诗话》中就明确提出"诗道性情"的性灵诗学观点。两卷本的《雨村诗话》收入乾隆初刻本《函海》，而《函海》辑成在乾隆四十七年（1782），因此，我们可以论定两卷本的《雨村诗话》完成于乾隆四十七年前。性灵派主将袁枚的《随园诗话》的正编最早版本刊刻于乾隆五十五年（1790），补遗刊刻于嘉庆年间，被誉为"性灵派"副将的赵翼的《瓯北诗话》刊刻时间更晚，在嘉庆七年（1802）。袁枚与李调元之间的联系，《雨

① 参见张少康《中国文学理论批评史》（下），北京大学出版社 2005 年版，第 345 页。

村诗话》卷十六作了如下记载：

> 袁子才与余前后同馆，读其诗，常慕其人，曾视学广东时，刻其诗五卷以示诸生。然蜀、吴各天，无由通信。客岁，王心斋同年回金陵，曾肃寸楮候问。嘉庆元年五月十四日，忽于王心斋出接得子才书云："枚顿首雨村观察老先生阁下：忝叨同馆，久切钦迟，只以吴、蜀暌违，爱而不见。二十年前有东诸侯来访者，道阁下视学粤东，曾选刻拙作，以教多士云云，仰见阁下不弃葑菲，聆音识曲，乐取于人，以为善之意。枚虽感深肺腑，而沾接无由，至今翘首云天，不知向何处一申拜谢。忽客岁令弟墨庄太史过白门，得通悃款，方知蜀中五色云见，自生司马长卿后，又应在君家昆季也。立春前五日接手书，娓娓千言，回环雒诵，如接光仪，惟是奖饰愈情，有庞士元称引人才，每逾其分之虑，且感且惭。伏读《童山全集》，琳琅满目，如入波斯宝藏，美不胜收。容俟业卒后，当择其优者，补入《诗话》，以光简编……《诗话》精妙处，与老人心心相印，定当传播士林，奉为矜式。枚今年八十有一矣，颓光暮景，料无相见之期，仅以文字姻缘，一通悃款，为之怃然。"①

结合这段文字和上文的论述，我们至少可以得出以下四个结论：第一，袁枚与李调元在乾隆六十年（1795）以前，两人从未谋面（实际上直到袁枚去世两人也未曾见过面），且因吴蜀相距千里，也无由通信。李调元两卷本的《雨村诗话》当是他独立创作的理论著作，不存在剽袭袁枚在乾隆五十五年（1790）初刊的《随园诗话》的情况。第二，袁枚的诗歌创作实践，对李调元在诗话理论中提出"诗道性情"的性灵诗学主张是有影响的。第三，在清代中叶，和袁枚一道站

---

① （清）李调元著，詹杭伦、沈时蓉校正：《雨村诗话校正》，巴蜀书社2006年版，第371—372页。

在反对"格调派"的立场，首先以诗话形式在理论上明确提倡"性灵（性情）说"的，不是袁枚，而是李调元。李调元在两卷本《雨村诗话》中就开始明确提出性灵诗学理论，这比袁枚的《随园诗话》至少要早8年，虽然他此时的诗学还不够系统，然而在清代乾嘉这种特殊的学术背景下，其对性灵诗学的首倡之功不可埋没。第四，朱庭珍在其《筱园诗话》中称："李雨村调元，则专拾袁枚唾余以为能，并附和云崧，其鄙俗尤甚，是直犬吠驴鸣，不足以诗论矣。"① 朱的评价极为偏激，甚至近于人身攻击，未能公允评价李调元在性灵派中的地位，李调元并非像其所言"不足以诗论"，正相反，他是有明确的性灵诗学追求的。

　　另一个问题是关于当代学者提出的"性灵派三大家"关系问题。一般认为，袁枚、蒋士铨、赵翼是清乾隆时期三位最为著名的诗人，他们以其显著的诗学成就被时人及后世称为"乾隆三大家"。然而，当代国学大师钱锺书却提出了不同意见，他在《谈艺录》一书中认为："袁、蒋、赵三家齐称，蒋与袁、赵议论风格大不相类，未许如刘士章之贴宅开门也。宜以张船山代之。"② 当代清诗研究专家钱钟联先生也"力主将乾隆三大家中之蒋士铨，换为张问陶"。著名学者王英志先生在《性灵派研究》一书中，索性将袁枚、赵翼、张问陶列为乾嘉诗坛"性灵派三大家"。以上三位学者皆认为在"乾隆三大家"中，蒋的诗学倾向及诗歌风格异于袁、赵，所以就试图用袁枚褒奖过的，具有明确性灵诗学追求的张问陶来代替蒋士铨，而组成"性灵派三大家"。我们以为这种貌似合理的观点其实是欠妥当的。因为蒋与袁、赵二人诗歌创作固然有一定的差异性，然此三者在诗歌创作上的共同点也是十分明显的，这一点对于其同年好友李调元来说似乎有着更为明确的认识，李调元在《雨村诗话》（十六卷本，卷一）中认为三者皆宗宋人。时人尚镕在《三家诗话》中作了进一步分析：

---

① 詹杭伦：《李调元学谱》，天地出版社1997年版，第131页。
② 钱锺书：《谈艺录》，中华书局1984年版，第137页。

（袁、蒋、赵）三家生国家全盛之时，而才情学力俱可以挫笼古今，自成一家，遂各拔帜而起，震耀天下，此实气运使然也。子才之诗，诗中之词曲也；苕生之诗，诗中之散文也；云崧之诗，诗中之骈体也。子才如佳果，苕生如佳榖，云崧如佳肴。子才学杨诚斋而参以白傅，苕生学黄山谷而参以韩、苏、竹垞，云崧学苏、陆而参以梅村、初白。平心而论，子才学前人而出以灵活，有纤佻之病；苕生学前人而出以尖锐，有粗陋之病；云崧学前人而出以整丽，有冗杂之病。[①]

尚镕对于"三家"诗歌的评价似乎较为客观全面些。大凡三家所学各有其偏好，诗歌创作各有其特色和不足，所以才能势均力敌，互不逊色地并称于时。尚镕正是站在客观评价三家诗歌总体成就的基础上来定义"乾隆三大家"的。而在当代，从钱锺书先生到钱钟联先生，再到性灵派研究学者王英志先生，他们所提出的"性灵派三大家"立论根基仅局限于"三家"的诗学追求上，这显然和清中叶时称的"乾隆三大家"在立论根基上已发生了偏转，"乾隆三大家"和"性灵派三大家"实际上已成为不同层面的两个问题。再说，主张以张代蒋也只是当代学者的一管之见。在研究中我们发现，持上述观点的学者几乎普遍基于以下两个理由：一是蒋与袁、赵两位的诗学追求和诗歌风格有所不同，张虽没有诗学专著，然其所著的《船山诗草》中却贯穿着明确的性灵诗学追求；二是袁曾高度褒扬过张，且视张为知己。[②] 然而，当代学者有没有发现在两年后，也就是乾隆六十年（1795），袁枚在看过李调元的《童山全集》后也曾盛赞"琳琅满目，如入波斯宝藏，美不胜收"。四年后，即嘉庆二年（1797）八月，袁枚在接到李寄来的《函海》及两首诗后，曾当即题写《丰和李雨村观察见寄原

---

① （清）尚镕：《三家诗话》，《清诗话续编》，上海古籍出版社 1983 年版，第 1920 页。

② 乾隆五十八年（1793）袁、张诗书相知，在看过船山诗后曾褒奖张为"倚天拔地之才"、"奇才"、"沉郁空灵，为清代蜀中诗人之冠"、"八十衰翁平生第一知己"等。

韵》的和诗，诗云："访君恨乏葛陂龙，接得鸿书笑启封。正想其人如白玉，高吟大作似黄钟。《童山》集著山中业，《函海》书为海内宗。西蜀多才今第一，鸡林合有绣图供。""蓬岛仙人粤岭师，栽培桃李一枝枝。何期小稿蒙刊正，竟示群英谬尚奇。面与荆州犹未识，音逢钟子已先知。醒园篇什随园句，臭味同心更有谁。"三个月后袁枚驾鹤西游，这种人在弥留之际仍未见千古知音的遗憾之情，以及对李的由衷称颂之意似乎并不亚于其对张的称赞。如果以这一方面为理由而认为张可以取蒋而代之，这显然是很勉强的。此外，那种认为张诗有着明确的性灵诗学追求从而主张以张代蒋而组成的"性灵派三大家"的观点也是欠考虑的，因为，和张问陶相比，李调元不仅有系统阐述其性灵诗学理论的专著，而且上文已论到他在以诗话形式提倡性灵诗学上比袁枚还要早，再加之他还有《童山诗集》中收录的诸多诗歌作为其性灵诗学的实践，他似乎更有理由取代蒋而跻身"性灵派三大家"的行列。所以，笔者认为当代学者所持的"以张代蒋"而成的"性灵派三大家"的观点，也需进一步商榷。

综上所述，笔者认为，李调元以其明确的性灵诗学追求和实践，为性灵派文学在清代发展做出了极为突出的贡献。当代性灵研究，绝对不能忽视李调元。

第三章

李调元的戏曲美学

李调元一生，特别是晚年居家期间，不仅喜欢看戏、导戏和演戏，而且与当时著名的戏剧表演艺术家魏长生和戏剧家蒋士铨等相互切磋酬和，有极为丰富的戏剧艺术实践经历；他于罢官前写成的两部戏剧戏曲理论著作，即《雨村曲话》和《雨村剧话》，使得他丰富的戏剧艺术实践经历和杰出的戏剧戏曲理论相得益彰，互相促进，为中国戏剧戏曲，尤其是四川戏曲的发展和曲剧理论的积累做出了独特的贡献。

第一节　李调元的戏曲美学著述和戏曲活动

18 世纪初至 19 世纪鸦片战争，我国戏曲艺术的发展出现一个不容忽视的新现象，即历来作为戏曲艺术代表的传奇和杂剧走向衰落，各种民间地方戏曲取而代之，在广阔原野上兴盛起来。民间戏曲之所以勃兴，这与当时稳定的社会状况是分不开的。康熙朝后期以来，由于清王朝实施了免赋、"摊丁入亩"等多项措施，农业经济逐渐得到了恢复和发展。社会经济的稳定发展，为民间的艺术活动创造了极为有利的物质条件。此外，随着农业经济的不断繁荣，农产品开始出现了商品化的趋势。农民和以前相比有了更多的收入和自由。因此，这时民间戏曲艺术在商品交流的同时在农村生发起来。一些记载，如董含《莼乡赘笔》道："枫泾镇为江浙连界，商贾丛积。每上巳赛神最盛。筑高台，邀梨园数部，歌舞达旦"；王士祯《香祖笔记》载道："兖州阳谷县……一日社会，登台演戏"，就给我们展示了当时民间戏曲的演出盛况。民间戏曲在当时已成为人民大众文化生活中的一个有机的组成部分，各地村镇凡逢年过节、迎神赛会、闹社火时均有戏曲助兴演出。①

随着商品经济的不断发展，许多大型工商业城市也日益繁荣起来。这些大城市中有许多后来成为戏曲交流的中心。比如扬州和北京。北京是当时全国经济、政治、文化的中心，成为诸多戏曲流布荟萃的中心是很自然的事情。扬州成为乾隆时期南方的戏曲交流中心，则与它的商业繁荣是分不开的。扬州地处扬子江与京杭大运河的交汇点，交通便利，漕运发达，盐商云集，这是它成为戏曲娱乐场所的一个重要原因。此外，扬州成为当时率先发展起来的戏曲中心，还与乾隆的六次南巡有关。据史载，乾隆曾于十六年（1751）、二十二年（1757）、二十七年（1762）、三十年（1765）、四十五年（1780）、四十九年（1784）六次南巡，由于他喜赏览戏剧，所以其所到之处总能掀起戏曲贡演的阵阵热潮。据李斗的《扬州画舫录》载，为了恭迎圣驾，扬州的三十位大盐商在扬州草河两岸"分工派段，恭设香亭，奏乐演戏"②。乾隆数次南巡，"两淮盐务，例蓄花、雅两部，以备大戏"③，许多民间的戏曲也都借机赶赴扬州近郊一展自己的风采。李斗的《扬州画舫录》记载了当时扬州地区的演戏盛况：

> 郡城花部，皆系土人，谓之"本地乱弹"，此土班也。至城外邵伯、宜陵、马家桥、僧道桥、月来集、陈家集人，自集成班，戏文亦间用元人百种，而音节服饰极俚，谓之"草台戏"，此又

① 参见张庚、郭汉城《中国戏曲通史》（下），中国戏剧出版社 1981 年版，第 5—6 页。
② （清）李斗：《扬州画舫录》卷一，中华书局 1960 年版，第 20 页。
③ （清）李斗：《扬州画舫录》卷五，中华书局 1960 年版，第 107 页。

土班之甚者也。若郡城演唱，皆重昆腔，谓之"堂戏"。本地乱弹只行之祷祀，谓之"台戏"。迨五月，昆腔散班，乱弹不散，谓之"火班"。后句容有以梆子腔来者，安庆有以二簧调来者，弋阳有以高腔来者，湖广有以罗罗腔来者，始行之城外四乡，继或于暑月入城，谓之"赶火班"。①

当时雅部即昆曲（昆山腔），花部为京腔、秦腔、弋阳腔、梆子腔、罗罗腔、二簧调等，统称为"乱弹"。雅部昆曲只在扬州城内拥有观众，而称为"乱弹"或"花部"的各种地方戏曲，皆远离家乡本土，来到繁华的扬州近郊农村、城镇巡演。等到五月昆曲散班后，"乱弹"诸戏开始向城内进发，炎热的夏天也不停地轮班竞演，甚至出现争先恐后的"赶火班"，可见花部拥有较好的群众基础，在当时是十分受欢迎的。

一　《雨村曲话》和《剧话》

生活在乾嘉时期的李调元，面对这一新出现的历史现象肯定不会无动于衷。他的《雨村曲话》和《剧话》就反映了当时清代地方戏剧兴起的状况，以及他对戏曲艺术的反思。这两本理论著作全面深刻地阐述了李调元的戏曲美学思想。《雨村曲话》共两卷，其版本今存五种，分别是李调元辑刻的《函海》本、无名氏抄辑的《曲话三种》本、《曲苑》本、《重订曲苑》本、《增补曲苑》本和中国戏曲研究院编写的《中国古典戏曲论著集成》本等。其中，《雨村曲话》最早的版本为乾隆四十九年（1784）李调元辑刻的《函海》本。《曲苑三种》本抄辑时间约在清末，此版本就其内容而言，实际上是《函海》本的详细校补本。《曲苑》、《重订曲苑》和《增补曲苑》三种版本均直接或间接出于《函海》本。《中国古典戏曲论著集成》本所依据的底本是《曲苑三种》本。《剧话》也是两卷，它的版本今存较少，仅有乾

---

① （清）李斗：《扬州画舫录》卷五，中华书局 1960 年版，第 130—131 页。

隆四十九年（1784）李调元辑刻的《函海》本、某氏传抄的《新曲苑》本和《中国古典戏曲论著集成》本三种版本。其中《新曲苑》本据《函海》本排印而成，但是个别地方已有了改动，与原书内容不尽相符。《中国古典戏曲论著集成》本是迄今为止最善的一个版本，就其性质而言，实际上是一种对《函海》本作详细校勘和注释的版本。

《雨村曲话》两卷，上卷谈元代作家、作品，下卷谈明清作家、作品。其中多转引前人著作，而附以己见，颇有所得。《剧话》上下两卷，成书约在清乾隆四十年（1775），当时正是各种地方戏曲开始兴盛的时候，一般文人对于这些正在兴起的剧种还多不屑于记载叙述，而李调元却慧眼独具地撰写了《剧话》一书。在《剧话》中，他简明扼要地记录了当时各地戏曲的发展情况，为当今学者研究清代地方戏曲的发展提供了十分珍贵的资料。《剧话》前有《自序》，上卷漫谈戏曲的制度沿革，下卷杂考戏曲所演的故事。综观以上两书，我们可以总结出李调元的戏曲美学思想。

二　李调元的戏曲活动

李调元性好丝竹，在京城和各地为官时就喜欢看戏。① 晚年乡居之后，他更是不甘寂居，积极参与到各种戏曲活动之中，并以此来排解人生仕途中的失意所产生的郁闷。《童山诗集》和《童山文集》对此多有记载，如《酬张云谷邦伸》② 云：

　　　　游山经过再停辕，丝管携来不胜喧。万顷良田堆稻穗，三千食客尽梨园。奔驰休羡云笼袖，高卧何如月土垣。体胖固宜藏润

---

① 《童山诗集》卷四十二《得赵云松前辈书寄怀四首》（其二）云："忆昔青云附骥尘，君方及第户盈宾。时晴斋每招游侍，听雨楼同看剧频。"此诗反映的是李调元任职京城时与赵翼等人一同观剧的情况。卷十六《雄州晓张度西明府留饮观剧作歌》则反映了其在广东为官期间的观剧活动。上述两首诗分别载《童山诗集》，商务印书馆1936年版，第566、220页。

② （清）李调元：《酬张云谷邦伸》，《童山诗集》卷二十七，商务印书馆1936年版，第367页。

屋，输君著述万余言。

乾隆己酉年（1789）七八月间，李调元至成都，游青城山、都江堰伏龙观等，后返回汉州，与当年锦江书院的学友张邦伸一起观剧，共同分享戏曲带来的欢愉。此外，像《童山诗集》中的《绵州潘使君招饮观剧》（卷三十）、《金堂署观剧》（卷三十一）、《梓潼宫观剧》（卷三十四）、《新都侍御李尚菁阳械自新都来贺邀同观剧》（卷三十四）等都记载了他在各地的观剧活动。

李调元晚年谢绝了一切应酬，他不见官府，不谈世事，除了喜欢看戏外，他还组织成立自己的家乐戏班，亲自挑选和培养伶僮，似亦过得十分潇洒自如。如《醒园遣兴二首》①云：

笑对青山曲未终，倚楼闲看打鱼翁。归来只在梨园坐，看破繁华总是空。

生涯酷似李崆峒，投老闲居杜鄠中。习气未除身尚健，自敲檀板课歌僮。

他还携自家的戏班赴各种场合，四处巡演，如《答祝芷塘同年书》②云：

因就家童数人，教之歌舞，每逢出游山水，即携之同游，不见官府，不谈世事，今且十五年矣！虽不能如足下皋比坐拥，有三千徒众之盛，然日挈伶人，逾州越县，亦不啻如从者童子之数也。

---

① （清）李调元：《醒园遣兴二首》，《童山诗集》卷二十六，商务印书馆 1936 年版，第346 页。

② （清）李调元：《答祝芷塘同年书》，《童山文集》卷十，商务印书馆 1936 年版，第126 页。

兴致来临时，他甚至还亲自登台，"傅粉涂朱满面描，当年同院本轻佻。谁容绛帐兼携乐，肯为皋比遣爱娇"①。晚年的李调元"尝畜黑驴一头，亦谙音乐，每遇家僮登台演剧骑之，甫唱便旋转而行，唱完即卓然而止，疾徐俯仰，能应节奏，人皆异之。先生兴来，辄携数僮，跨黑驴，遍游名山大川，或经年乃归，归则仍独居楼上，不与人见，人或见经年不见黑驴与伶僮之出游也，又多疑其为仙云"②。通过以上记载，李调元当年以山水优伶自乐的情景如在眼前。

对于李调元戏班演出的剧目，《雨村诗话》卷八记载云："金华李笠翁渔，工词，所著十种曲，如景星卿云，争先睹之为快。余家有歌伶，皆令搬演。"③ 此外，据有关记载和民间传说，李调元还自己创作了《春秋配》、《梅降褻》、《花田错》、《苦节传》四部剧本。④

第二节　李调元的戏曲观念

一般认为，清代是我国古代文化的总结期。200 余年的清王朝完成了我国传统文化的一次整体性复兴，因此梁启超将清代称为中国的"文艺复兴时代"⑤。但是，我们也必须看到，清代社会的古典文化毕竟是我国封建社会的末期文化。随着清代社会自身不断走向衰老、僵化和腐朽，这种末世文化的弊病也日益暴露出来。特别是经过明末反传统思潮的巨大冲击，以及明清易代的动荡，这时统治阶级所倡导的封建正统文化已经千疮百孔。所以在文化复兴的后面，危机和弊端已开始不断蔓延和加深。出于这种情况，中国古代文化内部

---

① （清）李调元：《寄姜太史尔常劝余主讲锦江书院诗以辞之》，《童山诗集》卷三十三，商务印书馆 1936 年版，第 458 页。另见《雨村诗话校正》卷八，巴蜀书社 2006 年版，第 197 页。

② （清）李调元：《四桂先生传》，《童山文集》卷九，商务印书馆 1936 年版，第 106—107 页。

③ （清）李调元著，詹杭伦、沈时蓉校正：《雨村诗话校正》卷八，巴蜀书社 2006 年版，第 197 页。

④ 卢前：《明清戏曲史·花部之纷起》，商务印书馆 1935 年版，第 107 页。

⑤ 梁启超：《清代学术概论·自序》，中华书局 1954 年版，第 3 页。

生发出一种强烈的反思和批判精神。因此，集大成和反思精神便成为清代文化的两大特质，并且这两种特质并不是孤立的，而是相互渗透、相互影响、相互补充的，它们的互相作用，构成了中国清代社会特有的文化景观。①

反思的方式可以有很多种。如果说清初诸如顾炎武、黄宗羲、王夫之、唐甄、戴震等一大批著名思想是从政治、哲学等领域进行文化反思的话，那么李调元等戏剧理论家则是从戏曲等审美方面进行反省和批判。同是反思，后者所达到的深度可能并不亚于前者。李调元在其戏剧论著《雨村曲话》和《剧话》中，对戏曲艺术与社会历史、人生关系进行了理性的思考，阐述了他的"古今一戏场"、"人生无日不在戏中"的戏曲观念。

一　古今一戏场

戏曲，作为人类社会一种独特的审美活动，对它的本质做考察既是戏曲学的一个主要内容，同时也是戏曲美学的一个重要内容。李调元通过对前代众多戏曲作品及论著的深入考察和分析，提出了"古今一戏场"的著名观点。他在《剧话序》中详细论述道：

> 剧者何？戏也。古今一戏场也；开辟以来，其为戏也，多矣。巢、由以天下戏，逢、比以躯命戏，苏、张以口舌戏，孙、吴以战阵戏，萧、曹以功名戏，班、马以笔墨戏，至若偃师之戏也以鱼龙，陈平之戏也以傀儡，优孟之戏也以衣冠，戏之为用大矣哉。②

短短百余字，已将李调元的戏曲观念和盘托出。他的戏曲观念核

---

① 参见陈炎主编，王小舒著《中国审美文化史》（元明清卷），山东画报出版社2000年版，第339页。

② （清）李调元：《剧话序》，《中国古典戏曲论著集成》（八），中国戏剧出版社1959年版，第35页。

心所在，一言以蔽之曰：古今一戏场。李调元认为自盘古开天辟地以来，人类社会就拉开了戏场舞台的大幕，就开始上演一幕幕社会生活的大戏。如巢父、许由是"以天下戏"（如《洗耳记》）；龙逢、比干是"以躯命戏"（如《龙凤剑》、《比干挖心》）；苏秦、张仪是"以口舌戏"（如《黄金印》）；孙膑、吴起是"以战阵戏"（如《马陵道》、《湘江会》）；萧何、曹参是"以功名戏"（如《追韩信》、《判七贤》）；班固、司马迁是"以笔墨戏"（班固著《汉书》、司马迁著《史记》）；而偃师之戏是"以鱼龙"（即水戏），陈平之戏是"以傀儡"（即木偶戏），优孟之戏是"以衣冠"（如《优孟衣冠》）……①戏曲即是从古至今社会众生用歌唱、舞蹈、形体动作表演生活中的动人故事。李调元对于戏曲的认识是非常深刻的。20 世纪初，我国著名的戏曲理论家王国维曾在《戏曲考原》中给戏曲下了明确的定义，即"戏曲者，谓以歌舞演故事也"。随后又在《宋元戏曲史》中延续并完善了他的看法，认为"必合言语、动作、歌唱，以演一故事，而后戏剧之意始全"②。李调元的《雨村剧话》的著作年代约在乾隆四十年（1775），王氏的《戏曲考原》完成于 1909 年，《宋元戏曲史》完成于 1913 年初，由此可见，李调元对戏曲本质的理解，虽无王氏之语词，但也已早于王氏 130 余年深得王氏戏曲定义之精妙。

李调元这一戏曲观念的形成，与其所处的时代氛围以及所受的时代思潮的影响是分不开的。上文已经谈到，清代文化有一种反思和批判的特质，受这种文化反思的时代召唤，戏曲在清代具有了一种反观生活的能力和意识，同时戏曲创作界、评论界也逐渐生长出一种带有理性因素的反思意识来。清代以降，人们忽然发现，戏曲不仅仅是一种艺术形式，也不仅仅是一种抒发"真情"的方式，而是戏曲小舞台与社会生活的大千世界之间，存在着一种同构关系，舞台表演的是社

---

① 参见邓运佳《天地古今一场戏——试析李调元的戏剧观》，罗江县人民政府、四川民俗学会编《李调元研究》，巴蜀书社 2007 年版，第 117—127 页。

② 王国维：《宋元戏曲史》第四章《宋之乐曲》，商务印书馆 1925 年版，第 45 页。

会生活本身，而从古至今的社会生活其实也就是一场戏。① 李调元的伟大意义就在于，其站在所处的时代，用"古今一戏场"的观点最大限度地揭示了戏曲艺术的本质。

李调元的"古今一戏场"的戏曲观念有其伟大和深远的意义，然而，也必须看到，他的观点也并非无源之水、无本之木，他的"古今一戏场"的著名观点有着极为深远的历史渊源。早在明代嘉靖年间，我国著名的"博物洽闻"的大学者、文学家杨升庵就在其《异鱼图赞》中说过："余尝谓：天地乃一大戏场，尧舜为古今之大净。千载而下，不得其解，皆矮人观场也。元儒南充范无隐有是说，而余推衍之。"② 李调元一生都敬仰其乡人杨升庵的为人和为学，并且李杨二人都有着相同的不幸遭遇：一个被遣发新疆，一个被发配云南。李调元虽然在其戏曲论著中没有引述升庵的戏曲观点，然而李调元的"古今一戏场"与杨升庵的"天地一戏场"之间的渊源关系是不言而喻的。李调元"古今一戏场"的戏曲观应该来自明代新都的状元杨升庵和元代大儒范无隐。范无隐（应元）字善甫，以"无隐"书斋名，自称谷神子，蜀顺庆（今四川南充市）人。范应元曾经担任江西玉隆万寿宫掌教和南岳寿宁观长讲，有著作《老子道德经古本集注》二卷。至于其具体的著述情况、生卒年月、游历活动，由于资料所限后世学者已不能详考。

据台湾屏东师范学院语文教育系副教授简光明在其《范应元及其庄子学》一文所考③，范应元在南宋理宗淳祐六年（1246）游京城，曾主讲《庄子》大约两年，听讲者众。其卒年大致在南宋理宗淳祐八年（1248）到宝祐六年（1258），即王国维在《宋元戏曲史》中所说

---

① 中国戏曲学院的陈友峰先生在《古代戏曲本体意识的三种类型及其演变》（载于中国戏曲学院学报《戏曲艺术》2007年第4期）一文中，将中国古代的戏曲本体意识概括为三种：一是以诗、词为主曲体论；二是以"意趣"为主的情、真论；三是以李调元为代表的"戏曲——现实"同构论。陈先生独到的概括对本节写作有很大启发，本节中有部分内容吸收了陈先生的观点。

② （明）杨慎：《异鱼图赞》卷一，中华书局1985年版，第1页。

③ 简光明：《范应元及其庄子学》，《屏东教育大学学报》2006年第24期，第351—372页。

的元代的蒙古时代。① 由这一考证资料可知，范无隐所处的时代，正值我国戏曲艺术真正形成或形成不久的时期②，如果正如杨升庵所说的范无隐说过类似"天地一戏场"的话，那我们就会发现中国传统戏曲中对于"戏曲—现实"同构论思考，几乎是和我国戏曲艺术同时形成的，那么由此便可证明李调元的"古今一戏场"思想的源头是很早的。

四川大学的邓运佳教授在其《天地古今一场戏——试析李调元的戏剧观》、《天地一戏场　尧舜一大净——杨升庵戏曲艺术观的新发现》等论文中指出，杨升庵的"天地一戏场"论问世后，在明代似乎没有引起什么反响，到清代仍遭受冷遇，直到乾隆年间才由"巴蜀奇才"李调元继承下来，于是乎邓先生将这种"天地古今一戏场"的戏剧观褒为"川人的专利"。戏曲批评发展的实际情况是不是这样呢？是不是真的像邓先说的那样，杨升庵之后到李调元的 200 余年再无他人提出过类似于"天地古今一戏场"的观点？通过查阅、分析有关资料，笔者以为不然。

明代末年鄞县（今浙江宁波市鄞州区）的戏曲家、文学家，"后五子"之一的屠隆，晚杨升庵 54 年出生。屠隆曾在其《昙花记·序》中就提出"万缘皆假，戏又假中之假也"之论断，并认为："阎浮世界一大戏场也。世人之生老病死，一戏场中之悲欢离合也。"③ 屠隆将戏曲艺术与社会现实联系起来考察，其观点十分近似于杨升庵的"天地一戏场"的观点。紧接其后，又有谢肇淛、徐复祚等人将戏曲的本质视为"寓言"，即戏曲艺术是现实社会人生的浓缩和映射，戏曲与人的现实存在有着一定的同构关系。稍晚于谢、徐两人的明末著名戏曲家

---

① 王国维在《宋元戏曲考》第九章《元剧之时地》中将元代杂剧分为三期：一是蒙古时代，即自太宗取中原以后，至至元一统之初；二是一统时代，即自至元后至至顺后至元间；三是至正时代。

② 关于中国戏曲形成时间的问题，戏曲史界说法不一。有的说形成于宋元，有的说形成于汉唐，有的说形成于先秦，甚至还有的说形成于西周等。其中王国维在《宋元戏曲史》中提出的戏曲真正形成于元代的说法最早，也最有影响。此处即采用此说。

③ （明）屠隆：《昙花记·序》，隗芾、吴毓华编《古典戏曲美学资料集》，文化艺术出版社 1992 年版，第 116 页。

袁于令在《焚香记·序》中更为明确地提出："盖剧场即一世界，世界只一情人。人以剧场假而情真，不知当场者有情人也，顾曲者尤属有情人也。"① 袁的论述更是将剧场与现实的社会人生密切联系，指出剧场实际上是尘世中的人们为自己营造的另一个观念世界，现实世界乃是更为广阔的剧场。与袁于令同时的孟称舜则进一步探讨了戏曲艺术与现实社会人生的关系，他在《古今名剧合选序》中指出："迨夫曲之为妙，极古今好丑、贵贱、离合、死生，因事以造形，随物而赋象。时而庄严、时而谐诨，狐末靓狙，合傀儡于一场，而征事类于千载。"② 到了清初，江苏长洲（今苏州）的戏曲家尤侗也持有类似的观点，他在其著作《西堂杂俎一集·五九枝谭》中说："虞长孺曰：天地一梨园也。陈眉公曰：佛氏者，朝廷之大养济院也。予戏作一对云：世界小梨园，牵帝王师相为傀儡，二十一史演成一部传奇；佛门大养济，收鳏寡独孤为尼丘，亿千万人遍受十方供养。"③ 乾隆年间，程大衡在《〈缀白裘〉合集序》中对尤侗的观点表示赞成，他说："尤西堂以世界为小梨园，廿一史为一部传奇，则大地岂非一场戏乎？"④

　　通过上面的简单爬梳，我们看到"天地古今一戏场"的观点实际上有着极为深厚的历史渊源。从我国古代戏曲真正形成之日起，这种"戏曲—现实"同构论的反思意识就开始了，而且随着我国戏曲艺术的不断发展成熟，这种戏曲观念也不断走向自觉和成熟，进而成为我国戏曲艺术的一个古老的传统。这种古老的戏曲反思传统的形成并不是极个别"川人的专利"，而应被看作古代众多戏曲艺术家集体智慧的结晶。李调元正是在继承前人用戏曲反思社会历史的传统和吸收以

---

　　① （清）袁于令：《焚香记·序》，陈多、叶长海选注《中国历代剧论选注》，湖南文艺出版社 1987 年版，第 229 页。

　　② （明）孟称舜：《古今名剧合选序》，陈多、叶长海选注《中国历代剧论选注》，湖南文艺出版社 1987 年版，第 234 页。

　　③ （清）尤侗：《西堂杂俎一集·五九枝谭》，陈多、叶长海选注《中国历代剧论选注》，湖南文艺出版社 1987 年版，第 339 页。

　　④ （清）程大衡：《〈缀白裘〉合集序》，吴毓华编《中国古代戏曲序跋集》，中国戏剧出版社 1990 年版，第 497 页。

往戏曲家的认识成果的基础上，并且不断融入自己的生活和人生体验，才形成他独特的戏曲观念的。

二 人生无日不在戏中

李调元对戏曲本质的理解，并没有局限在戏曲再现人生社会、搬演古今历史这一层意义上，而是将戏曲与自己的人生体验联系起来，对戏曲从人生哲理的高度进行论证，人生如戏：

> 夫人生，无日不在戏中。富贵、贫贱、夭寿、穷通，攘攘百年，电光石火，离合悲欢，转眼而毕，此亦如戏之顷刻而散场也。故夫达而在上，衣冠之君子戏也；穷而在下，负贩之小人戏也。今日为古人写照，他年看我辈登场。[①]

不仅从古到今的社会生活（历史）是一场戏，而且人的一生从出生至逝世也是一场戏。"人生无日不在戏中"，是李调元戏曲观念的另一个重要内容。李调元"人生如戏"的戏曲本体论至少具有以下三重意义。

首先，"人生无日不在戏中"的观点饱含李调元的人生体验，同时也是一种带有普遍性的人生体验。联系李调元的生平，我们知道李调元生性耿直、为官清廉、仕途坎坷。李调元一生既有"达而在上"的风光，也有"穷而在下"的窘迫，故"人生无日不在戏中"的观点可以说是李调元独特人生体验的一种形象表述。同时，我们通过历史记载还可以看到，在腐朽黑暗的封建社会里，像李调元这样的具有坎坷仕途经历的文人墨客、仁人志士绝不在少数，因此，可以说李调元的"人生无日不在戏中"的人生体验和感受，不仅仅是个人的、个别的，而应该是普遍的、一般的。因此，从这种意义上讲，李调元"人

---

① （清）李调元：《剧话序》，《中国古典戏曲论著集成》（八），中国戏剧出版社 1959 年版，第 35 页。

生无日不在戏中"的人生体验，应当是古今落魄文人和失意志士"人同此心，心同此理"的一种"共通感"（康德语）的独特表达。

其次，"人生无日不在戏中"更是一种对待人生的正确态度。人生如戏，以看戏的眼光来看待社会人生，人生之通达和困窘都如过眼云烟顷刻而毕，亦如戏之顷刻散场；人生短暂，今日我辈为古人写照，他年别人就要看我辈登场；人生如戏，人一生之富贵穷通、悲欢离合通过舞台表现出来，人可以通过看戏反思自己的生存状况；人生如戏，人人都可以在戏中担当主演，也都可以做评判的观众。此在的观众主体在经过历史大浪淘沙般的陶铸、筛选之后必将成为后世戏曲中演员；此在的观众主体如果不以"史"为鉴，以"曲"为鉴，必将重蹈前人覆辙，戏曲中的人物命运必将在今天的世界中重演。因此，人生之戏十分短暂，我辈需珍视人生，严肃地对待人生，否则，则会受讥于后人。由此可见，李调元关于人生与戏剧关系的辩证思考是很有积极意义的。

最后，李调元站在自己的时代，极大限度揭示了戏曲艺术的本质，即戏曲实际上是由演员（演出主体）和观众（观赏主体）两者共同参与的一种审美活动。戏曲艺术不仅是演出主体呈现故人人生的一种行为，更是此在观众主体通过戏曲反思和评判自身的一种活动。戏曲就在演员与观众的"演出—观赏"的对立与统一中形成和产生。今日观看"古人写照"的观众，他年必将成为戏曲舞台上的"古人"和演员，观众—演员两种角色的转换，使戏曲艺术活动的历史承继性成为一种现实的可能。"只要地球还存在，人类还存在，戏便会不断地写下去，戏便会不断地演下去，戏也便会不断地看下去。"①

李调元"人生无日不在戏中"的戏曲观念所含的三重含义，不仅给我们表达了他对戏曲本质的独特理解，同时也给我们指出了正确处理人生问题的积极态度，这些有意义的思想对后人进一步探讨和理解

---

① 参见邓运佳《天地古今一场戏——试析李调元的戏剧观》，罗江县人民政府、四川民俗学会编《李调元研究》，巴蜀书社 2007 年版，第 124 页。

戏曲本质，以及人生的真谛有着极为有益的参考和重要启示。

综上所述，李调元通过理性反思戏曲与社会、人生之间的关系，进而建立起来的戏曲观念，不仅阐述了他对戏曲本质的独特认识，而且还饱含生活和人生体验，折射了他的世界观和人生观。和明末以来主张戏曲单纯抒情写志的观念相比，李调元的戏曲观念显然要深刻得多，戏曲艺术与理性反思结缘使戏曲的审美功能大为拓展。然而，戏曲艺术的实际创作过程并没有那么简单。作者在用戏曲反思社会、人生时不可能完全采取客观态度，戏曲艺术到底能在多大程度上反映社会生活和人生状况？戏曲艺术与社会生活之间的关系如何？以及鲜活的生活怎样才能成为戏曲艺术？这将成为所有戏曲艺术家和评论者亟待思考的问题。李调元在阐述了他的戏曲观之后，接着就论述了这些问题。

第三节　李调元论戏曲与生活的关系

戏曲艺术与生活的关系问题，是戏曲美学的最基本和最重要的问题之一，同时也是千百年来戏曲艺术家、理论家和批评家经常讨论的一个问题。一般常识认为，戏曲，作为一种独特的艺术样式，它应该来自生活而高于生活。戏曲艺术与生活的关系看起来似乎十分简单，然而在戏曲的具体创作和实践中，两者的关系可能要远比我们认识的复杂得多。李调元作为我国古代戏曲理论家的代表之一，和其他诸多戏曲艺术家和理论家一样，对此问题也怀有极浓厚的兴趣，他结合自己看戏和演戏的经历阐述两者关系道："戏也，非戏也；非戏也，戏也。"[1] 同时还指出了观众如果混淆两者界限，就会导致两种错误的倾向，即"观者徒以戏目之而不知有其事，遂疑之"和"人不徒以戏目之因有其事，遂信之"[2]。

---

[1]　（清）李调元：《剧话序》，《中国古典戏曲论著集成》（八），中国戏剧出版社1959年版，第35页。

[2]　同上。

"戏也，非戏也；非戏也，戏也"虽然只有短短的十个字，但是它的内涵却是十分丰富的。仔细推敲，其主要蕴含两个层面的意思：一是戏曲艺术具有客观真实性特点，它可以客观地反映生活真实，至少是部分真实；二是非戏的生活里面含有戏曲的元素，经过加工可以变成戏曲。下面就这两个层面来详细阐述李调元这句话的丰富内涵。

一 戏也，非戏也

先来看看第一个层面。人一生的富贵、贫贱、夭寿、穷通都是一种客观真实，古今社会发生的过往尘事也都是一种客观真实，戏曲艺术可以通过舞台演出的形式将这些表现出来，因而戏曲艺术具有一定的客观真实性。它可以反映生活和人生中的真实事件，李调元在《雨村剧话》卷下就对很多戏曲所演的故事进行了考证，根据戏曲艺术表现反映客观真实的不同方式，我们可以将其分为两种："有史可征"和"有事可采"。所谓"有史可征"，是指戏曲艺术表现的客观真实，一般是过往发生的事件，这些事件在一些历史、杂记类的书目中有所记载，戏曲所演的故事可以直接找到其来源。比如李调元在《剧话》卷下中考证说："《祝发记》剧，事见《陈书·徐陵传》：'孝克，陵第三弟也。梁末寇乱，京师大饥。孝克养母，馔粥不能自给。妻藏氏，甚有容色。'孝克谓之曰：'今饥荒如此，供养交缺，欲嫁卿与富人，望彼此俱有济，不知卿意如何？'其妻藏氏弗许也。时有孔景行者，为侯景将，富于财，孝克密因谋者陈意。景行多从左右，逼而迎之，藏氏涕泣而去，所得榖帛，悉以供养。孝克剃发为沙门，改名法整，兼乞食以充给焉。后景行战死，藏伺孝克于途，曰：'往日之事，非为相负；今既得脱，当归供养。'孝克还俗，更为夫妻。今《祝发记》所演，多于此符。"① 此剧今天看来，虽有其浓厚的封建性，然有史可

① （清）李调元：《剧话》卷下，中国戏曲研究院编《中国古典戏曲论著集成》（八），中国戏剧出版社1959年版，第53页。

征，也较为可信。再如《海瑞市棺》剧，李调元考证说："见《明史》本传：'上疏时，先市一棺，诀别妻子。'故俗有'海瑞棺材，抬来抬去'之谚，由此。"①

当然，更多的戏曲作品都不是世态人生的直接扮演，而是"有事可采"。所谓有事可采，是指戏曲作品中所演的故事不全是客观真实，而是经过艺术虚构的加工处理，有时甚至要经过张冠李戴、移花接木，或者杂取种种成为独特的"这一个"的典型化手法的处理方能成为戏曲。这显然代表着戏曲作品中的大多数。如李调元在《剧话》卷下考证高明的《琵琶记》故事原型实出自《留青札记》，此书载道："时有王四者，能词曲。高则诚与之友善，劝之仕。登第后，即弃其妻而赘于太师不花家。则诚恨之，因借此记以讽。名《琵琶》者，取其四王字为王四云耳。元人呼牛为'不花'，故谓之牛太师。而伯喈曾附董卓，乃以之托名也。"② 戏曲艺术中虚构是必不可少的，然而大多虚构皆有一定的客观真实做基础，所以即使虚构，仍然可信，仍然让人感到很真实。再举些例子看看，比如《苏武牧羊》剧③，事载《汉书·苏建传》，剧中所演的"啮雪"、"咽毡"、"卧起"、"操节"皆实事，唯有常惠给辞无历史记载，应该属于戏曲艺术中的虚构成分。再如马致远的《黄粱梦》一剧，故事源自李泌的《枕中记》，其记云："开元十九年，卢生与吕翁于邯郸邸舍，以枕授之。生于寐中列登鼎铉，欠伸而寤，主人蒸黄粱尚未熟也。"此记中的吕翁非吕洞宾。洞宾生于贞元十四年，举咸通进士，翁则为开元时人。马致远《黄粱梦》剧谓洞宾与钟离，此即影袭卢生事。④ 这种手法即张冠李戴，是戏曲虚构的常用手法之一。这类例子还很多，再如《唐伯虎三笑姻缘》一剧中的主人公秋香，李调元考证说："见姚旅《露书》，本来是吉道人的故

---

① （清）李调元：《剧话》卷下，中国戏曲研究院编《中国古典戏曲论著集成》（八），中国戏剧出版社1959年版，第64页。

② 同上书，第51页。

③ 同上书，第50页。

④ 同上书，第56页。

事：吉道人与宦家婢秋香遇于虎丘，因道人有姊丧，白衫内服紫裙，风动裙开，秋香见而含笑。道人乃鬻身为宦家奴，伴其子读书，具得欢意。问其欲，求秋香为妻。许之，具数百金装，送秋香归道人。道人名之任，字应生，江阴人；本姓华为母舅赵子。今演其事为杂剧，移以属唐寅。"[1] 此类移花接木的手法，也为戏曲艺术的常用手法，将甲人之事移接于乙人头上，虽颇显随意和荒唐，然只要处理得巧妙，仍然可信。

以上两种情况，皆在不同程度上反映了生活中的客观真实。在实际的戏曲创作过程中，"有史可征"和"有事可采"并无明显区别，即"有史可征"期间也不排除存在一定的艺术虚构，两者只是在虚构成分的多少上有区别。戏曲艺术通过一定的艺术虚构和加工，可以用来表现现实生活中存在的客观真实，这是戏曲艺术可信的一个重要原因，所以李调元说："戏也，非戏也。"

二　非戏也，戏也

再来说说第二个层面。非戏的现实生活也不仅仅是现实生活，现实生活中往往含有极其浓厚的戏曲因素，人们可以从现实生活中去寻求、挖掘这些因素进行戏曲创作。那么，如何将非戏的生活加工转化成戏曲（戏剧）呢？中西方不同民族在这个问题上有着明显的区别。

早在古希腊时期，亚里士多德就对悲剧的含义做了明确的界定：

> 悲剧是对于一个严肃、完整、有一定长度的行动的摹仿；它的媒介是语言，具有各种悦耳之音，分别在剧的各部分使用；摹仿方式是借人物的动作来表达，而不是采用叙述法；借引起怜悯

---

① （清）李调元：《剧话》卷下，中国戏曲研究院编《中国古典戏曲论著集成》（八），中国戏剧出版社 1959 年版，第 64 页。

与恐惧来使这些情绪得到陶冶。①

　　亚里士多德所用的"模仿"一词，后来在西方文学、艺术史上被广泛运用。在他看来，"艺术"的本质就是"模仿"，模仿是将非戏的生活加工转化成戏剧的重要途径。他还进一步对被模仿对象做出了界定："喜剧总是摹仿比我们今天的人坏的人，悲剧总是摹仿比我们今天的人好的人。"② 为何对这些对象的模仿就能形成戏剧？一个重要的原因就在于，这些对象身上有着浓厚的戏剧元素，用亚里士多德的话来说，悲剧人物是"比一般人好"且"犯有一定过错"的人，喜剧人物则是"比较坏的人"，"'坏'不是指一切恶而言，而是指丑而言，其中一种是滑稽"③。由此可见，戏剧艺术模仿的不是整个现实，而是只模仿特殊的、具有浓厚戏剧元素的现实。戏剧艺术就是通过不断发掘、模仿富有戏剧元素的生活而产生的一种艺术形式。亚里士多德的"模仿"论统治了几千年来的西方戏剧理论界。

　　然而，我们也必须看到，经过模仿现实生活所得来的戏剧，毕竟不是也不可能是真实的生活状况。无论戏剧家们如何去努力造成幻觉，无论这种表演如何接近生活真实，舞台上所演之戏和真实的生活毕竟会有很大的区别。只是在西方，观众们已经习惯了这种由演员所造成、自己所直觉到的"幻觉"，并且从内心深处已经认同了这种戏曲艺术观。

　　西方用模仿来创造戏剧，中国有没有类似的手法呢？中国的戏曲艺术家，与西方戏剧家相比，他们创造戏曲的手法又有哪些不同呢？

　　司马迁在《史记·滑稽列传》中记载了有名的"优孟衣冠"的故事：楚国宰相孙叔敖为楚国争夺霸权地位，立下过汗马功劳。没想到在他死后家境萧条，儿子的生活都很困难。宫廷弄人优孟知道这件事

────────────

①　[古希腊]亚里士多德：《诗学》，《诗学·诗艺》，罗念生译，人民文学出版社1982年版，第19页。

②　同上书，第8—9页。

③　同上书，第16页。

后，便穿上孙叔敖的衣服，扮作他的模样去讽谏楚庄王。楚庄王看后很受感动，反省自己对故旧照顾不周的错误，马上改正，给孙叔敖的儿子封赠田地奴隶。"优孟衣冠"后来成为演剧的代称。优孟能将已故的孙叔敖扮演得惟妙惟肖，以致楚庄王产生孙叔敖再生的幻觉，其所靠的手法就是"模仿"。由此可见，模仿不只是西方戏剧史上独有的，中国的戏曲艺术从春秋时期开始就有了这种创作和表演手法。

但是，我们必须看到，由于中西文化的本质差异，"模仿"远远没有成为中国戏曲产生的重要途径，中国戏曲艺术作品的形成有其独有的、不同于西方的手法，一般来说，主要有两个：程式化的抽象和"神似"的追求。① 下面我们就对这两种戏曲创作手法做些探讨。

首先，谈谈程式化的抽象。中国戏曲的表演从其本质上讲，并不像西方戏剧那样刻意追求高度的模仿，以致产生幻觉的效果，中国戏曲在其产生的过程中用得最多的手法是程式化的抽象。何谓程式化的抽象呢？举些例子来看。比如武戏里的骑马，中国戏曲如何表现骑马这一富有浓厚戏曲元素的动作呢？中国戏曲演员从不会骑真实的马上场，而是采用程式化的抽象，通常表现为：武将只需带一根马鞭，准确地说，只需带上一根被理解为马鞭的棍棒，这样就足以表现一位骑马的将官了。马鞭在戏里面的象征意义非常丰富，有时被用来驱赶马匹前进，有时它甚至被用来表现马的颜色。此时马鞭实际上已成了看不见的马的化身。在中国戏曲的武戏中，这类表演经常可以看到，马鞭也因此成了一种固定不变的程式，骑马的动作成了一种程式化的抽象和虚拟。中国戏曲作品的产生，实际上就是对生活中富有戏曲元素的行为或事件进行程式化的抽象和虚拟处理的结果。此类例子还有很多，如在水戏中，用船桨代替看不见的船，用船桨的不同动作代表船行进的不同态势；在打斗戏中，将帅通常只带四个小卒，即代表千军

---

① 中国艺术研究院傅谨先生所著的《中国戏剧艺术论》（山西教育出版社2003年版）一书中"程式与舞台表现手法"一章（即第三章）对中国戏曲"程式化"和追求"神似"的表演理论进行了充分的论述，此部分内容的写作吸收了傅先生的一些观点。

万马,走一圈就代表行军千里;用推敲动作表示门的存在;用甩发表现感情激越;用翻转翎子体现英姿飒爽;用活动帽缨表现犹豫、迟疑和思索的情状;甚至还用扇子功、帕子功、水袖功来表现轻盈的舞蹈等。这些中国传统戏曲艺术中所惯用的程式,至今仍不断地被反复使用,观众也在长期的看戏过程中逐渐理解了这些程式的含义,所以对生活中富有戏曲元素的情节的加工以形成程式,是中国戏曲产生的一个重要途径。

程式渗透在中国戏曲的创作和表演之中,是中国戏曲艺术的灵魂。戏曲中的程式超越了具体物象,成为一种奇特的、多意的艺术符号。观众的看戏实践实际上是一种符号解读活动。戏曲艺术家通过不断挖掘生活中的戏曲元素,不断创造出新的程序搬上舞台,观众在看戏时主动去理解这些程式,中国戏曲艺术正是在戏曲艺术家和观众的不断创造—解读程式的互动过程中得到发展和繁荣。

其次,和中国绘画、书法等诸多传统的艺术形式一样,中国戏曲艺术也追求"神似"。"神似"的追求不仅是中国戏曲艺术的一个重要特征,也是中国戏曲艺术作品产生的一个重要途径。"神",即戏曲艺术中表现出来的精神内涵。"神似"是一种比"形似"更为高级的追求。在对生活中的戏曲元素处理时,我们不仅要用一定的程式追求形似,而且还要通过"神似"的追求来达到戏曲艺术创造的最高境界。只有"形神兼备"时,戏曲艺术才能拥有"技、艺、道"三个层面的价值。① 比如,京剧《拾玉镯》中对主人公孙玉姣善于操持家务、活泼伶俐特点的把握;秦腔《看女》中对母亲"爱女儿不爱媳妇"主观偏见的把握,这些在某种程度上讲,都是"神似"追求的结果。

综上所述,我们可以看到,李调元关于戏曲与生活关系的探讨实际上是很有辩证色彩的。"戏也,非戏也;非戏也,戏也",这句简单的话其内涵是十分丰富的。它既给我们阐明了戏曲与生活之间辩证统一和互相转化的关系,同时它也给我们昭示了一种正确对待(欣赏)

---

① 参见傅谨《中国戏曲艺术论》,山西教育出版社 2003 年版,第 196—198 页。

戏曲的态度与方法，即戏曲中的情景不全是实实在在的生活，然而它也不是完全虚构，无所依据的东西。戏曲有其独特的魅力和价值的原因之一就在于，它总是在艺术真实和生活真实两者的张力之间实现着一种动态的平衡。所以，我们既要反对否认戏曲真实存在的简单粗暴，也要反对"以戏征史"、"对号入座"等模糊戏曲与生活关系的错误做法。

第四节　李调元论戏曲功用

通过前面对李调元的戏曲观念和戏曲艺术与生活论的讨论，也许我们已经明白这样一个道理，即戏曲艺术与社会生活以及人生的关系是十分密切的，戏曲艺术来源于生活，它是对社会生活或人生中所富有的浓厚戏曲因素的一种挖掘和创造。然而，了解这些还是不够的。这是因为，戏曲艺术一旦作为一种独特的艺术形式形成之后，它反过来又会对产生它的社会生活和人的心理产生一定的作用和影响。那么，戏曲艺术到底对社会和人类心理有何影响和作用呢？这个问题就是本节所要讨论的，即戏曲功用论。

关于戏曲功用的探讨，是李调元戏曲美学的一个重要内容，同时也是他戏曲美学中探讨得比较深入的一个部分。李调元在广泛继承了前人对戏曲艺术功用探讨的成果后，又站在自己的时代高度，从审美社会学和审美心理学两个方面阐述了他的戏曲功用论。

一　戏曲之兴、观、群、怨

戏曲艺术对于社会人生有何作用？这是一个古今中外几乎所有的戏曲艺术家、评论家都无法回避的问题。对于戏曲艺术的功用，李调元在其《剧话序》中做了开门见山的解释，他说：

> 戏之为用大矣哉！孔子曰："诗可以兴，可以观，可以群，可以怨。"今举贤忠佞，理乱兴亡，搬演于笙歌鼓吹之场，男男

妇妇，善善恶恶，使人触目而惩戒生焉，岂不亦可兴、可观、可群、可怨乎？①

自孔子提出诗可以"兴观群怨"以来，中国便开始了对艺术活动的审美社会学研究。李调元在儒家诗教的基础上，对戏曲艺术的"兴观群怨"的功用作了探讨。表面看来，李调元关于戏曲艺术"兴观群怨"的论述好像只是对传统儒家诗教的照搬，似乎并无新意，然而事实并非如此。在介绍李调元"兴观群怨"的戏曲功用论之前，我们有必要先对孔子的"兴观群怨"说在戏曲艺术领域内的发展做些历史回顾。

早在春秋时期，中国最伟大的思想家之一——孔子就十分重视文学艺术的社会作用，他在《论语·阳货》中提出了他的观点："诗可以兴，可以观，可以群，可以怨。迩之事父，远之事君，多识于鸟兽草木之名。"文学艺术等作品有着强烈的感染力量，能"感发意志"（兴），能"考见得失"、"观风俗之盛衰"（观），能使人"群居相切磋"、互相启发、互相砥砺（群），还可以用来"怨刺上政"，以促使政治改善（怨）。孔子对于文学艺术社会功用的系统总结，为后人从审美社会学角度探讨文学、艺术等功用奠定了坚实的理论基础，也为后人理解文学、艺术的功用提供了参考和话题。

孔子"兴观群怨"的文用论是有其独特含义和时代特色的。上古时期，诗、乐、舞是三位一体的，而原始的乐舞又是中国戏曲的源头之一。孔子的诗之"兴观群怨"学说似乎已经朦胧地包含了李调元所谓的"戏曲之兴观群怨"，然而我们必须看到，孔子所谓的"诗"，一般指《诗三百》，诗之兴观群怨很大程度上也是从这个意义来论述的。孔子以后，不同时代有很多学者对孔子的"兴观群怨"的文用论进行了多方面的衍发，但是"诗"的范围也多局限在像《诗经》这样的正

---

① （清）李调元：《剧话序》，《中国古典戏曲论著集成》（八），中国戏剧出版社 1959 年版，第 35 页。

统文学之内。封建社会的正统文人也大都是以"诗"这样的正统文学样式为例，来进一步解释"兴观群怨"的。直到明朝末年杰出思想家、文学家李贽的出现，这种情况才被彻底扭转。

李贽，是一位游离于明代复古大潮之外的新锐思想家。他不仅对中国封建社会后期以宋明理学为代表的官方正统思想作了十分尖锐激烈的揭露和批判，而且还对以孔子为代表的儒家传统观念提出了大胆的怀疑和批评。他不仅从诗文方面对复古思潮进行了抨击，而且还开创性地在戏曲方面与旧有思潮进行了抗争。李贽是将孔子"兴观群怨"诗教引入戏曲领域、引用到戏曲艺术上的第一人。李贽反对那种贬低戏曲，把戏曲排斥在正统文苑之外的陈腐观念，他对戏曲的地位和作用进行了反复的论述，他在《童心说》里面指出：

> 诗何必古选，文何必先秦。降而为六朝，变而为近体；又变而为传奇，变而为院本、为杂剧，为《西厢曲》，为《水浒传》，为今之举子业，皆古今至文，不可得而时势先后论也。①

文体的独立和发展虽有先后，然这并不能作为衡量其价值大小的标尺。李贽认为，各种文体都是时代发展的产物，都有其历史地位和价值。因此，像戏曲、小说这样的文体也应该具有与诗文同等重要的地位。李贽将《西厢曲》、《水浒传》等戏曲和小说誉为"古今至文"，这在当时社会是非常激进的。李贽正是在这种思想的基础上，进一步阐述其戏曲之"兴观群怨"作用的，他在其著作《焚书》卷四评《红佛记》时说道：

> 此记关目好，曲好，白好，事好。乐昌破镜重合，红佛智眼无双，虬髯弃家入海，越公并遣双妓，皆可师可法，可敬可羡。孰谓传奇不可以兴，不可以观，不可以群，不可以怨乎？饮食宴

---

① （明）李贽：《杂述·童心说》，《焚书》卷三，中华书局1975年版，第99页。

乐之间，起义动慨多矣。今之乐犹古之乐，幸无差别视之其可！①

李贽将孔子的诗可以"兴观群怨"的理论引以论戏曲，认为戏曲艺术同样也能"兴观群怨"，这样就给轻视戏曲的旧观念以有力的抨击，从而也提高了戏曲的文学地位。

李贽之后，明清易代之际，又有戏曲作家、理论家祁彪佳再一次扛起为戏曲艺术张目的大旗，为提高戏曲艺术的地位而大声呐喊：

> 呜呼！今天下之可兴、可观、可群、可怨者，其孰过于曲者哉？盖诗以道性情，而能道性情者，莫如曲。曲之中有言夫忠孝节义、可忻可敬之事者焉，则虽呆童愚妇见之，无不击节而忭舞；有言夫奸邪淫慝、可怒可杀之事者焉，则虽呆童愚妇见之无不耻笑而唾詈。自古感人之深动人之切，无过于曲者也。故人以词为诗之余，曲为词之余。而余则以今之曲即古之诗；抑非特古之诗，而即古之乐也。②

祁彪佳强调戏曲的表情功能，认为在"道性情"上，戏曲甚至可以超过诗，戏曲艺术正是通过影响人的审美心理、影响人的情感的途径来实现其"兴观群怨"的社会功能。所以，今之戏曲在"兴观群怨"方面并不逊于古之诗歌，今之曲实际上是古之诗在当代的变体。祁彪佳关于戏曲艺术社会功用的认识是非常深刻的，他实际上在这段话中指出了戏曲的两大功能：一方面戏曲具有"感人至深而动人之切"的表情功能，另一方面戏曲也具有"兴观群怨"的社会功能，而这两大功能之间是有联系的，后者的实现正是以前者为途径的。

到了清代乾嘉时期，巴蜀著名的戏曲理论家李调元又进一步阐释

---

① （明）李贽：《杂述·红佛》，《焚书》卷四，中华书局1975年版，第195页。

② 祁彪佳：《孟子塞五种曲序》，陈多、叶长海选注《中国历代剧论选注》，湖南文艺出版社1987年版，第240页。

了戏曲"兴观群怨"的社会功用，然而毕竟时代不同了，李调元戏曲的"兴观群怨"的社会功用论已经有了它自己独特的时代内涵和意义，这主要体现在以下两个方面。

第一，推尊曲体，提高曲位。明末清初，以顾炎武、黄宗羲、王夫之等为代表的一大批文人力挽狂澜，他们沉痛反思明代主情文风误国的历史教训，大力倡导经世致用的儒学思想和文风；同时由于清初文化专制不断加强和"文字狱"大兴，当时很多文人纷纷走上汲古返经的道路。他们对晚明那股注重个性和人性解放的思潮作了猛烈抨击，通过对儒家学说广泛的阐释和恢复，对"时风众势"进行了全面的拨转。与之相关，汲古返经思想还导致批评家加强了对文学源流关系的考察，他们试图通过推原求本和梳理诗文发展史，来进一步确认诗文发展变化的历史统系。钱谦益就曾将当时文学混乱的原因归咎于文学之"祖"的迷失。他认为诗之祖乃为《诗三百》，文之祖乃为"六经"，这种主张的实质是宗经学古，重视以诗文为代表的正统文学的地位，而视词、戏曲等文学形式为"余事"。这种倾向，我们可以在以陈维崧为首的"阳羡派"和以张惠言、周济为代表的"常州词派"等人的"推尊词体"的词学理论著作中看出来，同时这种倾向在李调元的《雨村曲话序》中也是一目了然的，李调元曾回忆自己撰写《雨村曲话》时遭人责难的尴尬情景道：

> 予辑《曲话》甫成，客有谓余曰："词，诗之余；曲，词之余，大抵皆深闺、永巷、春伤、秋怨之语，岂须眉学士所宜有！况夫雕肾琢肝，纤新淫荡，亦非鼓吹之盛事也，子何为而刺刺不休也？"[1]

由此可见，在李调元所处的时代，那种视戏曲艺术为"余事"的

---

[1]　（清）李调元：《雨村曲话序》，《中国古典戏曲论著集成》（八），中国戏剧出版社1959年版，第5页。

传统偏见还普遍存在。从这种意义上来说，李调元借儒家《诗经》可以"兴观群怨"之说以喻戏曲，认为戏曲也具有"兴观群怨"的社会功用，也是"鼓吹之盛事"，李调元实为戏曲艺术独立地位的获得和提高做出了积极贡献。

第二，李调元的戏曲之"兴观群怨"说还有远比上述内容更为深刻的一层内涵和意义，这主要体现在：李调元所处的时代正是各种地方戏曲纷纷兴起、兴盛的时代，在这个时期，大多戏曲理论家囿于正统观念，对各种地方戏曲往往采取鄙视态度。他们多以"雅部"昆曲为曲之正宗，视"花部"地方戏曲为旁门左道。然而，这种世俗偏见在李调元那里被打破，他认为地方戏曲是戏曲艺术的最新发展成果和重要组成部分，不仅遭人蔑视的戏曲可以"兴观群怨"，就连戏曲中常遭人诟病的"花部"、"乱弹"等地方戏曲也可以"兴观群怨"，也可以"鼓吹盛事"，这种创见在当时是难能可贵的。正是在这个意义上，当代学者王运熙、顾易生主编的《中国文学批评史新编》下册高度褒扬李调元的戏曲理论著作："在曲论体系中能包涵这种通达之见的著作，前人少见，在当时也是寥若晨星的。"[1]

二　出于绵渺，入人心脾；出于激切，发人猛醒

如果说李调元所谓的戏曲之"兴观群怨"是从审美社会学的角度对戏曲艺术社会功能的把握，那么他所谓的"曲出于绵渺，入人心脾；出于激切，发人猛醒"则是从另一个角度，即审美心理学的角度论述了戏曲艺术所具有的性情感化的美学作用。

对戏曲的性情感化的美学功用的研究，是中国戏曲美学的一项重要内容，也是中国古代审美心理学研究的一个重要传统。这种研究最早可以追溯至《尚书》。《尚书》是关于中国上古历史和部分追述古代事迹著作的汇编。《尧典》是其中的一篇，它不仅记录了中国上古时

---

[1]　王运熙、顾易生：《中国文学批评史新编》（下册），复旦大学出版社 2001 年版，第343 页。

期的演出情况及演出观念，而且还最先涉及原始乐舞（戏曲的源头和滥觞）的性情感化作用的探讨，比如：

帝曰：夔，命汝典乐，教胄子：直而温，宽而栗，刚而无虐，简而无傲……夔曰：於！予击石拊石，百兽率舞。①

"击石拊石，百兽率舞"是对当时乐舞表演的描述。作为中国戏曲源头之一的原始乐舞，它的演出可以使人的心理和性情"直而温，宽而栗，刚而无虐，简而无傲"。

先秦时期，对于戏曲性情感化功用的探讨除《尚书》外，还有《乐记》一书。该书约成书于春秋战国之间，是中国古代美学和文艺理论的奠基性著作。《乐记·乐象篇》载道："凡奸声感人，而逆气应之；逆气成象，而淫乐兴焉。正声感人，而顺气应之；顺气成象，而合乐兴焉。"意思是，乐（包括戏曲）声对人的心理及情感可以产生一定的影响和作用，即邪恶不正的声音能唤起人内心的逆乱之气，而纯正和平的声音能使人内心产生一种和顺之气，逆气和奸声、正声与顺气分别形之于歌舞而"淫乐"和"正声"产生。战国后期，伟大的思想家、儒家学者的杰出代表荀况所作的《荀子》二十卷三十二篇，其中《乐论》篇是其论乐的专文，在这篇文章中，他认为音乐的产生和人们对于音乐的需要，是"人情所必不免"的事情；人们内在的"性术之变"，即内在的思想感情的变化，可以通过音乐表现出来；同时，反映人们各种各样思想感情变化的不同音乐，能作用于人的心理和性情，使人产生"心悲"、"心伤"、"心淫"、"心庄"等不同的心理反应。② 然而，荀子的论述到此还未结束，而是进一步将"乐"与儒家的"礼"联系起来，认为"乐"与"礼"相辅相成，"乐合同，

_____

① （清）孙星衍撰，陈抗、盛冬铃点校：《尚书今古文注疏》，中华书局1986年版，第69—71页。

② 郭绍虞：《中国历代文论选》第一册，上海古籍出版社2001年版，第60页。

礼别异，礼乐之统，管乎人心矣！"这一导向直接影响了汉以后乐论、戏曲论的"风世"、"教化"倾向的形成。

汉代至唐代，是我国封建社会不断发展走向繁荣的重要时期，也是我国儒家学说和思想不断深入、成熟的关键时期。在这个时期，人们对于戏曲的性情感化作用的论述也总是在儒学的大背景下进行的，所以这一时期单纯论述戏曲性情感化作用的著作极少①，这时的音乐、戏曲论著对戏曲性情感化作用的论述大多以以下几种方式进行：或将音乐、戏曲等艺术所表达的情感归于欣赏者主体本身的情绪、感情，如汉代的《淮南子·齐俗训》提出的"载哀者闻歌声而泣，载乐者见哭者而笑。哀可乐者，笑可哀者，载使然也"②；或将音乐（戏曲）的性情感化归结为教化、风世，如汉代的《毛诗序》提出艺术活动的"经夫妇、成孝敬、厚人伦、美教化、易风俗"的作用；或出于教化和统治的需要为戏曲罗列罪名，以期将具有情感感化作用的戏曲禁止，如隋代柳彧的《请禁角抵戏疏》所说："窃见京邑，爰及外州，每以正月望夜，充街塞陌，聚戏朋游。鸣鼓聒天，燎炬照地，人戴兽面，男为女服，倡优杂技，诡状异形。以秽嫚为欢娱，用鄙亵为笑乐，内外共观，曾不相避。搞棚跨路，广幕陵云，袨服靓妆，车马填噎，肴醑肆陈，丝竹繁会。竭赀破产，竞此一时。尽室并孥，无问贵贱，男女混杂，缁素不分。秽行因此而生，盗贼由斯而起。"③ 这里将"秽行"、"盗贼"的产生归咎于戏曲，显然是"欲加之罪"，但是从这段话反倒可以看出当时戏曲演出的空前盛况，同时还可以看出戏曲巨大的性情感化作用对民众的影响，以及对封建伦理观念的激烈冲突。

---

① 也有极个别著作对戏曲性情感化作用做了很好的论述，如东汉文学家傅毅在《舞赋序》中认为"郑卫之音，所以娱密坐，接欢欣也；余日怡荡，非以风民也。其何害哉！"意即戏曲可以娱乐人心而无关教化，作者对封建社会单纯强调诗乐（戏曲）"风世"的传统表示异议；唐天宝年间常非月的《咏叹容娘》，是唐代最著名的咏戏诗，诗中对戏曲的性情感化作用做了很好的描述，戏曲演出的效果可使观众对演员产生无限矜怜与爱慕，即诗中所谓的："不知心大小，容得许多怜。"

② （汉）刘安撰，高诱注：《淮南子》，中华书局1954年版，第173页。

③ 选自《晋书·柳彧传》，题目系引者加。

宋代至明代中叶，是我国理学产生、发展和盛行的时代。"理学是中国传统儒学在新的历史时期之新发展，它是封建社会中后期政治、思想、文化需要而产生的新儒学，也是宋、元、明、清时代封建社会的正统思想。"① 这段时期，也是我国戏曲艺术正式形成和不断成熟的时期，由于理学家们提倡"存天理，灭人欲"，因此，人的欲望和情感受到了严重的束缚，大多数文艺作品和论著沦为理学思想的说教工具。关于戏曲的性情感化作用在这一时期一度出现了空白。直到明代中叶以后，特别是明末李贽、"公安三袁"、汤显祖等一大批反对封建思想的斗士出现，这种情况才有所扭转。李贽的"童心说"、公安派的"不拘格套，独抒性灵"以及汤显祖的"真情论"，这些思想对人的个性解放、个体性情的自由表达起到了极大的促进和启蒙作用。正是在这股思潮的影响下，人们将戏曲作品的性情感化作用与社会功能截然分开，并且关于戏曲性情感化作用的论述也不断多起来，出现了一大批戏曲理论和评论著作。这些著作中对戏曲性情感化作用的论述最充分、最透彻的当属戏曲家汤显祖的《宜黄县戏神清源师庙记》，在汤显祖这篇著名戏曲专论中，关于戏曲性情感化作用他论述道：

> 使天下之人无故而喜，无故而悲。或语或嘿，或鼓或疲，或端冕或听，或侧弁而咍，或窥观而笑，或市涌而排。乃至贵倨驰傲，贫啬争施。顽者欲玩，聋者欲听，哑者欲叹，跛者欲起。无情者可使有情，无声者可使有声。寂可使喧，喧可使寂，饥可使饱，醉可使醒，行可以留，卧可以兴。鄙者欲艳，顽者欲灵。②

汤显祖认为"人生而有情"，并把他一生的戏曲创作称为"为情所使"。在他那里，"情"不仅是创作的动力、作品的内容，而且还是戏曲艺术价值大小的标尺。戏曲的性情感化作用成为衡量戏曲作品艺

---

① 张少康：《中国文学理论批评史》（下），北京大学出版社 2005 年版，第 26 页。

② 参见陈多、叶长海选注《中国历代剧论选注》，湖南文艺出版社 1987 年版，第 147 页。

术成就的重要标准。

清代，由于儒家学说的复兴和"经世致用"思想的流行，晚明以来的那股注重个性和人的解放的思潮一度受到严重的压抑，表现在戏曲领域，就是连李渔这样杰出、伟大的戏曲家，在谈到戏曲的功用时也忽视戏曲情感感化的美学功用，一味主张戏曲要"助皇猷"、"益风教"，表现出极端的封建保守性。相比之下，清乾嘉年间出现的李调元，他对于戏曲性情感化的美学功用论述就显得十分可贵。李调元继承了明末"主情"论思想，他竭力肯定情感对于人心和性情的重要性，他说：

> 凡人心之坏，必由于无情，而惨刻不衷之祸，因之而作。若夫忠臣、孝子、义夫、节妇，触物兴怀，如怨如慕，而曲生焉，出于绵渺，则入人心脾；出于激切，则发人猛醒。①

上述论述虽简，但已给我们展现出李调元关于戏曲性情感化美学功用的全部内涵，这主要包括：第一，曲之产生与人内心的情感是分不开的，曲不仅产生于情，而且还以"情"动人，感化人。第二，戏曲对人的性情感化有程度大小之分。戏曲中表达出来的不同感情对人的影响是不同的：柔缓情感入人心脾，有春风化雨润物细无声之效果，而悲慨、激切等情感则对人内心情感和性情影响比较大，比较迅疾。再进一步分析，我们可以看到李调元的关于戏曲"出于绵渺，则入人心脾；出于激切，则发人猛醒"的论述似乎已经触及不同审美形态，即中国古代美学中所谓的"优美"（阴柔之美）、"壮美"（阳刚之美）对人所产生的不同感受。这一点认识显然是难能可贵的！

综上所述，李调元关于戏曲功用的论述是十分丰富的。他立足具体的历史环境，对戏曲曲体的推尊和戏曲地位的提高做出了独特的贡

① （清）李调元：《雨村曲话序》，中国戏曲研究院编《中国古典戏曲论著集成》（八），中国戏剧出版社1959年版，第5页。

献。特别是他认为地方戏曲也能"兴观群怨"以及对戏曲"出于绵渺，则入人心脾；出于激切，则发人猛醒"的美学功用的认识具有很大的进步性，这种思想不仅对地方戏曲的兴盛起到巨大的促进作用，而且对后世戏曲美学功用的研究也有重要的启示和参考意义。然而，我们也必须看到，处于封建末世的李调元要完全摆脱强大的封建文化的熏陶和浸染是不可能的，在他的骨子里仍然秉承着的是儒家的文化传统，所以他才会在《雨村曲话序》中说："夫曲之为道也，达乎情而止乎礼仪者也。"他将戏曲的情感功用纳入儒家礼教的轨道，暴露了他的戏曲功用论的历史局限性。

第五节　李调元论"花部"戏曲审美特征

乾隆年间，正是我国各种地方戏曲不断勃兴和争奇斗艳关键时期，然而由于当时文人雅士对"花部"乱弹的不屑一顾，加上封建统治阶级对地方戏曲的一禁再禁，所以有关此时期"花部"戏曲的理论批评极为稀少。李调元青年时期曾随父游历江浙一带，后又在京、粤、冀等地做官，广泛接触到各地的民歌土调和地方戏曲。在《剧话》卷上中，李调元冲破封建思想的樊篱，对昆腔、海盐腔、弋腔、高腔、京腔、秦腔、梆子腔、吹腔、胡琴腔、女儿腔等声腔剧种作了热情洋溢的介绍和论述，或考述其源流发展，或简述其审美特征，为戏曲史研究和戏曲美学的研究保存了弥足珍贵的资料。本节我们就以李调元论述得比较充分的几种"花部"戏曲声腔，如高腔、秦腔、胡琴腔、女儿腔等为主，来对他的"花部戏曲审美特征论"的戏曲美学作些讨论。

一　高腔：一唱众和的形式美

高腔，这一名称是清代才开始出现的。它是明代的弋阳腔在清代前中期的最新发展。弋阳腔是中国戏曲史上一颗璀璨的明珠。弋阳腔诞生在江西弋阳，元明时期，弋阳及其附近地区战乱频繁、灾荒不断，这直接导致了明代弋阳人口急剧减少，"固有户存而人去者，逋亡迁徙，不著沄土也著于世矣"。随着弋阳及周边大量难民的四处逃亡，弋阳腔也流播到全国各地。这种流播和发展大致可以分为两种情况：一是舍弃了弋阳腔的人声帮腔而采用了器乐伴奏，并且由于地域的不同，其面貌也发生了重大的变化，后来的徽调便是这种发展的代表；二是依然保留了人声帮腔这一传统形式，这以后来各地的高腔为代表。高腔由于地域的区别，也细分出江西高腔、湖南高腔、浙江高腔、潮州高腔、四川高腔、北京高腔（即京腔）等，各地高腔由于其生存和发展环境的不同，表现出不同的审美特征。四川的李调元曾到过广东、北京等地，他对高腔在这些地区的发展和审美特征有着明确的认识，在《剧话》中，他说：

> "京腔"，粤俗谓之"高腔"，楚、蜀之间谓之"清戏"。向无曲谱，只沿土俗，以一人唱而众人和之，亦有紧板、慢板。①

> "高腔"，俗名"清戏"，楚、蜀皆尚之，所谓一人唱而百人唱也。②

各地高腔虽名称各不相同，艺术风格多种多样，然而由于它们都来自弋阳腔，所以大多数高腔之间仍然有共同的审美特征，这主要表现在以下三个方面：第一，向无曲谱，只沿土俗。一方面，高腔由于"曲本混淆，罕有定谱"，所以导致"后学惯惯，不知整曲，犯调者有之"③；另一方面，则显示了高腔灵活包容的特色，这为高腔的繁荣发展创造了有利条件。第二，大多都有帮腔的传统手法。然而由于地域

---

① （清）李调元：《剧话》卷上，中国戏曲研究院编《中国古典戏曲论著集成》（八），中国戏剧出版社 1959 年版，第 46 页。

② （清）李调元著，詹杭伦、沈时蓉校正：《雨村诗话校正》卷十三，巴蜀书社 2006 年版，第 312 页。

③ （清）王正祥：《宗北归音》，中国戏曲研究院编《中国古典戏曲论著集成》（八），中国戏剧出版社 1959 年版，第 47 页。

的不同，帮腔的形式存在一定的差别，比如浙江高腔采用器乐伴奏来帮腔；湖南的辰河虽也用器乐帮腔，然乐器模仿不同人声，代替帮腔，别有一番风味；四川高腔的帮腔手法、形式、作用更是多种多样，或用来渲染气氛，或用来揭示人物丰富的内心世界，或用来营造某种戏剧性的舞台效果，或凸显戏曲"叙述者"的声音等。高腔演出，一般采用"一唱众和"的独特形式，清代戏曲理论家王正祥谓高腔有《乐记》"一唱三叹"之遗风。在演出中，"凡曲藉乎丝竹者曰'歌'，一人发其声曰'唱'，众人成其声曰'和'，其声联络而杂于唱和之间者曰'叹'——俗谓'接腔'。'叹'，即今'滚白'也"①。高腔正是用"歌唱"、"帮腔"、"滚调"等一系列手法来丰富其审美表现力的。第三，高腔有紧、慢板。高腔唱和的伴奏不仅伴以丝、竹、弦、管等乐器，而且还运用了打击乐，演出时，打击乐起到了营造不同快、慢节奏和不同强、弱力度的作用。高腔唱腔可塑性极大、声调高亢清越，既具南方温柔敦厚之雅韵，又兼北方慷慨激昂之气质。

高腔的以上审美特征，就是其能在清代前期广受大众欢迎，以至在京城称雄一时的一个重要原因。然而，随着社会的不断发展，以及人民大众审美趣味的不断提高，它必将让位于一种更具表现力的花部戏曲——秦腔。

二　秦腔：高亢激越的粗犷美

秦腔是源于古代陕西、甘肃一代的民间歌舞，是在中国古代政治、经济、文化中心长安生长壮大起来的，后经历代人民不断创造而于明中叶形成的一种古老剧种。明末清初秦腔流播全国各地，对许多剧种有不同程度的影响，而成为梆子腔系统的代表剧种。清康、雍、乾三代秦腔流入北京，对近代中国京剧的形成有着直接的影响。

秦腔的鼎盛时期在乾隆年间（1736—1795），这个时期，全国很多

---

① （清）王正祥：《宗北归音》，中国戏曲研究院编《中国古典戏曲论著集成》（八），中国戏剧出版社1959年版，第47页。

地方都有秦腔班社，秦腔演出不仅在十三朝古都的西安非常火爆，而且在当时全国政治、经济、文化的中心北京也极受欢迎。秦腔之所以在北京受欢迎，有一个重要的客观原因是秦腔符合当时人民大众的审美趣味，然而也必须看到，秦腔受欢迎还有一个重要的人为促进因素，这就是魏长生率秦腔班三次进京。秦腔一代宗师——魏长生曾分别于乾隆三十九年（1774）、四十四年（1779）、嘉庆五年（1800）三次进京表演秦腔，尤以第二次入京演出最为成功。据相关文献记载，当时魏长生"以《滚楼》一剧名动京城，观者日至千余，六大班顿为之减色"[①]。时人称之"举国若狂！"魏长生的演出，使花部秦腔在"花雅之争"中取得了重大胜利，北京剧坛也开始出现"京、秦不分"的喜人局面。

李调元一生对地方戏曲都比较关注。早在乾隆三十六年（1771），李调元丁父忧期满返京途经陕西时就接触到秦腔，其最初感觉是"破梦惊闻一曲新，琼花玉树细蒙尘"[②]。后来在京城做官期间，李调元结识了既是秦腔名伶，又是同乡的魏长生。这时的李调元更加喜欢秦腔等戏曲，他经常出入戏坛梨园，不仅看戏，而且懂戏，他对秦腔的形成及其审美特征有着独特的认识，《剧话》有如下记载：

> 俗传钱氏《缀白裘》外集，有"秦腔"。始于陕西，以梆为板，月琴应之，亦有紧、慢。俗呼"梆子腔"，蜀谓之"乱弹"。[③]

这段简短的文字扼要地记述了秦腔的起源及审美特征。秦腔始于陕西，因其以枣木梆子为击节乐器，所以俗称"梆子腔"，而且清乾隆年间已传至四川，巴蜀人谓之曰"乱弹"。李调元认为秦腔的审美特征主要表现在两个方面。

---

① （清）吴太初：《燕兰小谱》卷五《杂咏诸伶》，周骏富辑《清代传记丛刊·艺林类(28)》，明文书局 1985 年版，第 87 页。

② （清）李调元：《闻曲》，《童山诗集》卷十二，商务印书馆 1936 年版，第 162 页。

③ （清）李调元：《剧话》卷上，中国戏曲研究院编《中国古典戏曲论著集成》（八），中国戏剧出版社 1959 年版，第 47 页。

首先，秦腔具有以板式变化为特征的结构。所谓"板式"，也就是现代音乐术语中的"节拍形式"。在我国古代戏曲音乐中，一般习惯于把节拍单位称为"板"，现在仍保留这种称呼。秦腔以梆为板，即以击梆来定戏曲的节奏和结构。秦腔突破了从南戏、杂剧起，直到昆腔、弋阳腔以来传统戏曲所采用的曲牌联套的结构形式，而创造了以板式变化为主的结构形式，这在中国戏曲史上是一个巨大的历史变革。秦腔的板式主要有以下六种①：

二六板，又称摇板。是秦腔唱腔中变化较多，表现力较强而相对较完整的一种基本板式。叙事性和抒情性较强，属一板一眼即 2/4 节拍。

慢板，又称安板。慢板为一板三眼即 4/4 节拍，其节奏舒缓，曲调迂回婉转，宜于表达人物内心感情，常用于戏中的自叙和抒情部分。

代板，又称带板。多用于表现紧张戏曲冲突中人物激越、紧张的情绪，属有板无眼即 1/4 节拍。

尖板，又称箭板、垫板。由带板发展而来，无板无眼（散板），节奏自由。常用于剧中人物悲壮情绪。

二导板，又称二倒板，一般只出一个单独的上句。二倒板是秦腔中的一个辅助板式，多用来做引子或板式间的过渡句，属有板无眼即 1/4 节拍。

滚板，是一种无板无眼的特殊散板板式。多用来表现人物极度悲恸、痛苦、哭泣、哭诉等强烈情感，无板无眼。

其次，秦腔不但有多变的板式，而且各种板式还有紧、慢，即快慢之分。不同快慢的同一板式可能表达不同的思想情绪。"欢音"和"苦音"是情调色彩不同、节奏快慢有别的两种相对的秦腔曲调。前者表现欢快、喜悦的情绪，后者抒发悲愤、凄凉的情感，中国当代著名小说家、散文家贾平凹在其散文《秦腔》中对这两种不同节奏、情调的秦腔曲调的审美特征做了形象的描述：

---

① 参见肖炳《秦腔音乐唱板浅释》，陕西人民出版社 2000 年版，第 5—6 页。

农民是世上最劳苦的人，尤其是在这块平原上，生时落草在黄土炕上，死了被埋在黄土堆下；秦腔是他们大苦中的大乐……有了秦腔，生活便有了乐趣，高兴了，唱"快板"，高兴得像被烈性炸药爆炸了一样，要把整个身心粉碎在天空！痛苦了，唱"慢板"，揪心裂肠的唱腔却表现了多么有情有味的美来，美给了别人的享受，美也熨平了自己心中愁苦的皱纹。

由此可见，秦腔正是用它那灵活多变的板式、快慢不同的节奏以及情感色彩有别的曲调来不断丰富其审美表现力的。这也是秦腔在乾隆年间之所以能够独领群芳，并且屡禁不止的一个重要原因。秦腔具有独特的审美风格，它的唱腔多用宽音大嗓，直起直落，给人以高亢激越、粗犷朴实之感。乾隆年间，在京城像李调元这样被秦腔强烈的艺术感染力所慑服的官员、学者不在少数，如毕沅、孙星衍、洪亮吉、袁枚、汪中、戴震、郑板桥、凌廷堪、昭梿、吴长元、赵翼、戴璐、张际亮等，这些人大多留有有关秦腔的诗文、评论等。在此之前，还有岳钟琪、年羹尧等人，此外，那些名不见经传的文人、学士更不知有多少。

"八百里秦川尘土飞扬，三千万儿女齐吼秦腔！"当今人们流传的这句俗语真实描述了秦腔巨大的艺术魅力。然而对于秦腔，爱之者爱得要死，恶之者恶得要命。有人评论秦腔成在"吼"，败也在"吼"。外地人，尤其那些出生于长江流域的纤秀之士最不满秦腔的"大吼大叫"，并且随着以魏长生为代表的一批秦腔艺人先后于嘉庆朝以后离开或淡出秦腔戏曲舞台，秦腔的戏苑霸主地位被一种后起的、受其影响的、更能适合大众审美趣味的花部戏曲——徽调所代替。

三 胡琴腔 女儿腔：淫邪妖艳的哀怨美

胡琴腔，又名二簧腔，是清代乾嘉期间"四大徽班"进京所唱徽调的主要声腔。对于它的起源，至今尚无定论，或认为起源于湖北的黄陂、黄冈（"二簧"）；或认为起源于安徽，由安徽的四平腔发展演变而成；或认为起源于江西的宜黄。李调元在其《剧话》中对这一声腔的起源和审美特征作了比较简明的记载，他说：

> "胡琴腔"起于江右，今世盛传其音，专以胡琴为节奏，淫冶妖邪，如怨如诉，盖声之最淫者。又名"二簧腔"。①

李调元认为"二簧腔"，发源于江右，即江西。后世陆续有人经过进一步考证认为"二簧腔"即江西宜黄县的"宜簧腔"。至于两者是否是同一声腔，二簧腔是否真正起源于江西还有待进一步探究。然而，李调元对二簧腔的审美艺术风格认识是独到的。二簧腔，因以胡琴为主要伴奏乐器，故又名"胡琴腔"，胡琴与秦腔中用来击节的梆子音色有着天然的区别，其音色"如怨如诉"，与秦腔梆子的铿锵有力、粗犷豪迈迥然有别。如果说，秦腔的兴盛与明末清初至乾隆年间的人民群众轰轰烈烈地反封建统治的斗争相契合，那么二簧腔的起源与盛行则与康乾盛世的相对稳定的社会局势有关。二簧腔在社会相对安宁的氛围中起源与发展起来，因此其与在反封建斗争中历练出来的秦腔风格极为不同，从此种意义上讲，二簧腔有着"娱悦升平"的特色，然而由于清代属于封建末世，"康乾"社会表面的繁荣难掩其腐朽没落的历史本质，因而李调元认为其"淫冶妖邪"，为"声之最淫者"，其将戏曲的发展放在独特的社会历史背景中予以考察，对二簧腔的审美风格把握是非常准确的。

女儿腔，也是乾隆年间兴起的一种地方声腔。李调元在《剧话》中对其审美特征作了如下的描述：

> "女儿腔"，亦名"弦索腔"，俗名"河南调"。音似"弋

---

① （清）李调元：《剧话》卷上，中国戏曲研究院编《中国古典戏曲论著集成》（八），中国戏剧出版社 1959 年版，第 47 页。

腔"，而尾声不用人和，以弦索和之，其声悠然以长。①

　　清代的河南开封，即朱仙镇是当时著名的四大镇之一，其地"扼水路交通要冲，南船北马，群萃于此，是那时有名的商业市场，因而也是地方戏集中的地区之一"②。女儿腔，就生长在中原开封这片温床之上，它的唱腔发音与"弋腔"非常相似，然而相比弋腔又有了进一步的发展和变化，主要表现在由于戏曲伴奏乐器的运用，女儿腔的尾声摒弃了"弋腔"用人声和之的传统处理方法，而采用线索器乐等和之，因而其声具有了"悠然以长"的特色。至于女儿腔的具体产生以及风格特色形成的深层原因，当代著名的戏曲理论家、戏曲史家张庚先生在其与郭汉城先生合著的《中国戏曲通史》一书中对此做出了详细的历史分析，他认为：

　　　　女儿腔，群众把它叫做姑娘腔、巫娘腔，因为它的唱腔是从姑娘（妓女）们所唱的弦索调演变而来的。所谓女儿是姑娘的同义语，"巫娘"即是"姑娘"的音转。不仅在明代，如前引沈德符所说"京师妓女，惯以此充弦索北调"，说明妓女以弦索伴奏唱民间俗曲是有历史传统的事，就是在清代也还是如此。如范锴《汉口丛谈》中就说："昔时妓馆，竞尚小曲，如［满江红］［剪剪花］［寄生草］之类，近日多习燕齐马头调，兼工弦索。"可知到了嘉庆年间，亦复如此。由此看来，这个声腔的形成，不仅和说唱艺术有渊源关系，而且与明代以迄清初的许多歌伎的创造和丰富也是分不开的。正因为如此，弦索腔形成了自己的艺术风格和艺术特色，即"其声悠然以长"。③

---

① （清）李调元：《剧话》卷上，中国戏曲研究院编《中国古典戏曲论著集成》（八），中国戏剧出版社 1959 年版，第 47 页。
② 张庚、郭汉城：《中国戏曲通史》（下），中国戏剧出版社 1981 年版，第 32 页。
③ 同上书，第 31—32 页。

　　张庚先生谈到的女儿腔的有关内容，为李调元描述的女儿腔的审美风格作了很好的注脚。我们可以结合后世戏曲理论家的论述和考证，全面理解李调元关于"花部"戏曲的审美风格的描述。

　　除以上花部戏曲外，李调元还对其他地方声腔的审美特征做出了初步的把握。例如，他认为"'吹腔'与'秦腔'相等，亦无节奏，但不用梆而和以笛为异耳，此调蜀中甚行"①。吹腔（石牌腔），作为在安徽安庆地区兴起的一种地方声腔，李调元对其审美艺术特征以及流行范围也有一定的了解，他的认识也为后世戏曲理论家、戏曲史家提供了重要的参考。

　　李调元在戏曲史及戏曲美学史上占有十分重要的地位，这不仅体现在他提出了丰富的戏曲理论，而且更表现在他对花部地方戏曲的重视以及对其审美特征的独特把握上。李调元以发展的眼光视各种"花部"戏曲为曲中之"变曲"、"霸曲"，将地方戏曲提到与传统戏曲同等重要的地位，使地方戏曲的发展获得了合法地位和有力的理论支持；同时他对花部戏曲审美特征的描述，也丰富了人们对地方戏曲独特艺术魅力的认识，从而推动了花部戏曲的发展和繁荣。如果说，李渔的《闲情偶寄》（《李笠翁曲话》）是中国传统戏曲理论的总结和集大成者，那么李调元的《剧话》、《雨村曲话》则以其对花部戏曲热情洋溢、别开生面的介绍为中国戏曲理论界吹来一丝新鲜空气，从而成为戏曲发展史上的一个重要转折点和过渡，晚于其30多年的戏曲理论家焦循则继承了李调元对花部戏曲探讨的已有成果，使花部戏曲理论在其戏曲理论著作《花部农谭》中得到了完美的概括和总结。因此，从这种意义上讲，李调元与清代两位著名的戏曲理论家李渔、焦循相比毫不逊色。正是如此，我们说川剧史的研究学者邓运佳将李渔、李调元和焦循并称为"清代剧坛三雄"②的结论是比较公允和客观的。

---

　　①　（清）李调元：《剧话》卷上，中国戏曲研究院编《中国古典戏曲论著集成》（八），中国戏剧出版社1959年版，第47页。

　　②　参见邓运佳《天地古今一场戏——试论李调元的戏剧观》，罗江县人民政府、四川民俗学会编《李调元研究》，巴蜀书社2007年版，第118页。

第六节　李调元论戏曲创作的美学原则

《雨村曲话》两卷，是李调元品评前代戏曲家戏曲作品的理论著作。在这部作品中，李调元通过对元明清三代戏曲家作品的评价，阐述了戏曲创作的美学原则，他的论点主要有以下三个方面：一是曲不欲多，白尤不欲多骈偶；二是作曲最忌出情理之外；三是语贵本色当行、不贵藻丽。李调元从曲白、情节、曲辞（或戏曲语言）三个方面较为全面地阐述了他的戏曲创作的三大美学原则。下面我们将逐一进行分析。

一　曲不欲多，白尤不欲多骈偶

"曲不欲多，白尤不欲多骈偶"，这是李调元对戏曲的套曲和宾白提出的美学要求和原则。细细推敲，其主要包含了以下两层意思。

（一）曲不欲多

我国当代著名的戏曲史家张庚、郭汉城在其主编的《中国戏曲通史》中指出："从南戏以来的传奇演出结构，它的主要问题还不在于曲牌演唱缺乏戏剧性，而在于以套曲演唱为主所形成的曲多白少，让戏剧演出的结构服从于音乐曲牌结构的完整性。一方面造成念白的作用不能充分发挥，另一方面又由于曲牌过多和运用不当，妨碍了戏剧冲突的自由展开。"① 戏曲作为中国传统的戏剧形式，其演出结构以曲牌连套的体制为主，它的优点在于长于抒情，缺点在于"以唱为主"的表演导致的戏曲戏剧化程度不高的倾向。这种让戏曲表演迁就音乐套曲，从而形成的重曲轻白的情况在明代就有人发现了。著名戏曲理论家王骥德在《曲律》中专门谈到了宾白②，他强调剧曲、宾白要并

---

① 张庚、郭汉城：《中国戏曲通史》（下），中国戏剧出版社1981年版，第240页。
② 参见（明）王骥德《曲律·论宾白第三十四》，陈多、叶长海注释《王骥德曲律》，湖南人民出版社1983年版，第163页。

重，认为"宾白"亦"说白"，具体可分为"定场白"和"对口白"两种，两者各有其用；宾白之多少，取决于剧情发展的需要，然而"大要多则取厌，少则不达"。李调元生活在我国清代的乾嘉时期，当时正值各种地方戏曲不断勃兴并争奇斗艳的关键时期。前面已经讲过，地方戏曲和中国传统的传奇、杂剧等戏曲样式相比，其在音乐上主要表现为"板式变化"代替了传统的"套曲联唱"。除此之外，我们还看到，各种地方戏曲在表演上表现为众多艺术手段的综合应用，由于突破了传统的曲牌音乐的限制，地方戏曲的戏剧化程度才不断提高，同时这也是地方戏曲能够别开生面和获得大多数观众的一个重要原因。李调元在评论前代戏曲家作品时，正是基于"花部"戏曲和传统戏曲的对比，才提出"曲不欲多"的戏曲创作的美学原则。"曲不欲多"旨在使戏曲表演从以往囿于套曲音乐的圈子中解放出来，从而不断促进戏曲的戏剧化进程。李调元的观点在当时极具进步意义，同时它对我国戏曲向现代戏剧的发展也有着极为重要的启示意义。

（二）白尤不欲多骈偶

明代嘉靖、隆庆以后，向来在中国戏曲中占有统治地位的北杂剧已经极为衰落，以致很少有人问津。代之而起的是南戏传奇的创作开始繁荣起来。由于南戏传奇，特别是最为流行的昆腔，其创作者多为文人雅士，所以当时的戏曲创作开始出现了一些不良的创作倾向，这主要表现在：戏曲作品在思想内容上竭力宣扬封建伦理道德；艺术形式上极力追求华丽的辞藻和生僻典故，并大量运用四六骈体语言，甚至掺入时文手法。这种倾向开始于邵灿的《香囊记》，影响所及，一直到明末万历时期仍见其危害。对此，明中叶著名戏曲家、戏曲理论家徐渭率先进行了猛烈的抨击，他说：

> 以时文为南曲，元末、国初未有也，其弊起于《香囊记》。《香囊》乃宜兴老生员邵文明作，习《诗经》，专学杜诗，遂以二书语句勾入曲中，宾白亦是文语，又好用故事作对子，最为害事。夫曲本取于感发人心，歌之使奴、童、妇、女皆喻，乃为得体；

经、子之谈，以之为诗且不可，况此等耶？直以才情欠少，未免
辏补成篇。吾意，与其文而晦，曷若俗而鄙之易晓也。①

徐渭重视戏曲文学与案头文学的区别，强调曲词、宾白应该明白
晓畅、通俗易懂，不能用《诗经》、杜诗一类的文绉绉的诗文语言为
曲。徐渭之后，王骥德、徐复祚、凌濛初、李渔等戏曲理论家又进一
步对此做了阐述。

向来十分推崇"花部"地方戏曲的通俗本色的李调元，他在品评
明代戏曲作品的过程中继承了前代戏曲批评家的观点，他指斥"梁伯
龙《浣纱》、梅禹金《玉盒》终本无一散语，其谬弥甚"②。李调元认
为戏曲创作中的宾白应该运用散文化的句法，反对用四六对偶句。这
种观点无疑是十分正确的，因为在戏曲创作中，骈俪化的说白已脱离
了人民群众，那些一味迎合贵族大姓红氍毹演出的戏曲创作妨碍观众
对戏曲的接受和理解。戏曲创作只有运用口语散句，方能为大众所接
受和喜闻乐见。李调元"白尤不欲多骈偶"的戏曲创作美学原则，对
当时"花部"地方戏曲的发展和繁荣有着极为重要的启示。

二　作曲最忌出情理之外

随着我国戏曲艺术戏剧化程度的不断提高，"情节"作为戏曲创
作和表演中的一个极为重要的因素，其作用日益凸显出来。特别是明
代中后期以来，由于中国戏曲艺术的不断自觉和走向成熟，戏曲情节
开始得到了戏曲创作和理论家的重视，很多戏曲理论家和批评家在其
理论著作中发表了关于戏曲情节的观点。

作为明代最为著名的戏曲评论家之一的李贽，他在品评前代戏曲
家作品时相当重视戏曲的情节，如他评论《拜月亭》道："此记关目

---

① （明）徐渭：《南词叙录》，《中国古典戏曲论著集成》（三），中国戏剧出版社1959年
版，第243页。

② （清）李调元：《雨村曲话》卷下，中国戏曲研究院编《中国古典戏曲论著集成》（八），
中国戏剧出版社1959年版，第19页。

极好，说得好，曲亦好，真元人手笔也。"李贽所说的"关目"，即指戏曲作品的情节、细节等因素，李贽将戏曲看作一种综合性的艺术，对《拜月亭》从情节（"关目"）、念白（"说白"）、剧曲（"曲"）三个方面作了评价。李贽之后又有明末戏曲理论家、批评家臧懋循通过对元人戏曲作品的全面评论，提出"关目紧凑"为作曲三难之一。明末戏曲理论家吕天成在《曲品》中引述其舅祖、明末戏曲评论家孙矿的论曲"十要"①，"关目好"更是被排到了"十要"的第二位，戏曲创作中情节的作用被提升到一个新的理论高度。在明末戏曲理论家和批评家中，对戏曲情节阐述的最为详细的是冯梦龙和凌濛初。冯梦龙很重视戏曲作品情节结构的可观性。他在"更定"别人的剧作时，往往注意指出原作故事情节方面的不足，要求做到真实自然，周密紧凑，合情合理，能够引起观众的兴趣。如他在《洒雪堂·总评》中论道："是记穷极男女生死离合之情，词复婉丽可歌，较《牡丹亭》《楚江情》未必远逊，而哀惨动人，更似过之，若当场，更得真正情人写出生面，定令四座泣数行下。""是记情节关锁，紧密无痕"等。② 同时他还指出"要紧关目必须表白"，"情节大关系处，必不可少"等，有时他甚至还将"情节可观"作为评价选定戏曲作品成就大小的重要标准。凌濛初则继承了前代关于情节的论述的思想，他在《谭曲杂记》中对情节作了详细的论述。他要求戏曲情节必须做到近人情，合人理，通世法，反对那些"愈造愈幻，假托寓言，明明看破无论，即真实一事，翻弄作乌有子虚"的扭捏巧造之作，批评这些作品"人情所不近，人理所必无，世法既自不通，鬼魅亦所不料，兼以照管不来，动犯驳议，演者手忙脚乱，观者眼暗头昏，大可笑也"③。

　　和前代戏曲批评家一样，李调元在品评元明清三代戏曲家作品时

---

①　（明）吕天成：《曲品》下卷，见隗芾、吴毓华编《古典戏曲美学资料集》，文化艺术出版社 1992 年版，第 173 页。

②　隗芾、吴毓华：《古典戏曲美学资料集》，文化艺术出版社 1992 年版，第 178 页。

③　同上书，第 211 页。

也非常重视戏曲创作中的情节因素。在戏曲情节的论述上，李调元主要继承了冯梦龙、凌濛初的情节论思想，并将对情节的要求进一步具体化，提出了"作曲最忌出情理之外"①的著名观点。何为李调元所谓的"情理"呢？通过前面对李调元戏曲观念以及戏曲艺术与生活两章的论述，我们认为李调元所谓的戏曲之情理其含义不外乎以下两个方面：其一，戏曲创作必须以客观现实生活，即现实存在的"人情物理"为基础，戏曲创作必须合情合理，反对生搬硬套。李调元提出的"古今一戏场"、"人生无日不在戏中"的观点实际上就是对戏曲创作中以"人情物理"为基础的一种具体化。从古至今的社会生活以及人生的不同体验都可以通过加工成为戏曲创作中的情节，都可以通过艺术化的处理之后被搬上舞台进行演出。其二，戏曲创作还应符合中国儒家文化中所要求的伦理道德。李调元认为戏曲同其他艺术形式一样，它要对社会产生兴观群怨的作用，其首先应该符合传统的伦理道德。只有符合传统伦理道德的戏曲作品才能打动人，从而使人受到教益。反其道而创作的作品则会对社会、人生产生一定的负面影响。为此，他举例说："王舜耕所撰的《西楼记》，于撮合不来时，拖出一须长公，杀无罪之妾以劫人之妾为友妻，结构至此，可谓自堕苦海。"②在李调元看来，《西楼记》中"杀无罪之妾以劫人之妾为友妻"的情节不符合传统的伦理道德，应该受到指责。

情节既是戏曲欣赏的一个审美观察视角，也是戏曲创作中的一个重要因素。李调元对戏曲情节所提出的具体要求，必将对戏曲品评和创作都有极为有益的指导作用。

三 语贵本色当行、不贵藻丽

"本色当行"是明清戏曲美学中的一个重要范畴，同时也是明清

---

① （清）李调元：《雨村曲话》卷下，中国戏曲研究院编《中国古典戏曲论著集成》（八），中国戏剧出版社 1959 年版，第 20 页。

② 同上。

戏曲领域讨论得最热烈、最深入、最广泛的诗学话题之一。李调元作为参与这场讨论的戏曲理论家之一，他的"本色当行"论不仅为丰富"本色当行"论的内涵做出了独特的贡献，而且还对清代戏曲的创作和发展起到一定的指导作用。

李调元的"本色"论，其核心思想直接来源于明末的戏曲理论家凌濛初。具体体现在，李调元在其《雨村曲话》中曾多处引述、摘录、改写凌濛初的《谭曲杂记》的内容，从而形成他自己的"本色当行"论。比如，他引述凌濛初的《谭曲杂记》说："曲始于元，大略贵当行不贵藻丽。盖作曲自有一番材料，其修饰词章，填塞故实，了无干涉也。故荆、刘、拜、杀为四大家，而长才如《琵琶》犹不得与，以《琵琶》渐开琢句修词之端也。"李调元同意并接受了凌濛初的观点，他推崇元曲的不事雕琢、率直自然的风格，力主戏曲曲辞的本色当行。在李调元看来，戏曲和来自民间的土风歌谣一样，应该富有生活和乡土气息，所以他对戏曲创作中过度追求曲辞的藻绘雕饰的骈奇派极为反感，他摘录凌濛初《谭曲杂记》中的观点，对明代嘉靖年间以梁辰鱼为代表的骈奇派进行了有力的反驳和讽刺：

> 自梁伯龙出，始为工丽滥觞。盖其生嘉、隆间，正七子雄长之会，词尚华靡，弇州于此道不深，图以维桑之谊，盛为吹嘘，不知非当行也。故吴音一派，竞为剿袭，靡词如绣阁罗帏、铜壶银箭、紫燕黄莺、浪蝶狂蜂之类，启口即是，千篇一律。甚至使僻事，绘隐语，不惟曲家本色语全无，即人间一种真情话，亦不可得，元音之所以塞而不开也。不知以藻缋为曲，譬如以排律诸联入《陌上桑》《董妖娆》乐府诸题下，多见其不类，又何曲之足也。①

明代嘉靖、隆庆年间，以王世贞为首的"七子"倡导华靡浓丽的

---

① （清）李调元：《雨村曲话》卷下，中国戏曲研究院编《中国古典戏曲论著集成》（八），中国戏剧出版社 1959 年版，第 23 页。

文风，这种倾向表现在戏曲领域就是，以梁辰鱼为代表的崇尚浓艳工丽的骈奇派风格形成。李调元对以梁辰鱼为代表的戏曲创作中的工丽藻饰之风极为反感，他通过辑录凌濛初《谭曲杂记》中的评语，深入分析了这种风格产生的原因，严厉指责了破坏戏曲本色的不良倾向，并借此对影响嘉靖年间戏曲创作的王世贞等人进行了尖锐的批评。王世贞有戏曲理论著作《曲藻》一书留存于世，李调元在其《雨村曲话》中不失时机地对《曲藻》中的观点进行多方面的批评和挖苦。

不过，我们也必须看到，李调元的"本色当行"论还有一个重要方面，那就是他虽然反对戏曲创作中曲辞的藻饰华丽，但是他还认为戏曲语言不可过于俚俗。比如，他借用《谭曲杂记》中的评语对以沈璟为代表的吴江派也进行了批评，他论道：

> 沈伯英审于律而短于才，亦知用故实、用套词之非宜，欲作当家本色俊语，却又不能；直以浅言俚句，捆拽牵凑，自谓独得其宗，号称"词隐"。而越中一二少年，学慕吴《趋》，遂以伯英为开山，私相伏膺，纷纭竞作。非不东钟、江阳，韵韵不犯，一禀德清；而以鄙俚可笑为不施脂粉，以生硬稚率为出之天然，较之套词、故实一派，反觉雅俗悬殊。使伯龙、禹金辈见之，益当千金自享家帚矣！①

李调元指出，吴江派及其追随者的缺点在于"鄙俚可笑"、"生硬稚率"。以沈璟为代表的吴江派和以梁伯龙为代表的骈奇派相比，其创作的戏曲作品更加缺乏艺术性，其所开创的创作倾向对于后世戏曲创作来说负面影响也更大。所以他严厉指斥"《惊鸿》《卧冰》二记，俱词句鄙俚，曲之最下乘也"。由此看来，李调元对戏曲创作中的曲辞的要求是非常高的，他既反对藻饰雕琢，又主张曲辞必须要有一定的文采。

---

① （清）李调元：《雨村曲话》卷下，中国戏曲研究院编《中国古典戏曲论著集成》（八），中国戏剧出版社 1959 年版，第 23—24 页。

第四章

李调元的民俗学研究

清代以降，记录各类民俗的著作，如文人笔记、地方史志、边政考察、口承文艺、地方戏曲、民族习俗论集不断涌现，使该时期成为中国民俗学发展史上的又一个黄金时期。李调元便是这个时期出现的著名民俗学家和民间文艺家。他出生于巴蜀，求学于江浙，仕宦于京畿、岭南等地，他的足迹几乎遍及今华东、华北、东北、西北、西南、中南、华南等大部分省区，他一生心系民众，对各地风俗始终怀有强烈兴趣，加之他勤于记述，因而他为人们留下了大量的有关清代地方风俗和民间文艺的作品。下面将对其一些重要的民俗学著作做些介绍。

第一节　李调元的民俗学著作述论

李调元在民俗和民间文艺的搜集、整理和传播方面为我国民俗学的发展做出了大量的贡献。经其汇编、记录和创作的民俗学著作比较重要的主要有以下几部。

一　《粤风》

《粤风》是李调元辑解的一部多民族的情歌集。该书大约完成于

1782 年。以汉、瑶、俍、壮的族别为标准分为四卷，共计一百一十一首。"卷一粤歌，为睢阳修和原辑；卷二瑶歌，为濠水赵龙文原辑；卷三俍歌，东楼吴代原辑；卷四獞歌，四明黄道原辑，因猺獞等族，俱居粤桂边境，故总名之曰《粤风》。前二卷多男女相思情歌，后二卷则似抒情古体诗，间有唱答。"① 全书歌词通俗而不失古雅，反映的情感真挚而浑朴，故而颇得风雅遗韵。但由于多用口语和方言文字记录，因此有大量的字词义多不易解，李调元对此逐字逐句予以注解，并附按语于后。《续修四库全书总目提要（稿本）》认为："歌谣乃发挥社会风俗或私人真情之具，所谓观风问俗，莫重于此，自三百篇后，无继起者。后来士大夫，又以鄙俚视之，谓为巴人下俚之言，李氏辑此，诚具卓识，多采异族语言，固不仅有关民俗已也。"②

二 《南越笔记》

《南越笔记》，又名《粤东笔记》，李调元撰。调元曾先后两次赴广东，遍历全省诸郡县。后将其所见的岭南风俗、气候、草木、鸟兽、物产等汇集为《南越笔记》一书。该书共计十六卷，卷一主要记录岭南各地岁时节日民俗和社会生活习俗，卷二、卷三为山水风景，卷四为寺观古迹，卷五、卷六为矿产制造，卷七为各少数族群，卷八、九为鸟兽水族，卷十至卷十二为虫类，卷十三至卷十五为农产类，卷十六为经济作物等。

该书体例仿《南方草木状》、《岭表录异》、《桂海虞衡志》诸籍，且其中很多章节与屈大均的《广东新语》无异，故而后世有论者认为其为剽袭删减屈著之作。但经仔细研究会发现，该书亦有很多新增条目，且编撰体例，以及记录岭南民俗的视角均与前者不同，因而我们认为这本书应该有其独特的存在价值。

---

① 中国科学院图书馆整理：《续修四库全书总目提要（稿本）》（32），齐鲁书社 1996 年版，第 102 页。

② 同上。

三　《尾蔗丛谈》

《尾蔗丛谈》四卷，李调元撰，笔记体，记奇志幻之作。书前有《自序》云："世有怪乎？无不得而知也。世无怪乎？吾亦不得而知也。但自《齐谐》志怪而后，好异者每津津乐道之，因而《搜神》、《广异》之书，纷纷错出。至《太平广记》，而牛鬼蛇神，千形亿貌，可谓幻中之幻矣。近世山左蒲生，又有《聊斋志异》书，以惊奇绝艳之笔，写迷离倜恍之神，词清而意远，事骇而文新，几乎淹贯百家，前无古人矣。然皆凿空造意，无实可征，考古者所弗贵焉。予生平宦迹所历，足迹几遍天下，所至之处，辄访问山川、风土、人物，采其事之异乎常谈，并近在耳目之前为古人所未志者，辄随笔记载，以为尘谈之资。其始自何人，出自何地，要取其有据，不取其无稽，即以此续《齐谐》之书，亦无不可乎。昔人谓：蔗自尾倒尝，渐入佳境，读此书者，亦可知其味矣。罗江李调元雨村序。"由此可见，此书内容主要为调元在各地仕宦时所采录的奇谈逸事，而且又只收《齐谐》、《搜神》、《广异》、《太平广记》、《聊斋志异》等书所未见者，因此其中有很多故事是新鲜的。

此外，他喜欢对鬼怪故事加以考证，要力争"取其有据"，所以书中很多作品具有纪实性，如《地气》、《井鸣》、《鱼洞》就是自然异象的实录。《产翁》、《穴葬》、《断肠草》是少数民族地区确有的奇俗怪草。《昭君墓》、《大理三塔寺碑》、《烈妇湖》、《九龙庙》、《仙人林》、《佛骨》等记录了各地的文物和历史遗迹。《献贼初生事》、《复社事实》、《自成考试》等皆有补于正史。《九字梅花诗》、《白绫作祴》、《用修唱和诗词》、《怀归诗》等条杂记杨慎谪戍云南永昌的逸事，以及其与黄娥之间唱和诗词等，为杨慎研究提供了一定资料。当然，该书也不全是纪实作品。如首则《荔瑞》云："同安文圃山产荔，名赤命符，皮色如夜光之珠，中有绿文，如符篆状，味殊众荔，国初时，树结一荔，有文曰：清受命三字，为我师入闽底定之兆。见陈鼎《荔枝谱》，见《闽志》"①，极富阿谀附会之

---

① （清）李调元：《尾蔗丛谈》，丛书集成初编第二七二七册，中华书局1991年版，第1页。

义。《放鲤祠》讲龙王三太子将水晶赠给救命恩人青年乡民，乡民用这宝物为各州县人民求雨，有求必应，雨到旱除，自己却从不收受馈赠，因此，深受人民的爱戴。故事颂扬了青年乡民为民造福不要报酬的美德，同时也寄托了人民对造福于民的人的由衷怀念。《羊十三》讲勤劳诚实的牧羊人羊十三获得美满爱情和丰裕生活的故事，寄寓着人民对幸福的向往与追求。①

　　书中还有一些故事旨在揭露装神弄鬼者的谎言，富有教育意义。如卷三载柳英故事：鄞民柳英外出经商，为流贼所阻不能归家，人皆以为其已死。三月后，他的弟弟假装姐姐的"鬼神附体"，将其家产据为己有。两年后，流寇被剿灭，柳英归家，人们始知其弟"鬼神附体"为假。总之，正如李调元在《尾蔗丛谈》自序中所云："昔人谓蔗自尾倒尝，渐入佳境"，该书收录的很多故事亦真亦幻，纪实性和文学性并举，值得读者仔细玩味。

四　《弄谱》和《弄谱百咏》

　　《说文解字》云："弄，玩也"，"谱，籍录也"。因此，"弄谱"字面意思应为有关娱乐游戏的辑录。《弄谱》两卷，乾隆甲辰本《函海》著录。《弄谱百咏》见于《童山诗集》卷三十八。对于两者之间的关系，四川大学江玉祥教授认为，《弄谱》是一部未完成的著作，《弄谱百咏》应该为李调元著《弄谱》一书的写作提纲，也是考察弄谱百戏的调查提纲。② 香港大学詹杭伦教授则认为："《弄谱》凡一百则，谱文之后各缀以一首绝句"③，是为《弄谱百咏》。但笔者以为，《弄谱》一书仅录于乾隆甲辰（1784）本《函海》，而且仅有67则，其余各版《函海》均未著录，因此詹先生的说法是无法成立的。《弄谱百

---

　　① 陈子艾：《李调元及其与民间文艺》，钟敬文主编《民间文艺学文丛》，北京师范大学出版社 1982 年版，第 239 页。

　　② 参见江玉祥《〈弄谱〉和〈弄谱百咏〉考辨》、《再谈〈弄谱〉和〈弄谱百咏〉诸问题》等论文。

　　③ 詹杭伦：《李调元学谱》，天地出版社 1997 年版，第 183 页。

咏》载于《童山诗集》乾隆己未年（1799）。《弄谱》为旁征博引古代史料论述各种民间杂技、百戏曲艺、体育竞技、儿童游戏之作，《弄谱百咏》则以诗歌的形式歌咏各类杂艺百戏。两者所著的时间有先后，内容上也多有同异，因此在没有十分确当的证据下，笔者仍以为两者并非一定存在上述关系。上述两种著作内容十分广泛，大致来说包括两大部分：一是记录各类民间艺术，这里面又可分为民间戏曲，如俳优、傀儡戏、提戏、影灯戏、被单戏等；民间歌舞，如秧歌、台阁（即载竿舞）、打清醮；民间说唱，如十不闲、三棒鼓、相声、连厢、芭蕉鼓、评话、闻书调（陶真）、档曲、打花鼓、太平鼓、六幺；二是记录各种民间游戏娱乐，我们又可细分为民间游戏，如假面、假兽头、舞狮子、鳌山（灯彩）、走马灯、龙灯、爆仗、烟火、划龙船、跳自索、高跷、打筋斗、倒行、蹴鞠、击球、秋千、火判、辊灯（即古香毬）、捉迷藏、泥孩儿、扳不倒、踢毽子、风筝、响簧、沙戏儿、围棋、象戏、投壶、逼棋、弹棋、夹马棋、格五（即五马棋）、裤裆棋、投子、五木亦、升官图、选山图、双陆、打马戏、除红谱（即骨牌）、马掉；民间竞技，如手压法、蟠杠、角抵、意钱、麻雀宝、纸鱼伎、射柳、舷律、韵牌、无声乐、藏龟（即猜拳）、豁拳、扑交、打拳；民间杂艺，如耍盘、耍坛、翻刀、吞刀、斗鸡、虎戏、猴戏、吐雾、踢弄、蚁戏、蛙戏、雀牌、龟塔、鼠戏、斗虎、支解伎、都卢伎、蹦软索、跑解马、反衔、扳脚、钉叉、射地球、接线、蝇虎戏、鼻吹等。《弄谱》和《弄谱百咏》全面地反映了清代各种伎艺的面貌，对研究清代游艺民俗的发展情况具有十分重要的史料价值。

五　《新搜神记》

《新搜神记》十二卷，李调元辑。《童山文集》卷四载《新搜神记序》云："晋干宝作《搜神记》，而所记不尽皆神。盖昔之所谓神，非今之所谓神，故出处、生长，多略而不载。兹书所纂，鬼神独多，然必据正书，而核其原委，考其事迹，大抵以人事为先，而绝不以神道设教，亦敬远之义也。向余所著二十卷，别名《新搜神记》。其曰神考者，但摘取今时所祭祀之神，而一以正书正之，以便观览。其所以仍用其名而言新者，思以补干宝之遗也。知此者，即知鬼神之德，庶免民鲜能久之叹矣。"① 由此可见，该书为一本记录神怪故事，并对各类神怪有所考证的志怪小说。然正如其《序》所云："大抵以人事为先，而绝不以神道设教"，李调元志怪并非仅为志怪，实则在于表达了他对于神鬼以及社会人事的看法。《雨村诗话补遗》卷一云："余素不信巫，巫者，每岁必庆坛，余家亦无坛神。每记长孙简端患噤口痢，请巫治之，巫知主人素不信坛，儿女辈亦嘱戒用锣鼓，勿使翁知。巫低声藏小锣于翁祝之，余梦中闻之，乃披衣起，携竹杖逐之。"② 《童山诗集》卷十九《和铁冶亭保听程鱼门晋芳说鬼元韵》云："李子粗豪胆无比，一生畏人不畏鬼。髯翁偏以鬼骇人，千万魑魅出稗史。言虽凿凿事不经，月黑夜静风初停。狰狞仿佛灯下见，纸窗飒沓来乌灵。幽冥百怪如亲瞩，四座闻之颈为缩。坐令阴风透体寒，拥衾不敢开双目。髯翁说鬼极鬼奇，铁子诗更分妍媸。窃疑二子是二鬼，十日不谁来吾帏。君不见，阮瞻作论少人测，疑心皆自生暗棘。世间为蜮莫如人，人若为厉禳不得。安得东南尺郭人，兼铸南山钟道神。吞尽鬼人不作孽，彼鬼彼鬼何足瞋。"③ 由此两处的记载可知，李调元是个无神论者，他认为人间一切鬼事皆由人心所生，书中很多故事就反映了他的这种思想。比如"程鱼门谈鬼"记二小儿一年幼不信鬼而能安然入睡，另一稍长信鬼而屡遭鬼扰。又如"徐无鬼"记徐心中作祟，不能分清眼前真人是人是鬼等，均意在说明"世间本无鬼，庸人自扰之"的道理。有些则描写打鬼除妖的故事，如"枯柳精"记杨化翠火烧树妖，"明伦堂僵尸"记牟柄勇除僵尸作怪，"土地充军"记皂隶打烂土

---

① （清）李调元：《童山文集》卷四，《续修四库全书·集部·别集类》第1456册，上海古籍出版社2002年版，第522页。

② （清）李调元著，詹杭伦、沈时蓉校正：《雨村诗话校正》，巴蜀书社2006年版，第385页。

③ （清）李调元：《和铁冶亭保听程鱼门晋芳说鬼元韵》，《童山诗集》卷十九，商务印书馆1936年版，第250页。

地神的故事等。有的以神怪故事讽刺封建弊政，如"题神"旨在讽刺八股科举制度，"黄许镇土地"揭露纳监制度等。书中很多故事构思新颖，匠心独运，堪称清代志怪小说佳制。

本书为《童山自记》著录，刊成于嘉庆二年（1797）。单行本曾赠予余集，余集评价称："《搜神》则奇诡可喜。"后收入嘉庆六年版《续函海》第四函，作十二卷。今武汉大学图书馆收藏该书的石印本，线装三册十二卷。

第二节　《粤风》研究

《粤风》是清代文学家李调元在《粤风续九》的基础上整理、辑录的一部多民族民歌集。其主要收录粤歌53首、瑶歌21首、俍歌29首、壮歌8首，共四卷111首。《粤风》是研究岭南各民族历史、文化和风俗习惯等的重要资料。

一　《粤风·粤歌》研究

20世纪20年代以来，在顾颉刚、钟敬文、左天锡等老一辈民间文艺研究者的介绍之下，大批专家学者开始对《粤风》一书进行多方面的研究，取得了一定的研究成果。但是，就目前所发表的有关《粤风》的论著而言，大都集中在对《粤风》的成书、语言，以及对其中收录的"瑶歌"、"壮歌"的审美特征和社会文化价值的探讨上，对《粤风》中数量最多的"粤歌"则很少单独研究。《粤风·粤歌》共计53首，占《粤风》民歌总数的48%。粤歌以其富有民族特色的语言，反映了岭南人爱情、生活和民俗的各个方面，具有很高的实用、教育、艺术和史料价值。

（一）《粤风·粤歌》的主要内容

《粤风》卷一为"粤歌"，即粤地区的汉语民歌，就其内容而言，基本上全是反映粤地男女爱情生活的情歌。这类民歌不仅在《粤风》中数量最多，而且也最为优美，最具艺术审美价值。在古代岭南地区，唱歌传情是很多人恋爱的一种方式，恋爱的各个环节诸如试探、相识、爱慕、赞美、求爱、初恋、热恋、发誓、拒绝、离别、留恋、思念、失恋等都有相应的情歌产生，我们依据这一标准，可以将"粤歌"中的情歌划分以下四种。

1. 探情引逗歌

粤歌中属于这类的主要有《山上青青叶》、《江水白涟涟》、《好马行》、《照梳头》、《疍歌之三》、《杂歌》之三、之四、之五、之六等。这类情歌多以男子诙谐、挑逗的语言传达对女子的爱恋之情，来试探女子对其是否有意。如《山上青青叶》："山上青青是嫩叶，水底青青是嫩苔。面前有个娇娥妹，宽行两步等兄来。"① 前两句比兴，后两句直吐对于眼前美女的爱恋。又如《照梳头》："早期行过妹门头，见娘照镜正梳头。怎得兄成洗面布，共娘相识挂心头。"② 早晨走过正在梳头装扮的妹的门前，自己愿化作情妹的手巾，幻想在洗面时撩动她的情思。再如《杂歌》之五："路上冲娘问一言，面生难近妹身边。塘基栽竹望成笋，下塘栽藕望成莲。"③ "莲"为"连"的谐音，"恋"的近音。后二句以奇妙的憧憬表露了热切的爱恋。

2. 思恋约会歌

粤歌中这类歌数量最多。思恋、约会是男女在"探情"基础上爱情的进一步发展。粤歌中诸如《蝴蝶思花》、《相思曲》、《塘上》、《妹花颜》、《又》、《妹相思》、《竹根生笋》、《蛋歌之二》、《高山种田》、《高山放石》、《大石》等都属于这类情歌。每首表现的情感又具有一定的差异，如粤歌第一首《蝴蝶思花》中的"思想妹，蝴蝶思花也为花。蝴蝶思花不思草，兄思情妹不思家"④ 为热恋后别离的思念；《相思曲》中的"妹相思，不作风流到几时。只见风吹花落地，

---

① 商璧：《粤风考释》，广西民族出版社 1985 年版，第 25 页。
② 同上书，第 47 页。
③ 同上书，第 32 页。
④ 同上书，第 1 页。

不见风吹花上枝"① 为初次的慕恋；《竹根生笋》中的 "竹根生笋各自出，兄在一边妹一边。衫袖遮口微微笑，谁知侬俩暗偷莲"② 为男女情投意合的暗恋；《塘上》中的 "嫩鸭形游塘栅上，娇娥尚细不曾知，天旱蜘蛛结夜网，想晴只在暗中丝"③，"晴" 与 "情" 谐音，"丝" 与 "思" 谐音，谐音双关将男女之间 "剪不断，理还乱" 的复杂思恋肝肠曲尽；《高山放石》中的 "高山放石落底埔，只见水流石没容。今夜得娘同相会，不得成双人笑侬。高山放石落底卑，只见水流石不移。蜘蛛结网娘门口，扰路来寻妹相思"④ 为由思恋到约会的情感的进一步加深。

3. 热恋盟誓歌

当频繁约会的男女双双情焰升腾，心荡神迷之时，热恋盟誓之歌随即从其心口中挣脱而出。粤歌中《隔水》、《妹同庚》、《实不丢》、《离一身》 等歌皆为这方面的例子。如《实不丢》："实不丢，生柴不丢死柴枝，宁可丢人不丢妹，丢妹亦不到今时。"⑤ 男子所唱，发誓对情人的忠贞不贰。《离一身》："远处唱歌没有离，近处唱歌离一身，愿兄为水妹为土，和来捏作一个人。"⑥ 后两句活现焦渴的爱恋之心，誓言情味更浓。

4. 离别苦情歌

当然，爱情对于身处其中的男女来说并不是一帆风顺的，其中也不乏离别、失恋等苦情经历。这种内心的痛苦形之于口，便形成了粤歌中的离别苦情歌。这类歌往往情感深沉，如《日落》："日落西时日落西，沙牛引儿队队归。沙牛引儿入栏里，已娘引弟入罗帏。"⑦ "已娘" 为昔日的情妹、他人的妻子，"弟" 为情妹的丈夫。此歌名为慨

---

① 商壁：《粤风考释》，广西民族出版社 1985 年版，第 3 页。
② 同上书，第 42 页。
③ 同上书，第 20 页。
④ 同上书，第 14 页。
⑤ 同上书，第 25 页。
⑥ 同上书，第 41—42 页。
⑦ 同上书，第 9 页。

叹日落，实为抒发昔日暗恋的情妹移情别嫁后男子的惋惜、孤寂之情。又如《黄菊花》："科举秀才取红豆，相思报早辨前程。黄菊花开九月九，枝枝花叶有娘名。"① 科举秀才春心早发，取红豆，寄相思，不偏不倚，所痴情的正是歌者自己的女友！眼看他人身份高贵，爱情圆满，哀叹自己位卑身微，恋情破碎，两相对比，歌者苦情昭然若见。其他的如《旧日藕》、《妹金龙》、《纱窗月》、《白石山》等也表达了离别和痛苦的情感。

（二）《粤风·粤歌》中的民俗文化

民歌产生于民间，流传于民间，它以最直接、最朴素的方式反映了一个地区人们的真实生活和民俗文化。《粤风·粤歌》53 首，其典型地反映和体现了粤人丰富的民俗文化。

1. "倚歌择配"的婚恋习俗

黄公度云："土人旧有山歌，多男女相思之辞，当系獠蜑遗俗。今松口、松源各乡尚相沿不改。"② 李调元《南越笔记》载："粤俗婚娶新郎行亲迎大礼，大家亲迎者必觅数友敏慧才捷者为伴郎。至女家，则拦门索诗赋，名曰'拦诗'。先一夕，男女家行醮，亲友与席者或皆唱歌，名曰坐堂歌。酒罢则亲戚之尊贵者送新郎入房，亦复唱歌。"③ 由上述资料可知：粤地人们素来喜欢唱歌，无论是当地土著百越人，还是后来由中原迁徙过来与之相融合的汉族人，唱歌是男女婚恋中不可或缺的环节。在粤地，粤歌产生于当地人的劳动和爱情生活之中，唱歌不仅仅是助兴劳作，以缓解劳动的疲累，而且更重要的是以歌传情、以歌定情、倚歌择配。青年男女常常以山歌对唱的形式互诉爱慕和中意之情，在多次对唱过程中，一唱一答明了彼此心意。如果双方皆中意，则以山歌定情，以歌为媒，订下婚约。如《好马行》："好马行街身不动，有意偷莲不用媒。好田不用多安种，好吃槟榔不

---

① 商壁：《粤风考释》，广西民族出版社 1985 年版，第 30 页。

② （清）黄遵宪：《人境庐诗草笺注》，上海古籍出版社 1981 年版，第 18 页。

③ （清）李调元等：《清代广东笔记五种·南越笔记》，广东人民出版社 2006 年版，第 200 页。

用灰。"① 粤地人的"不用媒"、"倚歌择配"的婚俗与我国古代传统的"父母之命，媒妁之言"之言的婚俗大相径庭。嘉庆《广西通志》卷九十二载："男女婚嫁亦凭媒妁……至若倚歌择配之俗，虽迩来尊禁，而溪峒之僄尚间有之。"② 清代官府以传统封建礼教干涉粤人的婚恋习俗，认为婚姻大事需遵从父母媒妁之言，下令取缔当地倚歌择配的婚俗。但是虽有禁令，习俗难改，由此可见这种特殊的婚俗在粤地区具有顽强的生命力。《粤风·粤歌》中很多，试举数例：

杂歌之四③

真是不怜妹早说，莫作乌云盖日边；

请媒又怕媒人讲，不如侬两暗偷莲。

这首为暗示性情歌，"怜"和"莲"都作"恋"，是粤语的谐音；一语双关，借此挑逗女方情愫，表达出真挚、热情的赤诚之心。"请媒又怕媒人讲"、"有意偷莲不用媒"可对应倚歌择配，无须媒人的婚恋习俗。

隔　水④

娘在一岸也无远，弟在一岸也无远。

两岸火烟相对出，独隔青龙水一条。

此歌意境深远而又蕴含脉脉情思。前两句直诉两个被河所阻，无法见面的郎哥情妹的相思之苦，后两句借青龙典故寄寓两人坚定不移的姻缘乃上天注定，即便被河水阻隔也会有完满结果。青龙典故：洪水神话里的一个情节：传说洪水过后，人类将要灭绝，只剩下了兄妹

---

① 商壁：《粤风考释》，广西民族出版社 1985 年版，第 44 页。
② 《广西通志》（嘉庆本，第 92 卷），第 357 页。
③ 商壁：《粤风考释》，广西民族出版社 1985 年版，第 32 页。
④ 同上书，第 11 页。

二人，二人必须结为夫妻才能保证人类后代的繁衍。但是兄妹二人不能接受乱伦的婚姻关系，于是就有人提出了试炼——隔岸烧火，如果两岸烟火能缠绕一起就结成夫妻。结果是两岸烟火果然拧成一股，如同一条青龙。于是兄妹二人便顺应天意结为夫妻为人类繁衍后代。

妹同庚①

妹同庚，同弟一年一月生，同弟一年一个月，大门同出路同行。

妹金银，见娘娘正动兄心；眼似芙蓉眉似月，胜过南海佛观音。

妹鸳鸯，小弟一心专想娘；红豆将来吞过肚，相思暗断我心肠。

妹金钩，谁说灯芯不惹油；谁说己娘不作笑，少年正好作风流。

妹珍珠，偷莲在世要同居；妹有真心兄也知，结成束海一双鱼。

妹娇娥，怜兄一个莫怜多；己娘莫学鲤鱼子，那河又过别条河。

妹金龙，日思夜想路难通；恶歌又没亲想送，寄书又怕人开封。

这组散歌，用的是三七七七变式，以三字开头，均为倒装，其实是"同庚妹"、"金银妹"、"鸳鸯妹"、"金钩妹"、"珍珠妹"、"娇娥妹"、"金龙妹"，意思是说与我同庚（岁）的妹妹、如金银一般贵重的妹妹、与我结为鸳鸯一对的妹妹、如金钩一般可贵的妹妹、如珍珠一般难得的妹妹、如娇娥一般美丽的妹妹、如金龙般娇俏的妹妹。散歌用一连串大胆、直白的比喻反复赞美心中爱恋的对象，表露自己赤诚热烈的爱慕和

---

① 商壁：《粤风考释》，广西民族出版社 1985 年版，第 16—17 页。

相思之情，"红豆将来吞过肚，相思暗断我心肠"。这种"肝肠寸断为相思"的挚诚情感即使在各地民歌情歌里也是罕见的。

其实，粤歌中与这种婚俗相关的情歌还有很多。"倚歌择配"作为粤人通行的一种婚俗，实际上它反映了粤地青年男女大胆追求自由恋爱、婚姻自主的婚姻观念。体现这种观念的粤歌，以其直白、朴实、率真的情感表达方式，冲破当时社会"存天理，灭人欲"的封建樊篱，无疑具有极大的合理性和审美性。

2. 稻作民俗

在岭南，水稻种植是其主要农业民俗，无论是本土"越人"还是迁徙过来的民族，都是基于稻作而生存发展的。岭南多山地、丘陵，并无过多良田，人们只好在高山里垦荒种植水稻。久而久之，稻作民俗就成了岭南文化中最重要的一部分，无论是社会制度、文化艺术、风俗习惯还是民间信仰，都深深地打上稻作民俗文化的烙印。在粤歌53首中，我们也可看到岭南粤地区的稻作民俗：

高山种田[①]

谁说高山不种田，谁说路远不偷莲。

高山种田食白米，路远偷莲花正鲜。

岭南的山地丘陵地形使人生存不易，虽也种植红薯、芋头等杂粮，但水稻仍是当地人必须种植的作物，甚至有些稻田是在偏远的高山上，种植、收成都需要翻山越岭才能抵达。此歌是借"高山种田"作比的情歌，但从中可看出稻作在粤地人们心中的地位。

稻田作业的劳动环境往往还是孕育情歌的温床。在山间田坝一起劳动的青年男女，在空旷的山里劳作累了，就会出现"丢个石头试水深，唱个山歌试妹心"或"唱个山歌试情郎"的现象，而由于稻作的场地往往都是在山沟里，有时对唱的两个人，还隔着一座山坳或坑谷，

---

① 商璧：《粤风考释》，广西民族出版社1985年版，第10页。

这也可以缓解平日见面羞涩、拘谨的气氛，借助山歌倾吐内心，大胆地表现出自己的爱恋。由此可见，粤歌中所体现的"稻作习俗"与"倚歌择配"的婚俗密不可分。

3. 疍家民俗

疍家，"疍"通"蛋"，又称蛋民、蛋人、蛋户、蛋族，是指世代缘水而居或以船为家居于水上的人。《粤风》辑者按："蛋有三：蠔蛋、木蛋、鱼蛋。寓浔江者乃鱼蛋。未详所始，或曰蛇种，故祀蛇于神宫也。歌与民相类第，其人浮家泛宅，所赋不离江上耳，广东广西皆有之。"[1]宋周去非《岭外代答》："以舟为室，视水为陆，浮生江海者，疍也。钦之疍有三，一为鱼疍，善举网垂纶。二为蚝疍，善没海取蚝。三为木疍，善伐山取材。"[2]从这两段史料可知疍民分为蚝蛋、木蛋、鱼蛋三种，居住在江边的是鱼蛋，两广地区都有鱼蛋，疍民"浮家泛宅"于水之上，主要从事渔业，他们以蛇为图腾，祭祀蛇神。疍民是一个具有双重人格的特殊社会群体。由于常年在大海上生存，环境恶劣、风险性大，这种渔业文化塑造出疍民勤劳勇敢、憨厚朴实、团结互助的性格特征。另外，疍民由于受陆地民族的排挤，他们在社会中长期处于弱势地位，政治和经济境况远远落后于陆地居民，这使他们逐渐养成胆小怕事、习于卑贱的消极心理，造就了性格中保守、内向、委婉的一面。从《粤风·粤歌》中收录的 3 首疍歌，都可以看出疍家这一民俗特征：

疍歌之一[3]

错畔行过苏兴巷，鱼通水透到花街。

木樨花发香十里，蝴蝶闻香水面来。

错畔：不小心错过的小码头；木樨花：桂花。此歌措辞雅致，情

---

[1] 商壁：《粤风考释》，广西民族出版社 1985 年版，第 48 页。

[2] （宋）周去非：《岭外代答》，上海远东出版社 1996 年版，第 65 页。

[3] 商壁：《粤风考释》，广西民族出版社 1985 年版，第 48 页。

感细腻，刻画出一个疍民男子误入花街，幻想爱恋，渴求爱恋的美妙心态，"蝴蝶闻香水面来"亦可看出他的一切幻想还只停留在水上，不敢对陆上的姑娘有所幻想。

疍歌之二①

疍船起离三江口，只为无风浪来迟。

月明今网船头撒，情人水面结相思。

疍船：疍民居住的船只；起离：慢慢划动船桨；三江口：浔江、郁江、黔江在境内汇入西江之地。第二句解释了船不能划动的原因是没有风浪，也暗指爱情萌生也要靠外力推波助澜。今：粤语"金"的谐音，后两句说银色的月光下洒下金色的网，就像情人们在水面结下的相思之情，缠绵悱恻。这是一首暗自生情，羡慕爱恋的情歌。歌者用隐喻的方式表达内心渴望恋爱的情愫。

疍歌之三②

鹿在高山吃嫩草，相思水面辑麻纱。

纹藤将来作马口，问娘鞍落在谁家。

相思：相思树的影子；纹藤将来：倒装，割下纹藤来；前三句都运用比兴手法，描绘出一幅高山陆地美妙景色：青山碧水，鹿吃嫩草，心爱的姑娘在用纹藤编织马鬈，在船上的疍家小哥看着相思树的倒影心中如同乱麻。虽心仪陆上姑娘，却始终不敢表白，只能在心中暗自伤神。委婉屈曲的 3 首疍歌，既反映了疍民以水为家，以渔获为生的生活、生产习俗，又展示了疍民胆小、内向、委婉的性格特征，以及他们表达情感的特殊方式。

---

① 商壁：《粤风考释》，广西民族出版社 1985 年版，第 51 页。

② 同上书，第 52 页。

（三）《粤风粤歌》的艺术特色

1. 语言形式

在语言形式方面，《粤风·粤歌》有其鲜明的特点，这主要表现在以下三个方面。

第一，粤歌多口语和俚语，通俗易懂，地方特色浓厚。粤歌大多为民众在山间田野劳作时即兴创作，多为口语和俚语，通俗易懂。李调元《南越笔记》中"粤俗好歌"条载："其歌也，辞不必全雅，平仄不必全叶，以俚言土音衬贴之。"① 如：

江水白涟涟②

一条江水白涟涟，两个鳜鱼在两边；

鳜鱼没鳞正好吃，小弟单身正好怜。

照梳头③

早朝行过妹门头，见娘照镜正梳头；

怎得兄成洗面布，共娘相识挂心头。

这两首歌中的"正好吃"、"正好怜"，"早朝"、"行过"都是客家方言中的口语词。"正"是"才"的意思；"早朝"是"早晨"的意思，与古语相近；"行"是"走"的意思。

第二，粤歌有其特定的音律和句式。粤歌大都是七言四句，变体为三七七七，音调和谐，节拍自然，歌唱时朗朗上口，非常优美。例如：

蝴蝶思花④

思想妹，蝴蝶思花也为花。

---

① （清）李调元：《清代广东笔记五种·南越笔记》，广东人民出版社 2006 年版，第 199 页。

② 商璧：《粤风考释》，广西民族出版社 1985 年版，第 43 页。

③ 同上书，第 47 页。

④ 同上书，第 1 页。

蝴蝶思花不思草，兄思情妹不思家。

相思曲①

妹相思，不作风流到几时？

只看风吹花落地，不见风吹花上枝。

旧日藕②

旧日藕，罗带穿钱旧日铜，

妹是旧人讲旧话，新人讲话不相同。

这几首都是三七七七变体形式，虽然是三句半的形式，看似没有四句式工整对称，但唱来却依旧节奏感很强，毫不突兀。在粤歌中有一大部分都是采用三七七七变体形式。

第三，粤歌讲求韵律美，有自己的押韵规则，多数押第一、二、四句韵，如《妹金龙》"自叹十已妹金龙，有意怜娘无福冲；正要将心去妹屋，今时人口利如锋"中"龙"、"冲"、"锋"押韵。也有句句押韵的，如《相思曲》："妹相思，不作风流到几时？只看风吹花落地，不见风吹花上枝。"

2. 内容风格

粤歌 53 首全为情歌，歌中主张大胆追求爱情、自由恋爱、婚姻自主，与中原、江浙等地方的情歌风格十分不同，充满了健康、乐观、天真、热情、质朴等情绪，是岭南特有的格调，与儒家婚姻由父母做主、存天理灭人欲的观念大相径庭。

3. 修辞手法

粤歌讲究谐趣委婉，多用"同音异字"的谐音达到双关效果，使得言有尽而意无穷，意境全出。如：

---

① 商璧：《粤风考释》，广西民族出版社 1985 年版，第 3 页。

② 同上书，第 4 页。

塘　上①

嫩鸭行游塘栅上，娇娥尚细不曾知；

天旱蜘蛛结夜网，想晴只在暗中丝。

这首歌谣里"嫩鸭"与"娇娥"（谐鹅）、"天旱"与"晴"（谐情）、"夜"与"暗"、"结网"与"丝"（谐思）都是对应的谐音双关。

此外，粤歌上承《诗经》遗风，以"赋、比、兴"为主要表现手法，常用"重章叠句"和"比喻"。例如：

蝴蝶思花②

思想妹，蝴蝶思花也为花；

蝴蝶思花不思草，兄思情妹不思家。

这首歌谣将男女分别比喻成蝴蝶和花，将"兄"和"妹"的相思之情表现得淋漓尽致，具有浓厚的浪漫主义色彩，而"思"和"蝴蝶思花"的叠句运用，使得主题更加深化，艺术效果更增一筹。

（四）《粤风·粤歌》的价值

《粤风·粤歌》反映的是岭南地区的民歌、民俗状况，它的价值不是单一的，而是多元化的。在岭南地区，民歌是生活的影子，它无处不在，无时不在，是岭南人劳动、爱情等方面生活的生动记录。在中国历史长河中，粤地人一直用"粤歌"进行文化和情感的交流，粤歌不仅记录着粤人的情感历程，还一直伴随着这个族群历尽世事变迁，对岭南人的生存和发展有着重要的价值。

1. 实用价值

《粤风·粤歌》以情歌为主，它具有以歌为媒的实用价值。在粤

---

① 商璧：《粤风考释》，广西民族出版社 1985 年版，第 20 页。

② 同上书，第 1 页。

歌中，情歌代替了媒人的作用，成为男女情感交流的重要手段。通过对唱情歌，能够表达各自心中情思，也可以考察对方的人品学识等个人情况，判断对方是否值得深交。也正是通过情歌对唱，两人在唱和对答中培养情感，加深情感，进一步了解对方，在情歌中私订终身，甚至到商讨结婚事宜。在当时，情歌成了男女婚恋的媒介，没有它，岭南各民族青年在情场上恐怕寸步难行。这是"粤歌"在当时社会情境下最重要的实用价值。

2. 教育价值

《粤风·粤歌》虽多为情歌，但在青年们彼此传情的歌唱中也传达着某些的道德观念和行为准则，这类民歌含有一定的教育价值。如《杂歌》之一："富贵荣华且莫求，人凭少年作风流。金玉满堂闲富贵，留个声名着后头。"① 此歌最富规劝教育之意。"荣华富贵"乃身外之物，无所顾忌、风流倜傥的自由才是人生正道。不求生前金玉满堂，只愿自由率真、本性自然的好名声远播后世。又如《上步水》："担水便担上步水，莫担下步水有砂。连情便大屋妹，连人亲妇是残花。"② 此歌属男性内部教训、劝慰、戏谑之类的幽默歌。"上步"即"上游"，草疑为"早"，"大屋妹"指家势颇重，人不可欺，于情场可独立不屈的女子。"亲妇"即妻子，这里指身心他属之女。此歌意在规劝男子寻求真爱要慎重，要选择自立、自重、贞洁的女子，而不可垂涎他人之妻。这些民歌传达着民众的道德观念和行为准则，对人们有着潜移默化的影响。

3. 艺术价值

《粤风》是"补三百篇之遗"③ 之作。而《粤风·粤歌》更是紧承《诗经》遗风，以"赋、比、兴"为主要表现手法，常用"叠词"、"重章叠句"等。如：《蝴蝶思花》："思想妹，蝴蝶思花也为花。蝴蝶

---

① 商壁：《粤风考释》，广西民族出版社1985年版，第31页。
② 同上书，第41页。
③ （清）李调元：《粤风·序》（函海本）。

思花不思草，兄思情妹不思家。"① 以蝴蝶和花比喻男女，将兄妹的相思之情表现得淋漓尽致，具有浓厚的浪漫主义色彩，而"思"和"蝴蝶思花"的重叠运用，使得主题更加深化，艺术效果更增一筹。

4. 史料价值

孔子云："诗可以兴、可以观、可以群、可以怨。"② 班固云："古有采诗之官，王者所以观风俗，知得失。"③《粤风》作为清代我国第一部多民族民歌专集，其真实的记录和反映了岭南人民的爱情和生活状况，其中收录的 53 首"粤歌"更是"微言大义"，它不仅反映了粤地汉族青年男女的婚恋过程、心理状态，而且记载了大量粤地区汉族人民的风俗习惯和生活场景，并且传达出迥异于儒家传统的个性解放思想。通过粤歌，我们可以溯源历史上多次汉族人南迁，以及其与南方百越土著文化交融的漫长历史，可以推演出越文化与华夏文化在历史长河中逐步融会贯通至水乳交融、不分你我的文化模式。如"粤歌"中仅仅收录 3 首疍歌，其中却包含着研究"疍家文化"非常重要的信息点。《粤风·粤歌》作为特定历史语境中的产物，它承载着大量历史学、民俗学和民族学的信息，是研究岭南文化的珍贵史料。

综上所述，岭南民歌历史久远，它经历了漫长的成长历史，直至明清时代形成具有独特风格并且影响广泛深远的"粤风"民歌。李调元出于对民族文化的喜爱和推崇，将岭南汉、瑶、俍、壮四族民歌整理成集，这在我国古代民歌发展史上具有十分重要的意义。"粤歌"作为《粤风》中最重要和最具代表性的一卷，它不仅真实生动地反映了当时粤地人民的爱情、劳动等生活和习俗，而且《粤风·粤歌》无论是对当时岭南民族文化交流和传播还是对当代岭南文化的研究者来说，无疑都具有非常重要的价值。

---

① 商壁:《粤风考释》，广西民族出版社 1985 年版，第 1 页。
② 《论语·阳货》。
③ 《汉书·艺文志》。

二　《粤风·瑶歌》研究

《粤风》卷二为"瑶歌"，"瑶歌"采用了以汉语为主、汉语和瑶语穿插使用的语言形式和大胆、直率的歌唱方式，表现瑶族人民的生活状况和民俗习惯等方面的内容。"瑶歌"歌词直白坦率、富有浓厚的生活气息，其不仅记载了瑶族青年男女的恋爱过程及心理状况，而且表达了瑶族人民对客观世界的思维特征和审美观念。这对于研究瑶族的历史文化、民俗文化乃至整个岭南地区的民族民俗文化具有极其珍贵的史料价值。

（一）《粤风·瑶歌》的主要内容

"瑶歌"共 21 首。根据其思想内容，可将《粤风·瑶歌》分为情歌、时政歌、歌仙歌三类。

1. 情歌

《粤风·瑶歌》中的情歌数量最多、内容最为丰富精彩，情歌反映了瑶族青年男女的爱情生活。在古代岭南地区，瑶族青年男女无论是托思慕、表赞美、叙约会、言相恋、定钟情，或是诉抱怨、哀离别、寄怀念，都要唱情歌，情歌是传达爱恋、选择配偶的最佳途径。例如：

瑶歌之一①

石头大牛大，

陷到石头边，

牛大陷到石头面，

念娘不到娘身边。

牛：鱼。娘：少女、情妹。歌词大意为：河中石头比鱼大，鱼儿只能在水中，难以游到石头面上，我想念情妹却难到情妹身边。正所谓天将降大任于斯人也，必先苦其心志；欲修成爱情之果，必先饱尝

---

① 商壁：《粤风考释》，广西民族出版社 1985 年版，第 54 页。

相思之苦。又如：

瑶歌之五①

思娘猛，

行路也思睡也思，

行路思娘留半路，

睡也思娘留半床。

这首歌谣直抒胸臆，着力渲染男子对情妹的思念之情。这种思念是不分昼夜的思念，甚至连走路睡觉都思，颇具《诗经·关雎》中所写的"窈窕淑女，寤寐求之。求之不得，寤寐思服；优哉游哉，辗转反侧"的意味。②

由相思到确定恋情，接下来便是约会。例如：

瑶歌之三③

先断定，

断定表大娘陷大，

表大便到未横底，

娘大便到木横枝。

断定：相约。表：情郎。大：来。两人开始约会，情哥哥先到达约会地点，而情妹妹却没有按照约定的时间露面。情哥哥在等待的过程中心情既期待又焦虑，一方面幻想着与中意人约会的美好场面；另一方面又害怕情妹爽约，将自己甩在一旁，心情跌宕起伏。终于两人约会成功：

---

① 商壁：《粤风考释》，广西民族出版社 1985 年版，第 58 页。
② 程俊英：《诗经译注》，上海古籍出版社 2004 年版，第 3 页。
③ 商壁：《粤风考释》，广西民族出版社 1985 年版，第 56 页。

瑶歌之十二①

邓娘同行江边路，

却滴江水上娘身。

滴水上身妹未怪，

表凭江水作媒人。

一对情侣漫步在江边，为了表达对情妹妹的喜爱，情哥哥故意将江水泼在情妹妹身上，以水为媒表示愿与情妹妹组建家庭，各种男女嬉戏的细节营造了一幅轻松欢乐的画面。当然，为了能够讨得对方的喜爱，促使感情的升温，还少不了对对方的赞美：

瑶歌之二②

大岸年儿出庚水，

呵岸年儿出呵水。

年儿出到呵花树，

娘屯出到尔旁娇。

大岸：隔岸。年儿：地方。呵岸：对岸。呵花：好花。屯：村。歌词大意为：岸那边长满枝叶繁茂的树木，岸这边盛开鲜艳娇嫩的花朵。情妹妹的家乡长满那美丽的花树，情妹妹的村子有出落得美丽迷人的你。情哥哥大献甜言蜜语，从情妹妹出生的村子到她本人都赞美了一番。

爱情就像五味瓶，酸甜苦辣兼具。爱情除了甜蜜浪漫外，也少不了些许的抱怨。如：

---

① 商璧：《粤风考释》，广西民族出版社 1985 年版，第 63 页。

② 同上书，第 55 页。

瑶歌之七[①]

风过树头风过急，

水过波门水过乡。

表过娘屯回去急，

陷都宽心博少年。

　　陷：不得。宽心：细工夫。博：赛过。歌词大意为：风匆匆地穿过树叶没有留下影子；潮水湍急，刚拍打在滩口就退去了。情哥哥经过妹的村子却不逗留一下，丝毫不念及我们之间的美好时光。歌词采用"比兴"的手法，以风穿过树木之匆匆、江水拍打在滩口退潮之速度，引出一个瑶族少女对情哥哥匆匆路过自己的村子，却没有逗留一下与她谈谈情叙叙旧的怨言。面对情妹妹的抱怨，情哥哥心急口快，也大发牢骚：

瑶歌之十一[②]

昨日同娘在林中，

二人讲话陷相同。

表叫入荒娘陷入，

陷知娘哑是娘聋。

　　陷：不。荒：竹楼。歌词大意为：昨天和情妹妹相约树林下，两人聊天却话不投机。哥哥我请妹妹进屋坐，妹妹却不进，真是不知道妹妹是哑的还是聋的。面对情哥哥的责备，情妹妹心里十分委屈，便唱道：

---

　　① 商壁：《粤风考释》，广西民族出版社 1985 年版，第 59 页。
　　② 同上书，第 62 页。

瑶歌之六①

白马儿，

白马端正也难骑。

娘骑马头表骑尾，

马辔尖尖妹陷比。

陷比：怎么骑。歌词大意为：白马儿，白马儿虽魁伟却难以驾驭。妹要骑在马背前，哥骑在马背后，辔绳飘飘怎么才能提好。整首歌以骑马比喻恋爱，以骑马之难比喻恋爱之难。只有哥哥和妹妹两人齐心协力，才能很好地驾驭这匹爱情之马。了解到情妹妹的心思，情哥哥也吐露了自己的心声：

瑶歌之十六②

表似深山白藤刁，

还着娘身未望离。

还著娘身未望落，

表小念娘未望回。

陷都念表且都布，

且都门传过九洲。

刁：悬。陷：不。都：得。布：名声。歌词大意为：哥像那悬挂在深山的白藤紧紧缠绕着大山，哥愿意依傍在妹你身边永远不相离。哥永远缠在妹身边妹莫不理睬，哥虽然少不更事，但请妹不要离开我。就算妹不恋哥也要顾及我们的名声，我们的爱情已经传遍万里。这首民歌和汉乐府诗《孔雀东南飞》中的"君当作磐石，妾当作蒲苇，蒲苇纫如丝，磐石无转移"有异曲同工之妙，都表达了对爱情坚贞不渝

---

① 商壁：《粤风考释》，广西民族出版社 1985 年版，第 59 页。

② 同上书，第 66 页。

的决心。

多情自古伤离别，恋人间的离别更是难舍难分，情意绵绵。离别之际，情哥哥一再嘱咐情妹妹：

瑶歌之十九①

要娘记，要娘把笔写行书，写书便写因巨叶，思着万看巨叶书。

要娘记，要娘把笔写行书，写书便写因衫背，思着万看衫背书。

把笔：提笔。行书：整齐的行书。因：多。巨叶：纸名。巨叶书：写在巨叶纸上的情书。衫背：纱纸。歌词大意为：求情妹妹一定要记得给我写情书，将那巨叶纸写得满满的，这样我可以在想念你的时候，拿出来看上千万遍。求情妹妹一定要记得给我写情书，最好将那纱纸写得满满的，这样我随身携带，走到哪里都可以拿出来念个千万遍。歌词体现了男女恋人之间的难舍难分，情意之浓。

《粤风·瑶歌》中的情歌记录了瑶族青年男女在恋爱过程中的酸甜苦辣，反映了瑶族青年男女之间纯朴的爱情以及对他们爱情的大胆追求。

2. 时政歌

"时政歌是民众从自己的观察和切身感受出发，以歌谣形式对所处时代的政治局势、政治事件、政治人物、社会风气等所作的评价和议论。"②《粤风·瑶歌》也有一些瑶族人议论政治变化，以平衡心理和宣泄感情的民谣。南宋周去非《岭外代答·瑶人》中记载："地皆高山，瑶人耕山为主，以粟豆芋魁充粮。"③ 瑶族主要居于深山，远离中央政权，过着刀耕火种的生活。面对艰苦的生产条件，饱受生活的艰辛与苦楚，这些都从瑶歌中体现出来，例如：

---

① 商壁：《粤风考释》，广西民族出版社 1985 年版，第 69 页。

② 黄涛：《中国民间文学概论》，中国人民大学出版社 2011 年版，第 219 页。

③ （宋）周去非：《岭外代答》卷三，中华书局 1985 年版，第 30 页。

瑶歌之四①

不奈命，

不奈朝廷陷共屯，

不奈朝廷陷共巷，

十分共巷隔重篱，

陷隔重篱十二檐，

十分卖话也难通。

陷：不。卖：有。歌词大意为：无可奈何，怎敢期待与朝廷共住一个屯，怎敢期待与朝廷共处一条巷。就算与朝廷共处一条巷中间还隔着篱笆，就算把巷中间的十二道篱笆拆了，即使有千言万语也难开口。歌词体现了瑶族人民对命运的无奈感叹，觉得和朝廷不仅仅是空间上的距离，更是文化上、心理上的距离。即使向朝廷诉说心中的要求，也难以被中央统治理解，要怪只能怪自己的命运不济。又如：

瑶歌之十②

心渴也为日头毒，

肚饥也为日头长，

蠢夫轮屯布十指，

欠双也为表家穷。

心渴，心里觉得焦渴。蠢夫，自谦之称。轮屯，扪心自问。布，弯曲。歌词大意为：心焦渴只因为太阳毒辣，肚子饿因为日子长难熬。哥哥十指扪心自问，至今还没娶妻只因为家徒四壁。这首歌唱出了瑶族人民生活的艰苦，连温饱都难以解决，更别说解决婚姻大事的现实状况。面对生活的艰辛、政局的动荡，瑶族人民只能通过歌谣来抒发

---

① 商壁：《粤风考释》，广西民族出版社 1985 年版，第 57 页。

② 同上书，第 62 页。

对朝廷的不满和心中的痛楚:

瑶歌之十三①

如今世界恶,

乌鸦日夜惯摇身。

乌鸦日夜摇身惯,

陌比表世是表生。

感叹政局混乱,情哥哥在外征战,至今生死未卜。没日没夜听到乌鸦那凄厉的哀叫声,真是让人心惊肉跳。瑶歌中的这类时政歌,反映了瑶族在经济上受到压榨,政治上受到屈辱以及文化上受到漠视,因而多带有一种沉重悲怆的格调。

3. 歌仙歌

瑶族人把刘三妹奉为歌仙,列入神灵之位,为刘三妹建立祠堂,逢年过节都要到祠堂祭拜。正是基于这种民间崇拜产生了歌唱刘三妹歌仙歌。例如:

瑶歌之十八②

读书便是刘三妹,

唱价本是娘本身。

立价便立价雪世,

思着细衫思着价。

读书要数刘三妹最厉害,造歌之祖要算刘三妹。刘三妹造歌就造流芳百世的歌、传授给下一代人,只要想起悦耳动听的歌声就会想到刘三妹!这首歌赞美了刘三妹丰富的学识、能歌善唱的才艺,开民歌

---

① 商壁:《粤风考释》,广西民族出版社1985年版,第64页。

② 同上书,第68页。

先河的贡献，表达了瑶族人民对刘三妹的怀念之情。

（二）《粤风·瑶歌》中反映的瑶族民俗

《粤风·瑶歌》产生于瑶族民俗生活的土壤之中，它是瑶族民俗生活的艺术再现，其中的诸多民歌反映了瑶族的婚恋和工艺民俗。

1. 婚恋民俗

汉族婚礼严整完善，基本上按照"纳彩"、"问名"、"纳吉"、"纳征"、"请期"、"亲迎"六礼的程序进行，而在这些程序中"媒"的角色是十分重要的。而瑶族的婚俗是"不用媒"的，这种婚俗与汉族"父母之命，媒妁之言"的婚俗大相径庭。

瑶族青年男女以歌相识、相知、相恋，从相识之初到组建家庭的整个恋爱过程中，恋爱基本是两个人的事。一般情况下，瑶族青年男女的爱情与婚姻问题没有父母的阻挠、社会的干涉，他们的恋爱处于一种相当自由宽松的环境之中。

瑶歌之八 [1]

意着尔，

便能缌三意着程。

缌三着程陷用峡，

娘就意表陷用媒。

眷恋着你，就像纱线缠绕着织机。纱线没有杼子也缠着织机，妹没有媒人也要恋着哥。这首歌谣就体现出瑶族"不用媒"的婚恋习俗。

2. 工艺民俗

瑶族的民间工艺历史悠久，品种繁多，这些民间工艺一方面丰富了瑶族人民的生活，另一方面也反映了瑶族的工艺民俗文化。如《粤风·瑶歌》中的《瑶人布刀歌》唱道："布刀者，峒人织具也。峒人

---

[1] 商壁：《粤风考释》，广西民族出版社1985年版，第60页。

不用高机，无箸无校。以布刀兼之。"① 其中"高机"即织机，织布或织锦时多用这种结构复杂、工艺精细的"高机"。而织锦带时则用简单的"无箸无校"的"布刀"，即一种小梭。这是对瑶族民间织锦的工具的介绍。

（三）《粤风·瑶歌》的艺术特色

1. 形式结构

《粤风·瑶歌》在句式方面以七言四句为主，或在七字句的基础上加以变化，变体为三七七七和五七七七，另外还有几首七言六句。《粤风》中的21首瑶歌，形式自由灵活，歌唱非常顺口，例如：

瑶歌之五②

思娘猛，

行路也思睡也思，

行路思娘留半路，

睡也思娘留半床。

瑶歌之十九③

要娘记，要娘把笔写行书，写书便写因巨叶，思着万看巨叶书。要娘记，要娘把笔写行书，写书便写因衫背，思着万看衫背书。

这两首都是三七七七变体形式，句式整齐对仗，音乐节奏感很强，歌唱起来朗朗上口。而"如今世界恶，乌鸦日夜惯摇身。乌鸦日夜摇身惯，陷比表世是表生"④。这首歌谣属于五七七七的变体形式，其中二三句变换个别词语的位置，反复歌唱，使心中抒发的恐惧感情更为

---

① 商壁：《粤风考释》，广西民族出版社1985年版，第71页。

② 同上书，第58页。

③ 同上书，第69页。

④ 同上书，第64页。

强烈。

《粤风·瑶歌》在语言方面，主要采用汉语与瑶语穿插使用，以汉语为主，双语合璧的语言形式。歌词通俗易通，极富民族特色。例如，瑶歌之一"石头大牛大，陷到石头边，牛大陷到石头面，念娘不到娘身边"①，瑶人呼鱼为牛，呼情妹、少女为娘，表为兄，这是瑶族所特有的语言特色。

2. 内容风格

《粤风·瑶歌》在内容上以情歌为主。如《瑶歌》之一："石头大牛大，陷到石头边，牛大陷到石头面，念娘不到娘身边。"② 表达男女之间的思念之情。《瑶歌》之二："大岸年儿出庚水，呵岸年儿出呵花。年儿出到呵花村，娘屯出到尔旁娇。"③ 刻画男子对女子的赞慕之情。《瑶歌》之三："先断定，断定表大娘陷大，表大便到未横底，娘大便到木横枝。"④ 则唱出男子在约会过程中的期待与焦虑等。《粤风·瑶歌》中的情歌反映瑶族青年男女之间的酸甜苦辣和纯真质朴的爱情，表达了瑶族青年男女追求爱情自由、婚姻自由的强烈愿望，感情真挚、质朴、坦率。同时也有表示对刘三妹的赞慕和思念之情的，如《瑶歌》之十八："读书便是刘三妹，唱价本是娘本身。立价便立价雪世，思着细衫思着价。"⑤ 另外也有歌唱社会黑暗的一面的时政歌，如《瑶歌》之十三："如今世界恶，乌鸦日夜惯摇身。乌鸦日夜摇身惯，陷比表世是表生。"⑥ 唱出了当时政治的混乱，生活的艰辛。再如："不奈命，不奈朝廷陷共屯，不奈朝廷陷共巷，十分共巷隔重篱，陷隔重篱十二檐，十分卖话也难通。"⑦ 则唱出瑶族人民与朝廷之间的隔阂，文化难以被理解的酸楚。还有《瑶歌》之十："心渴也为日头毒，

---

① 商壁:《粤风考释》，广西民族出版社 1985 年版，第 54 页。
② 同上。
③ 同上书，第 55 页。
④ 同上书，第 56 页。
⑤ 同上书，第 68 页。
⑥ 同上书，第 62 页。
⑦ 同上书，第 57 页。

肚饥也为日头长，蠢夫轮屯布十指，欠双也为表家穷。"① 则唱出瑶族
人民生活的困苦，连温饱都难以解决，更别说成家立业。这些时政歌
从侧面反映了瑶族人民心中的苦闷和生活的贫困。《粤风·瑶歌》的
情歌多写恋爱中所遇到的挫折和对爱情的矢志不渝的追求；时政歌则
主要是歌唱世道的混乱、诉说生活的艰辛与苦楚，所以《粤风·瑶
歌》整体风格显得较为沉重压抑、悲怆哀伤，感情宣泄稍欠流畅。

3. 表现手法

《粤风·瑶歌》在表现手法方面，主要采用比、兴、赋的手法。
例如"石头大牛大，陷到石头边，牛大陷到石头面，念娘不到娘身
边"采用的就是起兴的手法②，先言水中石头之大，鱼儿只能在水中
游，难游到石头上之难，然后再诉说自己对情妹妹十分思念，却难到
情妹妹身边的相思之苦。再如："风过树头风过急，水过波门水过乡。
表过娘屯回去急，陷都宽心博少年。"③ 前两句先说风穿过树叶之急促
没留下影子，水打在滩口退潮之快，引出情妹对情哥经过姑娘的村里，
却匆匆离去未与情妹妹叙叙情的不快和抱怨之情。

"白马儿，白马端正也难骑。娘骑马头表骑尾，马辔尖尖妹陷
比"④ 和"意着尔，便能缌三意着程。缌三着程陷用峡，娘就意表陷
用媒"⑤ 则采用"比"的手法，分别以"骑白马"比喻恋爱，以"骑
白马之难"比喻恋爱之难，以"纱线恋织机"比喻情妹对情哥的眷恋
和依赖。

《粤风·瑶歌》在抒情上也喜用赋的手法。例如："思娘猛，行路
也思睡也思。行路思娘留半路，睡也思娘留半床。"⑥ 歌词直白坦率，
直接抒发对情妹的相思之情，没有任何矫饰，毫无做作之态。再如

---

① 商壁：《粤风考释》，广西民族出版社 1985 年版，第 62 页。
② 同上书，第 54 页。
③ 同上书，第 62 页。
④ 同上书，第 59 页。
⑤ 同上书，第 60 页。
⑥ 同上书，第 58 页。

"昨日同娘在林中，二人讲话陷相同。表叫入荒娘陷入，陷知娘哑是娘聋。"① 直述男女交往之间，耍性子、闹脾气的情景。

综上所述，"瑶歌"真实生动地反映了当时瑶族人的爱情生活和工艺习俗，作为特定历史语境中的产物，它承载着大量历史学、民俗学和民族学的信息，《粤风·瑶歌》对瑶族文化的研究具有非常重要的价值。

第三节　《南越笔记》研究

《南越笔记》是清代文学家、民俗学家李调元辑录的一部文人笔记，主要记述了广东的风土人情，凡风俗、山川、名胜、物产、制作等都作了详细的记录。它是中国民俗学发展史上的一部重要民俗志著作。该书内容广泛，有着多方面的研究价值。自其问世以来，收录和引用该书的文献、论文很多，但总体而言，有关《南越笔记》的专题和深入研究的成果还十分欠缺。《南越笔记》的研究不仅对岭南民俗志的书写十分有意义，对客观评价李调元在民俗史上的地位也有一定意义。研究《南越笔记》应以其中反映的岭南民俗为研究中心，广泛采用历史学、民俗学、文献分析、比较等方法，只有这样才能全面发掘其具有的价值。

一　《南越笔记》的成书和研究现状

李调元一生曾两次与广东结缘。第一次是在乾隆三十九年（1774）。当时，李调元刚刚经历"京察"、"浮躁"之祸，以"乡试副主考"的身份典试广东。岭南奇异的风物民俗令他心醉神迷，既然官场险恶，不如"立言"以成就不朽之身。于是，他广泛阅读岭南民族文献资料，以期综合嵇含之的《南方草木状》、范成大的《桂海虞衡志》以及《岭表录异》等文献中的章节，辅以《禹贡》、《职方》等文书自成

---

① 商璧：《粤风考释》，广西民族出版社1985年版，第59页。

一家之言。但遗憾的是，那个时期作者李调元仅仅游览了五羊城一代，不足以立南越之说。而后，在乾隆四十二年（1777）冬天，李调元以"广东学正"的身份"复来（粤东）视学，此古太史辀轩采访之职也，遂得遍历全省诸郡县。可以测北极之出地，以占时变，可以乘破浪之长风，以穷海隅，可以审榕荔之不宜在北土，可以征灵羽之独钟于丹穴，幽隐而至五行符瑞所不及载，载而莫阐其理者，亦可以征信而核实。畴见昔人著述诧为怪怪奇奇，惊心炫目者，至是又不觉知其或失或诬，或当于理，而因为之弃取焉，且因为之上下草木鸟兽各纵其类焉。书成计一十有六卷，敢曰《尔雅》注鱼虫，壮夫不为也，盖聊以广箧中之见闻耳"①。两次的耳听目睹，切身体会，加上再参之以昔人著述，终于促成了李调元的《南越笔记》一书。

自《南越笔记》问世以后，收录和引用《南越笔记》中的史料的书籍、论文很多，从而说明了本书的经典意义。然而整体而言，对于《南越笔记》的专门性的研究，在中国至今都没有得到充分的展开，这不能不说是一件非常遗憾的事情。笔者曾以中国知网（CNKI）为平台，输入"南越笔记"，以篇名中含有"南越笔记"进行检索，结果发现没有一篇题目中含有"南越笔记"的研究论文；以关键词中含有"南越笔记"再次检索，只搜到1篇有关《南越笔记》的论文。② 由此可见，有关《南越笔记》的研究还十分欠缺。上面是大致研究情况，下面具体介绍一下目前国内外关于《南越笔记》的整理与研究状况。

首先，从文本整理方面看。《南越笔记》自从问世以来，收录该书的主要有以下十余种版本：《函海》（嘉庆十四年本），第24函；《函海》（清乾隆、道光刊本），第24函；《函海》（光绪刊本），第27函；《丛书集成初编本》；《小方壶斋舆地丛钞》收《南越笔记》，但不分卷，省略标目，同时也删减若干则；清广州文畬堂刻本；民国六年（1917）

---

① （清）李调元：《南越笔记·序》，中华书局1985年版，第1页。

② 本次检索截止时间为2013年12月10日，关键词检索中搜到的1篇论文为：贺仁智、万伟成：《岭南酒文化对现代广东酒业的启示——从三家史料看岭南酒文化》，《佛山科学技术学院学报》（社会科学版）2009年第5期。

上海广益书局重刊本，书更名为《粤东笔记》，书前有民国六年重刊序，李调元自序，书前有羊城八景全图；《南越笔记》（三册），中华书局1985年版；《中国风土志丛刊》影印本，广陵书社2003年版，《中国风土志丛刊》共收两种，一种为《粤东笔记》（上海广益书局重刊本影印，《中国风土志丛刊》第56册），另一种名为《南越笔记》（《中国风土志丛刊》第57册）；《清代广东笔记五种》，广东人民出版社2006年版；民国四年（1915）上海会文堂书局版，书名《粤东笔记》，线装四册，卷首有羊城八景全图；《粤东笔记》，台湾新文丰出版社1979年版；《笔记小说大观》（共45编）影印本，台北新兴书局1988年版，其中《南越笔记》（景刊本）收录在第20编第10册。

其次，被引用和相关评价。刘德仁、盛义编著的《中国民俗史籍举要》对《粤东笔记》（即《南越笔记》）的内容做了简单概括，如卷一记广东风土人情、节令集会，卷二至卷四记广东名山大川和神祇，卷五至卷六记广东物产，卷七记少数民族，卷八至卷十二记鸟兽虫鱼，卷十三记植物水果，卷十四至卷十五记植物花草，卷十六记糖、茶、杂物。作者认为《粤东笔记》内容广泛，凡方言土语、山歌情爱、节令习俗、物产奇珍无不收录，可以说是一部比较完整的民俗调查材料，同时也是清代民俗史籍中的上乘之作，其价值不言而喻。[1] 吴永章的《中国南方民族史志要籍题解》认为该书体例仿《南方草木状》、《岭表录异》、《桂海虞衡志》诸籍。后人誉此书为："件举条索，述录既殚乎奇异，考据极其精详，询为粤东一方面最有价值之记载。"（1917年重刊序）评价本书是研究清代岭南民族问题的必要参考书籍。[2] 如卷一《粤俗好歌》条；卷二《梅岭》条、《五岭》条；卷三《五羊石》条；卷四《伏波神》条、《南越人好巫》条、《洗夫人庙》条；卷五《棉布》条、《葛布》条；卷六《铜鼓》条等，均与岭南古代越人与其后裔的历史、习俗有密切关系。卷七则集中记述了清代广东诸

---

① 刘德仁、盛义：《中国民俗史籍举要》，四川民族出版社1992年版，第312页。
② 吴永章：《中国南方民族史志要籍题解》，民族出版社1991年版，第200—203页。

族的情况，分别列了《犵人》条、《猺人》条、《黎人》条、《峦人》条、《疍家》条，对这些民族作了较为详细的介绍。广州中医药大学张星的博士学位论文《明清时期岭南笔记医学史料的发掘收集整理研究》则着眼《南越笔记》中的中医药学史料，认为《南越笔记》还是考究岭南民间医药和医学史的重要资料，从本书中也可以看出岭南人们的生活民俗，对疾病的防御措施。[①] 陈子艾在其论文《李调元及其与民间文艺》中认为，李调元的《南越笔记》一书是由屈大均的《广东新语》删节而成。《南越笔记》中保存了一些粤地流传的民间故事和歌谣谚语。如故事《伏波神》、《五羊石》，瑶族人民反抗民族压迫的《罗旁瑶谣》二首和"粤俗好歌"条中均收录不少粤地民歌。[②] 黄志辉的论文《专录排瑶的最早民族史志》[③] 和阎定文的论文《秧歌史话》[④] 都引用了《南越笔记》中的原文。如阎定文的《秧歌史话》："《南越笔记》载：'农者每春时，妇子以数十计，往田插秧，一老槌大鼓，鼓声一通，群歌竞作，弥日不绝，谓之秧歌。'"[⑤]《南越笔记》更是考究民间歌舞的有力依据。

最后也是最重要的，研究专论方面。自钟敬文先生 1924 年在北京大学《歌谣周刊》发表他的第一篇论文，即《读"粤东笔记"》[⑥]，在该文中钟敬文先生对此书的内容、重要民俗学价值作了热情洋溢的介绍。此后，他又在《重编〈粤风〉引言》[⑦]、《粤风》（李编《粤风》整理本）[⑧] 等论著中对李调元的另外一部重要的民俗学文献《粤风》

---

① 张星：《明清时期岭南笔记医学史料的发掘收集整理研究》，博士学位论文，广州中医药大学，2011 年。

② 陈子艾：《李调元及其与民间文艺》，《民间文艺学文丛》，北京师范大学出版社 1982 年版，第 225—246 页。

③ 黄志辉：《专录排瑶的最早民族史志》，《韶关师专学报》1987 年第 4 期。

④ 阎定文：《秧歌史话》，《黄河之声》1997 年第 3 期。

⑤ 同上。

⑥ 钟敬文：《读"粤东笔记"》，北京大学《歌谣周刊》，1924 年 11 月 9、16 日（第 67、68 号）。

⑦ 钟敬文：《重编〈粤风〉引言》，《文学周刊》1926 年第 255 期。

⑧ 钟敬文：《粤风》（李编《粤风》整理本），朴社 1927 年版。

作了介绍，由此，开创了研究李调元民俗著作的局面。但就笔者搜集到的资料所见，现在已经出现了很多研究《粤风》的论文，而关于钟老所开创的《南越笔记》的研究传统却未能被坚持下来。《南越笔记》的研究论著，除钟敬文先生那篇振聋发聩的《读"粤东笔记"》以外，80多年来，只有一篇专论，即刘时和的《管窥〈南越笔记〉，趣谈川粤岁时民俗之异同》。①该文主要将《南越笔记》卷一的广东岁时民俗与成都（含原成都、华阳二县）地方志记载的四川民俗做了对比。如由《南越笔记》中的"立春日"和清代同治《重修成都县志》的"立春日"可看出两地的立春民俗活动基本相同，唯一不同的是《南越笔记》中立春日的民俗活动有消除疾病和保六畜兴旺之意。《南越笔记》记载的："竞以红豆五色米酒，以消一岁之疾疹。以土牛泥泥灶，以肥六畜。"广东乃古越之地，环境恶劣，瘴气严重，人们祈求通过一些特定的民俗来祈祷风调雨顺，充分体现了广东人务实的生活态度。通过跟粤蜀两地民俗的对比，不难看出李调元在写《南越笔记》中突出了广东民俗的特色，其次也可以很好地认识到民俗与地理位置、人文历史等息息相关，并非各地都一样。除过以上两篇专论《南越笔记》的论文外，有关《南越笔记》的研究专文基本上空白。一本钟老认为十分重要的民俗学文献书，现当代以来却很少有专门研究，这不能不说是一件非常遗憾的事情。

综上所述，人们越来越重视《南越笔记》，也充分肯定了《南越笔记》的史料价值。但是不难看出，首先，整体和系统地研究《南越笔记》的人还是比较少的，而且人们更多地把它当成史料依据，作为其论点的依据；其次，研究者关注更多的是《南越笔记》中与经济和医学有关的东西，而对《南越笔记》中丰富的岭南民俗史料以及其他内容始终缺乏深入系统和全面的研究。另外，已有的研究中，虽然有论者也注意到了李调元的《南越笔记》与屈大均的《广东新语》之间

---

① 刘时和：《管窥〈南越笔记〉，趣谈川粤岁时民俗之异同》，四川省民俗学会、罗江县人民政府编《李调元研究》，巴蜀书社2007年版，第226—237页。

的某种联系，但对两者的比较研究也缺乏一定的深度，有关两者在辑录体系、思想等方面的异同也缺乏一定的认识，对《南越笔记》作为民俗学文献的独特价值，以及李调元在民俗学史上的地位和贡献更是缺乏必要的评价。

二　《南越笔记》的研究意义

《南越笔记》是我国清代著名学者、文学家、民俗学家李调元任广东学政期间，遍历全省各府县，涉猎岭南载籍，于乾隆四十五年任满时完成的一本笔记，全书共计 16 卷。内容杂记广东民族民俗、矿藏物产、山川名胜、工艺制作、传说民歌等。《南越笔记》成书的乾隆时期，是一个社会经济贸易繁荣，然文化禁锢日盛的一个特殊时期。《南越笔记》之前尚有记载岭南的历史地理著作《广东新语》，此书全面反映了广东风土民情的各个方面，然由于作者屈大均为反清遗民，其《广东新语》于乾隆三十九年被禁，李调元任广东学政时，留心广东乡土文献，参照《广东新语》写成的《南越笔记》成为这个时期最重要的一部反映岭南风俗习惯的民俗学文献。研究《南越笔记》概略来说有三方面的意义。

第一，从《南越笔记》记述的内容来看，它具有珍贵的资料价值。我们对于这一文献的研究，可以从中获取多方面的文化信息，从而了解清代乾嘉时期以广东为主的广大岭南地区的民族民俗、社会经济、矿藏物产、山川名胜、工艺制作、传说民歌等。

仅以其中核心的民族民俗、民间艺术等内容为例。《南越笔记》一书中有关广东民族民俗和民间艺术的记载主要集中在卷一、卷四、卷七等卷，并散见于其余各卷。如卷一杂记广东岁时节日（如立春、元日元夕、灯公、五月五日、夏至、九日广州琼州风俗、下元会、团年、送年等条）、游戏娱乐（如打仔采青、放鸽会、七娘会、吹田了、吹角、赌蔗斗柑之戏等条）、人生仪礼（如中秋女始笄）、生产生活（如妇女足不袜、放闲、小熟、大熟、水田、旱田、坡田、牛田、人田、女子采香、粤人多以捕鱼为业等条）、宗教信仰和巫术（如灶卦、俗尚师巫等条)、民间艺术(如赶墟、粤俗好歌等条)、口承语言(如广东方言等条)等丰富的民俗学内容。卷四主要记录广东民间信仰的主要神祇,如雷神、罗浮君、南海神、禾谷夫人、伏波神、飞来神、天妃、龙母、斗姥、花王父母、金华夫人、东莞城隍、南越人好巫、冼夫人庙等。卷七主要为各民族、民族支系和特殊人群的风俗习惯的记述,这主要包括马人、黑人、疯人、瑶人、犇人、疍家、黎人等条。

由此可见,《南越笔记》有着很高的民俗志价值,它是研究者探讨清代岭南民俗,以及民间艺术的发展情况等的重要文献。

第二,《南越笔记》以笔记体的形式记述民俗,这是我国民俗志记录的一种悠久的传统。研究《南越笔记》则为研究民俗学提供了一种特殊的视角。

笔记在我国古代著作中是一种特殊的体裁。传统书籍的分类中并无笔记一类,由于其内容庞杂、界划不清,经史子集不知分属何类。作为一种特殊的体裁,笔记有着多方面的特点:首先,大多数笔记都是在一种闲适的心境中随笔写成,其情意率真,较少做作,故多清新可读。其次,由于多记耳闻目睹之事,多属游心自娱之作,所以无所顾忌,无所掩饰,笔记中往往能透露出一些比官方正史更加可信的真实情况和真实思想。作为补正史之不足的笔记,历来为研究者所重视。单就有关岭南民俗的笔记来看,用笔记体的形式记载有关岭南民俗的历史十分悠久。从东汉杨孚的《南裔异物志》,晋代嵇含的《南方草木状》、王范的《交广二春秋》、顾微的《广州记》,唐代刘恂的《岭表录异》、段公路的《北户录》,宋代周去非的《岭外代答》和赵汝适的《诸藩志》,到清代屈大均的《广东新语》、吴琦的《岭南风物记》、钱以垲的《岭海见闻》、罗天尺的《五山志林》、李调元的《南越笔记》、张渠的《粤东闻见录》、范端昂的《粤中见闻》、仇巨川的《羊城古钞》、黄芝的《粤小记》、严嵩年的《越台杂记》、邓淳的《岭南丛述》……2000 余年,很多文人用笔记的形式记录岭南民俗,这在某种程度上已形成了一个源远流长的传统。尤其是清代有关岭南民俗记载的笔记更是形成了大繁荣的局面。

　　《南越笔记》作为清代乾嘉时期一部重要的反映岭南民族民俗等内容的笔记，研究它不仅是我们了解岭南民俗、文化、社会经济发展等的一个重要窗口，更重要的还在于，研究《南越笔记》为研究民俗志提供了一种特殊的视角。众所周知，当代民俗学研究出现了明显的"人类学倾向"，当我们离开文献研究的"冷板凳"蜂拥向"田野"去采风、调查时，当我们收集材料企图快捷地解释某种民俗个案现象已经成为民俗学研究的主要范式和时尚时，我们不能不感到遗憾，我们正在轻易地放弃对我国历史上出现的优秀的民俗文献的发掘。我国民俗学的奠基人钟敬文先生曾在《关于民俗学的结构体系的设想》① 和《建立中国民俗学派》② 等论著中不止一次地强调在民俗学学科的研究体系中，民俗资料学是一个重要部分。施爱东先生在《告别田野——关于中国现代民俗学研究策略与方法的反思》一文中则甚为激进地主张：应该告别田野，因为田野只是研究手段，不是研究目的，不能搞"田野"拜物教，我们积累的文本已经足以作为我们研究对象的主体。③ 刘晓春先生在《资料、阐释与实践——从学术史看当前中国民俗学的危机》一文认为，当前中国民俗学研究出现明显的"人类学倾向"，民俗学在与其他学科比如人类学的对话中，湮灭了自身的学术研究传统，以致失去了自己的学术个性。当前民俗学危机的根源与出路在于，作为资料之学的民俗学学科优势亟待加强。资料之学是民俗学安身立命之本，民俗学应该成为资料之学、阐释之学和实践之学。④ 其中上述民俗学研究者所说民俗资料学、文本等主要是关于民俗文献的搜集、整理和研究，而本书所作的努力目的正是在此。以《南越笔记》为例，来研究古代民俗，为研究民俗志提供一种重要视角，从文

---

　　① 钟敬文：《关于民俗学的结构体系的设想》，《北京师范大学学报》1991 年第 2 期。

　　② 钟敬文：《建立中国民俗学派》，黑龙江教育出版社 1999 年版。

　　③ 施爱东：《告别田野——关于中国现代民俗学研究策略与方法的反思》，《民俗研究》2003 年第 1 期，另见施爱东《中国现代民俗学检讨》，社会科学文献出版社 2010 年版，第 96 页。

　　④ 刘晓春：《资料、阐释与实践——从学术史看当前中国民俗学的危机》，《民俗研究》2011 年第 4 期。

人笔记中去探求民俗史，这无疑对于我们进一步夯实民俗研究的基础以及传承中国民俗学的研究传统和匡正民俗学危机均有一定的意义。

第三，对李调元的《南越笔记》及他的其他民俗学著作进行研究，对客观评价李调元在民俗学和民间文艺学方面的贡献，以及对中国民俗学史建设均有一定的价值和意义。明代中期以来，随着城市工商业的发展，市民阶层逐渐崛起，反映民间新声的俗文学、俗文化，越来越受到普通民众和一些正统文人的喜爱。这其中比较著名的有李梦阳、康海、李开先、徐渭、冯梦龙等，清代以降，又有李调元，他们都主张向民间学习，撷取民间文化精粹，在他们的努力下，中国古代民俗文化和民间文艺在明清之际出现了一次大繁荣。今天，我们研究李调元的《南越笔记》、《粤风》、《弄谱百咏》、《新搜神记》、《尾蔗丛谈》，以及收录在《童山诗集》、《粤东皇华集》中的民俗诗歌，将有助于我们全面了解李调元在民俗学、民间文艺学方面的贡献，从而对客观评价其在民俗学史中的地位有着十分重要的意义。

三 《南越笔记》研究的主要思路和设想

《南越笔记》是一部承载多方面信息的重要文献。对它的解读可以是多角度的。笔者在《南越笔记》的初步研究中发现，有关广东乃至岭南的民族民俗仍是本书的核心内容。所以，《南越笔记》的研究，首先应注重它的民俗文献价值，必须以其中反映岭南民俗的内容为中心，但也要考虑到作为《南越笔记》的专题研究，关于其版本、成书背景，以及该文献中的其他内容也应该予以重视。

其次，《南越笔记》是一部历史文献，其所反映的是清代特定时期岭南社会的风俗，所以历史分析应成为研究该文献的主要方法之一。同时，也应看到该文献反映的诸多民俗在今天广东等岭南大地仍有部分留存，因此研究中也要运用民俗学的方法（包括文本分析和田野调查），将文献记述的静态民俗和现实的活态民俗进行比照，以便了解民俗的发展演变，全面发掘它所蕴含的民俗内涵。

此外，由于李调元的《南越笔记》和其之前屈大均的《广东新语》有着一定的联系，甚至有人认为《南越笔记》是《广东新语》的缩略本、删节本。所以，《南越笔记》研究，也应把探讨《南越笔记》和《广东新语》的联系和区别作为研究中的必要内容。对于这部分的研究，以比较研究为主要方法，将从两书的辑录体例、思想，客位与主位记载的异同，新增条目内容的分析等方面予以比较，从而较为全面地把握《南越笔记》的特点和史料价值。

综上所述，对于《南越笔记》的研究还很薄弱，目前可供参考的文献屈指可数。所以笔者主要着眼于认真阅读文献本身，在阅读的基础上，参照学者们对《广东新语》等其他笔记的研究体例、方法中获得一些启示，才能拟定《南越笔记》的研究体系和结构。

四　《南越笔记》的内容编排体系

《南越笔记》，顾名思义，是一本记述岭南风土民俗的史料笔记。《南越笔记》共十六卷，11万余字。每一卷都是系统的、有重点的记录，而非杂乱无序。卷一记民间习俗，卷二至卷四记广东名山名水和神祇、祠庙，卷五至卷六记广东物产，卷七记少数民族，卷八至卷十二记鸟兽虫鱼，卷十三至卷十五记植物果，卷十六记糖、茶、杂物。书的内容非常广泛，凡方言土语、山歌情爱，节令习俗、物产奇珍无不收录其中，是一部比较完整的民俗调查材料。① 比如卷一中记述的民俗节令集会就有元日元夕、灯会、打仔采青、团年送年、七娘会等，又如卷七中记载的少数民族就有瑶人、黎人、疍人等，还介绍了这些少数民族的居住环境、生活习惯、婚丧礼仪等情况。其中更值得一提的是书前有插图，名八景全图，即是广州当时八景，有"珠海夜月"、"大通烟雨"、"白云晚望"、"蒲涧帘泉"、"景泰僧归"、"石门反照"、"金山古寺"、"波黄沐日"，每一景都有绘画和文字说明。② 《南越笔记》的正文以"小标题加叙述"的形式出现，篇幅有长有短，标题简

---

① 刘德仁、盛义：《中国民俗史籍举要》，四川民族出版社1992年版，第312页。
② 同上。

短且概括性强，如卷一赌蔗、斗柑之戏，剥芋，元日元夕等，简单明了，但又有些单调笼统。

五 《南越笔记》中的岭南民俗

《南越笔记》共十六卷，11 万余字，主要记述岭南风土民俗，其内容十分丰富，"凡方言土语、山歌情爱，节令习俗、物产奇珍无不收录，可说是一部比较完整的民俗调查材料"①。由于岭南古为百越民族聚居之地，兼以本地汉族以及由中原迁徙而来的客家人，逐渐形成了丰富多样的岭南民俗，这其中最主要的包括广府民俗、客家民俗、潮汕民俗、疍家民俗等，而这些在李调元的《南越笔记》中均有一定的记载。

（一）广府民俗

广府民系是岭南三大民系之一，也是最能代表岭南文化特征的民系，它由古越人以及南迁的中原移民融合而成。因此广府民俗既秉承中原衣冠，又受异域文化的影响，自成一格。《南越笔记》对此多有记载，兹举数例如下。

卷十六《茶素》载："广州之俗，岁终以烈火爆糯谷，名曰炮谷，以为煎堆心馅；煎堆者，以糯粉为大小圆，入油煎之，以祀先及馈亲友者也。又以糯饭盘结诸花入油煎之，名曰米花；以糯粉杂白糖沙入猪脂煎之，名曰沙壅。以糯粳相杂炒成粉，置方圆印中敲击之，使坚如铁石，名为白饼。"② 炮谷、煎堆、米花、沙壅、白饼等都是广州人过年前要做的糕点，常用于祀拜祖先或馈赠亲友。年关将近，人们就开始为春节忙碌起来了。二十三谢灶，二十四开灶做炮谷、煎堆等，二十五蒸糕，在粤语方言中，糕与高同音，寓意新春"步步高升"。二十六扫屋，二十七洗东西，二十八包粽，二十九贴春联，三十团圆。这样一来绝对是个大工程，然而广州人却从不敢马虎，辞旧迎新寓意

---

① 刘德仁、盛义：《中国民俗史籍举要》，四川民族出版社 1992 年版，第 312 页。
② （清）李调元：《清代笔记五种·南越笔记》，广东人民出版社 2006 年版，第 379 页。

来年平安顺利。

广州人过春节还有一个重要的民俗活动就是迎春花市。当地一首家喻户晓的童谣这样唱道："年卅晚，行花街，迎春花放满街，这朵红花鲜，那朵黄花大，千朵万朵睇唔晒。阿妈笑，阿爸喜，人欢花靓乐开怀。"农历十二月二十八日至除夕夜举办迎春花市，数以百万计的人参加逛花市活动。《南越笔记》卷十五《广州有花渡》载："广州有花渡头在五羊门南岸，广州花贩每日分载素馨至城，从此上舟，故名花渡头。花谓素馨也，花田亦止以素馨名也。"① 花渡头指的是五仙门码头，由于每天都有很多素馨花从五仙码头运上岸，所以称它为花渡头。据文献记载，早在五代南汉时代，珠江南岸庄头村就有许多素馨花田，每天早晨花农们采摘鲜花，在五仙门渡口过江上岸，到老城门下出售。清光绪年间冯向华有首《羊城竹枝词》云："羊城世界本花花，更买鲜花度年华。除夕案头齐供奉，香风吹暖到人家。"广州迎春花市历史悠久，既产生了不可估量的经济效益，也寄寓着生命绽放、欣欣向荣的美好祝愿。

（二）客家民俗

由于战乱、奖掖、贬谪、垦荒等原因，古代中原民众远离家乡大规模迁徙到岭南山区定居，遂成为客家。客家人严守"宁卖祖宗田，不忘祖宗言"② 的祖训，保留了很多中原的民俗，但又受岭南本土文化的影响，形成了别具一格的客家民俗，《南越笔记》对此亦有很多记载。

卷一《灶卦》载："永安岁除夕，妇人置盐米灶上，以碗覆之，视盐米之聚散以卜丰歉，名曰祝灶。男子则置水釜，旁粘东、西、南、北字，中浮小木，视木端所向，以适其方，又审何声气，以卜休咎，名曰灶卦。"③ 永安客家人在每年除夕，妇女们都会拿点米和盐，用碗盖着摇一摇，看看盐米的聚散，以此来预祝来年丰收，男子则以浮木

---

① （清）李调元：《清代笔记五种·南越笔记》，广东人民出版社 2006 年版，第 368 页。

② 谭元亨：《珠江远眺》，中国评论学术出版社 2006 年版，第 380 页。

③ （清）李调元：《清代笔记五种·南越笔记》，广东人民出版社 2006 年版，第 195—196 页。

所指的方向（东、南、西、北）来确定吉凶。这跟灶神崇拜有关。相传灶王爷是玉皇大帝封的"九天东厨司命灶王府君"，负责管理各家的灶火，人们视它为家中的保护神。无论是祝灶还是灶卦，都是人们祈求平安的一种方式。

《南越笔记》中还描述了下元节的民俗："十月下元会，天乃寒，人始释其茎葛。农在登稼，饼菜以饷牛，为寮榨蔗作糖，食鲙为家宴团冬。"① 下元会即客家人所说的下元节。下元日是道家三官中水官的诞辰。水官解厄运。十月中旬，天气渐寒，人们田里的农活也基本干完了，为了犒劳自己一年来的辛勤劳作和庆祝丰收，人们在下元日当天会做很多"饼菜"——糍粑、米果、包芋头、酿豆腐等，俗称"做元东"。客家人生活在丘陵山区，生活条件很艰苦，而下元节既是他们祈求水官解除厄运的一种形式，也是人们庆祝丰收、向往美好生活的一种方式。

（三）潮汕民俗

潮州民系是本地土著与外来移民交会融合而发展形成的，他们主要聚居于广东省东部潮汕地区的汕头、潮阳、澄海、南澳、潮州、揭阳、普宁、惠来九县市和汕尾市的陆丰、海丰两县，以及惠东、揭西的小部分地区。本地闽越族人与中原汉人不断磨合，从而形成了别具特色的潮汕民俗。翻看《南越笔记》，我们可以看到潮汕民俗的记载。

元夕放水灯。卷一《灯公》载："海丰之俗，元夕于江干放水灯，竞拾之，得白者喜为男兆，得红者谓为女兆。广州灯夕，士女多向东行祈子，以百宝灯供神，夜则祈灯取采头，凡三筹皆胜者为神许，许则持灯而返。逾岁酬灯，生子者盛为酒馔庆社庙，谓之灯头，群称其祖父曰灯公。"② 在海丰，正月十五即元宵节那天，人们会在江边放河灯，然后争先恐后地抢河灯，得白灯者寓意添男丁，红灯寓意添女孩。

① （清）李调元：《清代笔记五种·南越笔记》，广东人民出版社 2006 年版，第 195 页。
② 同上书，第 192—193 页。

"灯"在粤语中读"丁","抢灯"谐音"添丁"。今天看来，人们希望通过放河灯、抢河灯来求子，虽不科学，但这也表达了民众对美好事物的一种向往。至于为什么得白灯者添男孩，得红灯者添女孩，这也许与花王父母神崇拜有关。《南越笔记》卷四《花王父母》载："越人祈子，必于花王父母，有祝辞云：'白花男，红花女。'故婚夕亲戚皆送花，盖取《诗》：'华如桃李'之义。"①

中秋祭月。卷一《灯公》载："八月十五之夕，儿童燃番塔灯，持柚火踏歌于道曰：'洒乐仔，洒乐儿，无咋糜。'塔累碎瓦为之，像花塔者其灯多，像光塔者其灯少。柚火者以红柚皮雕镂人物花草，中置一琉璃盏，朱光四射，与素馨、茉莉灯交映，盖素馨、茉莉灯以香胜，柚灯以色胜。"②潮汕人认为月亮是太阴娘，因此，潮汕有"男不拜月，女不祭灶"的习俗。祭月的主角是妇女孩子。祭月燃烟堆、烧火塔是必不可少的仪式。清顺治吴颖《潮州府志》云："中秋玩月……儿童燃塔为乐。"相传，潮汕烧塔的习俗源于元末潮人把燃放烟火作为杀死元兵的信号。据说，元兵占领潮州后实行三家一保的联户制，每三户供养一个元兵，规定晚上不得关门，元兵可随意到哪家睡觉，新媳妇的初夜权也先给元兵。百姓忍无可忍，相约中秋夜以燃烟堆、烧火塔为号，起兵造反。祭月中还有一项必不可少的环节就是祭品中要有芋头，而且潮人都要剥芋头。《南越笔记》卷一《剥芋》载："八月蓼花水至，有月，则岁多珠。为大饼象月，浮桂酒，剥芋。芋有十四种，以黄者为贵。"③潮汕人把剥芋头又叫作"剥鬼皮"。鬼皮指胡人，即元兵。潮语的"芋"与"胡"谐音，因此剥芋头皮寓意剥胡人皮。由此可知，潮汕人中秋剥芋头有着一定的历史文化渊源。今天，那段动荡的年代已经一去不复返了，然而潮人坚忍不拔的民族气节将永远被传承下去。

---

① （清）李调元：《清代笔记五种·南越笔记》，广东人民出版社 2006 年版，第 253 页。
② 同上书，第 193 页。
③ 同上书，第 194 页。

（四）疍家民俗

疍家，又称疍民、疍人、疍户、疍族，指居住在水上的居民。《南越笔记》卷七记载："疍家本鲸鲵之族，其性嗜杀，彼其大艟小艑，出没江海上，水道多歧，而罟朋之分合不测，又与水陆诸凶渠相为连结，故多疍家贼云。"① 又据宋周去非《岭外代答》卷三："以舟为室，视水为陆，浮生江海者，疍也。"② 从这两段材料可知，疍民生活在水上，以船为家，以渔为生，由于生活环境艰险，有不少疍民被迫沦为盗贼。

疍家人经常要下海或下河打鱼，而自然环境又很恶劣，多风暴潮涝，疍民常常为此送命。所以凡是跟海、水有关的神灵，他们都事之甚谨，顶礼膜拜，如妈祖信仰。《南越笔记》卷四载道："天妃，海神。或以为太虚之中，惟天为大，地次之，故天称皇，地称后，海次于地，故称妃。然今粤人皆以天妃为林姓云。"③ 天妃即是妈祖。妈祖信仰是疍民最为隆重且根深蒂固的习俗。疍民在江河海上从事渔业生产和起居生活，面对的是反复无常、威力无比的异己力量，生命财产没有保障，他们希望有一个强大的神灵在自己危险之际可以拯救自己，而作为海上保护女神的妈祖正好满足了他们这种心理期望，妈祖信仰可以保护其渔获丰收，一帆风顺。类似这种具有庇佑作用的水神还有很多，如《南越笔记》卷七中的《南海神》、《龙母》等均与疍人的特殊信仰有关。

《南越笔记》卷一《粤俗好歌》载："疍人亦喜唱歌，婚夕两舟相合，男歌胜则牵女衣过舟也。"④ 疍民以歌传情，男女站于船头对唱咸水歌，因此，依歌择配便成了疍家男女婚恋的重要方式。清代诗人陈昙《疍家墩》诗咏道："龙户卢余是种人，水云深处且藏身。盆花盆草风流甚，竞唱渔歌好缔亲。"疍家若有待嫁闺女，家长一般会在艇

① （清）李调元：《清代笔记五种·南越笔记》，广东人民出版社 2006 年版，第 291 页。
② （宋）周去非：《岭外代答》，上海远东出版社 1996 年版，第 65 页。
③ （清）李调元：《清代笔记五种·南越笔记》，广东人民出版社 2006 年版，第 250 页。
④ 同上书，第 202 页。

尾上摆一盆花。疍家男子盆花，划船前来，以甜美的情歌去打动对方。唱到两情相悦，一段姻缘就这么开始了。

六 《南越笔记》和《广东新语》之间的关系

《广东新语》为清人屈大均所撰，共二十八卷列二十八语，即天、地、山、水、石、神、人、女、事、学、文、诗、艺、食、货、器、宫、舟、坟、禽、兽、鳞介、虫、木、香、草、怪等 28 类。它系统地记述了广东的天文地理、经济物产、人物风俗。"不出乎广东之内，而有见夫广东之外；虽广东之外志，而广大精微，可以范围天下而不过。"① 除了内容博大外，《广东新语》中所记载的知识可信度很高，是后人研究广东的可靠资料。清代学者潘次耕在为《新语》所写的序言中说："考方舆、披志乘，验之以身经，征之以目睹，久而成《新语》一书。"② 而李调元在任广东学政期间，因为身份之便得以查阅《广东新语》，而《南越笔记》正是他阅读了《广东新语》之后所辑的。可见《南越笔记》与《广东新语》有着密切的关系。

（一）《广东新语》是《南越笔记》的成书基础

《南越笔记》是李调元任广东学政时遍历全省各府县，涉猎岭南载籍之后编辑而成的。而"岭南载籍"最主要指的是《广东新语》。《广东新语》和《南越笔记》二者有很多相似甚至是相同之处，如《广东新语》卷十五《食语·葛布》和《南越笔记》卷五《葛布》："粤之葛以增城女葛为上，然恒不鬻市。彼中女子，终岁乃成一匹，以衣其夫而已。"③ 后人对《南越笔记》内容多引用《广东新语》颇有微词，认为李调元是在抄袭《广东新语》，认为《南越笔记》没有考究意义。而笔者认为并非如此，原因有以下几点：首先，李调元从一开始写《南越笔记》就用的是"辑"而非"撰"。辑，即编辑整理

---

① （清）屈大均：《广东新语》，中华书局 1985 年版，第 1 页。
② 来新夏：《清人笔记随录》，中华书局 2005 年版，第 59 页。
③ （清）屈大均：《广东新语》，中华书局 1985 年版，第 422 页。

的意思，而撰是自己撰写的意思。关于这一点我们可以查看李调元的
《函海》，李调元自己写的序言云："余适由广东学政任满，蒙特恩监
司畿辅，去京咫尺，而向在翰林同馆诸公，又时获鳞素相通，因以得
借观天府藏书之副本。每得善本，辄雇胥录之，始于辛丑秋，迄于壬
寅冬，裒然成帙，真洋洋大观矣。有客谀余所好，劝开雕以广其传，
遂欣然为之。余蜀人也，故各书中于锦里诸耆旧著作，尤刻意搜罗，
梓行者居其大半……书成，分为四十函。自第一至十皆刻自晋六朝以
至唐元明诸人未见书，自十一至十六皆专刻明升庵未见书，自十七至
二十四则兼刻各家未见书，参以考证，自二十五至四十则附以拙纂，
名曰《函海》。"① 由此序言可知，李调元有个嗜好——耆旧著作尤刻
意搜罗。李调元"每得善本"都要雇人或自己亲自把它抄录下来，其
次是他把《南越笔记》收录在《函海》的第二十四函，按李调元的说
法它属于"各家未见书"，不属于李氏"拙纂之书"。其次，《广东新
语》乃清廷禁书。《广东新语》乃明朝遗民屈大均所作，而屈大均是
反清复明的志士，一生都在秘密进行反清复明活动，这样的人是不被
当时统治者认可的，他的作品也不例外。雍正八年，因受上年吕留良
案的牵连，屈大均的著作被清廷禁毁，他本人也亦差点被挖墓戮尸。
这件事对广东的士人学者来说确实是毛骨悚然的。李调元因为职务的
原因得以查阅《广东新语》，他认为《广东新语》是本不可多得的著
作，为了不让它在清廷的政策下消失，于是他将《广东新语》重新编
辑，进行合理的删减，更改标题，改头换面，可以说是换汤不换药，
让《广东新语》以《南越笔记》的身份流传下去。即使是《广东新
语》最终全部被禁毁了，它所记载的有价值的知识通过《南越笔记》
也可以继续传承下去。对此，李调元可以说是用心良苦，同时也承担
着一定的风险，在封建时期，阶级统治是很残酷的，文化必须为统治
者服务，一旦被统治者发现李调元在编辑《广东新语》，他就可能受
到屈氏的牵连，甚至是李氏整个家族都会受到牵连。因此，如果说李

① （清）李调元：《函海》，嘉庆六年（见本书前所附书影）。

调元是为了名利才编辑《南越笔记》，这根本不可能。李调元在翻阅了《广东新语》的基础上编辑了《南越笔记》，这既是对学术的热忱，也是为文化的传承负起应尽的责任。

（二）《南越笔记》与《广东新语》的区别

总体上看，《广东新语》和《南越笔记》都是记载了广东风土民情、物产奇珍和地理环境的文人笔记。然而，两者之间也在一些方面存在一定的区别。这些区别主要表现有三。

第一，李调元的《南越笔记》和屈大均的《广东新语》对于民俗的态度迥然有别。如同样是写广东民间习俗——打仔、采青，《南越笔记》卷一云："下番禺诸乡，每正月，儿童集山间以拳棒相角曰打仔。又自初十至十五，窃蔬者相淫奔曰采青。"① 而《广东新语》中记载的《打仔》则云："下番禺诸乡，岁正月初旬，儿童先集山野间，以拳棒相角，谓之打仔。已而壮者蜂拥至助之，以胜负卜其乡一岁之兴衰。阳江县西有厮打冈，岁五月五日，乡人无老少咸集奋斗，谓胜则一方吉利。此亦吴俗斗力之戏，各料强弱相敌，事类讲武，然非礼让之风也，宜禁。"②《采青》云："琼州风俗之敝，尤在上元。自初十至十五五日内，窃蔬者，行淫奔者，不问，名曰采青。此宜禁。"③ 表面看来，李调元对《广东新语》中记载的"打仔"、"采青"的题目做了更改，内容做了删减，两则资料所表达的意思基本是一样的，所记述的民俗活动也是一样的。可再深入分析，会发现李调元只是对"打仔"、"采青"的民俗作了客观的介绍，而屈大均的《广东新语》明显不一样，除介绍了什么叫打仔，还记述了打仔这种民俗的寓意、打仔在阳江县等地的情况，以及这一民俗造成的不良影响，还发表了自己的意见——宜禁。《采青》条亦然。

又如，如卷四《贪泉》这样记载道："石门有泉，饮之辄使人贪，

---

① （清）李调元：《清代笔记五种·南越笔记》，广东人民出版社 2006 年版，第 193 页。
② （清）屈大均：《广东新语》，中华书局 1985 年版，第 301 页。
③ 同上书，第 302 页。

名曰贪泉。语云：登大庾岭，则芳秽之气分，饮石门泉，则清白之质变，由来已久。然泉不能得之于隐之，隐之云：试使夷齐饮，终当不易心，则是泉之力，亦有时而穷也。嗟夫！粤处万里，禁网故号疏阔，异时吏者因得以操柄取盈，念无以谢粤民，则委罪于石门之泉，曰：是饮焉而能使人易心而墨也者。而东莞之南，黄岭有廉泉焉，长令者亦未闻有饮之而廉者也，何均之泉，而廉者不能使人廉，贪者乃独使人贪，其人累泉乎？泉累人乎？"① 人饮贪泉则贪，但人饮廉泉而不廉，屈大均直白地追问"其人累泉乎"还是"泉累人乎"，将矛头直接指向人心，跟泉水无关。这种见解十分深刻。而李调元的《贪泉》则云："石门有泉，饮之辄使人贪，名曰贪泉。语云：'登大庾岭则芳秽之气分，饮石门泉则清白之质变。'由来久矣。"② 这种记述轻描淡写，纯粹是客观的。类似这种情况的还有很多，比如"连峡"、"葛布"等。之所以会这样，可能跟两位作者的身份有关。李调元是清代四川著名学者，两赴广东为官，因为职务之便，有幸翻阅《广东新语》这本著作，由于李调元平生好学，爱奇嗜博，对《广东新语》这本奇书，他又怎么会错过呢？然而，李调元毕竟不是广东人，在广东的时间也有限，见闻欠广，更多的是以观光客的眼光，专挑那些好奇的事物客观记录，在资料编辑上也比较简单、笼统。而屈大均是土生土长的广东人，喜欢到处游历，交朋甚广，非常熟悉岭南民俗，并且对这些民俗的发生、发展以及结果有着清晰的认识，因而其对民俗的记述就非常详细且更加生动。

第二，两人在广东的经历不同，因而两书中各有自己独有而别人所没有的内容。如卷三《西樵》云："予尝冒雨从飞玉台至泉顶观之。"③ 和《霍山》云："酒瓮石，予尝欲终老其间"④，这些在李调元的《南越笔记》是没有的。而《南越笔记》卷四的《连州二诗人》、

① （清）屈大均：《广东新语》，中华书局 1985 年版，第 148 页。
② （清）李调元：《清代广东笔记五种·南越笔记》，广东人民出版社 2006 年版，第 235 页。
③ （清）屈大均：《广东新语》，中华书局 1985 年版，第 98 页。
④ 同上书，第 99 页。

《白沙先生》，卷六的《花边钱》，卷十二的《红蝙蝠》和《蚊子木》，这些都是李调元在广东的见闻，《广东新语》中则没有。

第三，屈大均在记载资料时常常会附上自己的诗歌或是岭南文人的诗歌作为补充。如卷四《广州潮》载："予有沓潮曲云：与郎如沓潮，朝暮不曾暇。欢如早潮上，侬似暮潮下。"① 卷四《日月二泉》载"予诗：月泉西出日泉东，日月光生二井中。南海波潮从口上，朱明门户与心通。朝含真气知天下，夕有清光似碧空。汲取寒华供茗饮，仙人美禄此无穷。"② 卷五《石粪》："予有畲田诗云：畲客石为田，田肥宜石粪。"③ 卷四《二湖》："王于一有言：世之变也，志风雅者，当纪亡而不纪存。" 如此的例子还有很多，如卷四《漈》中的舟子歌，卷五《石船》中《石船铭》等，这些诗歌，以生动形象的方式，让人们更容易了解所记载的事物。而李调元在编辑《南越笔记》时直接删除了这些诗歌，原因估计是与屈大均的遗民身份和文字狱有关。

第四，屈大均在《广东新语》中大胆揭露了社会的黑暗，民生的疾苦，强烈批判了当朝统治者与当时的社会体制，而李调元的《南越笔记》则没有。如《广东新语·贪吏》篇可说是全书中揭露官场腐败最有力的一篇。"吾广谬以富饶特闻，仕宦者以为货府，无论官之大小，一捧粤符，靡不欢欣过望。长安戚友，举手相庆，以为十郡膏境，可以属厌脂膏。于是争以母钱货之，以五当十，而厚责其赢利。其人至官，未及视事，即以攫金为事。"④ 广东物产特别丰富——"计天下所有之食货，东粤几尽有之。东粤之所有食货，天下未必尽有之也。"⑤ 也正因为如此，广东成了贪官垂涎之地。贪官利用自己手中的权力，千方百计地攫金敛财——"无论官之大小，一捧粤符，靡不欢欣过望。" 然而，屈大均认为，粤地的富饶只是贪腐的外部条件，而

---

① （清）屈大均：《广东新语》，中华书局 1985 年版，第 135 页。
② 同上书，第 172 页。
③ 同上书，第 185 页。
④ 同上书，第 303—304 页。
⑤ 同上书，第 304 页。

贪官污吏盛行的根本原因是"长安戚友，举手相庆"，"上官眈眈乎中，中复眈眈乎下，下则无所眈眈也"①。贪污并非个体行为，而是一个有组织的团体活动。贪官之所以敢明目张胆地搜刮百姓，是因为上面有高官替他们撑腰，做他们的保护伞。在书中，他严厉斥责："京师者，饿虎之山；权贵者，择肉之主。"② 这样一来，屈大均就把矛头直接指向了当朝统治者与当时的社会体制，这一点李调元是做不到的，因为身份和立场不一样。屈大均是明朝遗民，对清朝统治者强烈不满，一生致力于反清复明。屈大均以史家犀利的笔触和敏锐的洞察力，全面深刻地揭露和批判了社会的黑暗，并极力主张"端本澄源，以节俭为之倡率，禁难得之货，明贪墨之刑"③，必须从源头铲除贪官，使"国之富藏之于民"，而不是"藏之于官，复藏于官而贾者"。这些认识是非常深刻的，至今仍值得后人引以为戒。

七　《南越笔记》的价值

李调元的《南越笔记》是清代不可多得的地方史料，它的价值绝不是单一的，而是多元化的。其中记载了岭南风土人情、物产习俗和社会经济等内容，为后世人们了解岭南，尤其是广东的文化与经济提供了重要史料。具体来说，《南越笔记》一书的价值主要体现在下述三个方面。

（一）民俗史料价值

《南越笔记》中主要记载了岭南民俗，尤其集中于卷一、卷四、卷七等卷，并散见于其余各卷。如卷一杂记广东岁时节日（如立春、元日元夕、灯公、五月五日、夏至、九日广州琼州风俗、下元会、团年、送年等条）、游戏娱乐（如打仔采青、放鸽会、七娘会、吹田了、吹角、赌蔗斗柑之戏等条）、人生仪礼（中秋女始笄）、生产生活（如

---

①　（清）屈大均：《广东新语》，中华书局 1985 年版，第 304 页。

②　同上。

③　同上书，第 305 页。

妇女足不袜、放闲、小熟、大熟、水田、旱田、坡田、牛田、人田、女子采香、粤人多以捕鱼为业等条)、宗教信仰和巫术 (如灶卦、俗尚师巫等条)、民间艺术 (如赶墟、粤俗好歌等条)、口承语言 (如广东方言等条) 等丰富的民俗学内容。卷四主要记录广东民间信仰的主要神祇,如雷神、罗浮君、南海神、禾谷夫人、伏波神、飞来神、天妃、龙母、斗姥、花王父母、金华夫人、东莞城隍、南越人好巫、洗夫人庙等。卷七主要为各民族、民族支系和特殊人群的风俗习惯的记述,主要包括马人、黑人、疯人、瑶人、犩人、疍家、黎人等条。李调元一句简短的记载,为后世人们了解当时广东的民俗提供了重要的史料。此外,它让人们知道某个民俗活动的缘起、发展、变迁、寓意等,这为我们研究岭南民俗文化的发展演变提供了重要资料。

(二) 经济史料价值

首先,《南越笔记》中很多条目涉及社会经济。如卷六《十三行》载:"按,余靖志云:'番禺大府,号为都会,海舶贸易,商贾辐辏。'今诸番岁携毯、毹、毡、氍诸物与中土互市,皆屬属也。广州城南设有十三行。按,十三行今实止八行,为丰进、泰和、同文、面益、逢源、源泉、广顺、裕源之。"① "十三行" 即清代在广州设立的对外贸易的通商口岸,从资料可知当时广州经济十分繁荣,吸引了很多外商到中国做生意,由此而有了 "花边钱"②,即当时在广州流行的外币。虽然清代十三行随着封建王朝的没落也消失了,可十三行给广州带来的影响是不可估量的。人们研究十三行,可以了解清代广东经济的发展情况。其次,《南越笔记》中对岭南酒业也作了记载。卷十六《岭南诸酒》载:"岭南诸酒则有灵溪、博罗。灵溪在乐昌东北,源出冷君之山,以其水酿曰灵溪酒。博罗蛮村有桂,以其花酿曰桂酒,苏长公有《桂酒颂》,并与酿法刻于罗浮铁桥下,谓非

---

① (清) 李调元:《清代笔记五种·南越笔记》,广东人民出版社 2006 年版,第 276 页。

② 同上。

忘世求道者不以授云。惠州有罗浮春，长公以寄山中道士邓守安者。又有海酝及万户酒，长公诗'岭南万户皆春色'。又有雪酿，长公诗'雪花浮动万家春'，盖宋时酒皆宫酿，惟岭南以烟瘴不禁，谓之万户酒。"① 从资料中可知，第一，岭南灵溪酒和罗浮桂酒非常有名，苏轼还专门为桂酒题诗，其中的罗浮春更是长公被贬惠州后亲自酿造的，可见苏轼对岭南诸酒的喜爱；第二，从宋代以来，酒业属于官营，而唯有岭南这个地方酒业发达，人们以酒来防御烟瘴之气。总之，透过资料我们可以肯定的是，当时岭南酒业相当发达，人们擅长酿酒且喜欢喝酒。然而到了现代，广东酒业却不尽如人意。据相关资料显示，目前在广东市场活跃的众多白酒品牌，基本上清一色来自外省。② 这不得不让我们深思，现在人们的生活水平、生产工具与技术都比当时好得多，可是岭南酒业却大不如从前，这是哪一个环节出了问题呢，岭南酒业到今天怎么就没落了呢？我们通过考究《南越笔记》中有关酒业的资料，寻找岭南酒业没落的原因，或许能为当代岭南酒业的发展找到方向。

（三）医学史料价值

岭南气候炎热多雨，环境恶劣，常使人因瘴生病。然而聪明的岭南人善于就地取材来保护自己。如卷十三《化州橘红》载："《志》云：'今广东柑橘橙柚之皮皆充用。'按：广陈皮入药者，化州为上，新会次之。新会即冈州地。《本草》云：'橙橘同属，能下气消痰，与柑柚性极不同，形质、大小、粗细固自有辨，医方多误用，宜慎之。'"③ 卷十三《洋桃》载："广人以为蔬，能辟岚瘴之毒。中蛊者，捣自然汁饮，毒即吐出。脯之，或白蜜渍之，持至北方，不能水土与疟者皆可治。"④ 此外，卷十三中还记载了药用的"黎檬子"、"人面

① （清）李调元：《清代笔记五种·南越笔记》，广东人民出版社 2006 年版，第 381 页。

② 贺仁智、万伟成：《岭南酒文化对现代广东酒业的启示——从三家史料看岭南酒文化》，《佛山科学技术学院学报》2009 年第 5 期。

③ （清）李调元：《清代笔记五种·南越笔记》，广东人民出版社 2006 年版，第 334 页。

④ 同上书，第 339 页。

子"等，卷十五记载的"露头花"等。这一段段的医学记载，为岭南医学研究和医药研发提供了重要的史料。

总之，《南越笔记》的价值远不止这些。李调元的《南越笔记》虽然转录了《广东新语》的很多内容，但是经过重新编辑增删而成的《南越笔记》，其在一定意义上已经融入了李调元对于异文化的看法和态度。因此，通过研究《南越笔记》我们不仅可以了解岭南的历史与文化，而且还可以从中看出李调元对民间文化的理解，这对客观评价李调元在民俗史上的地位有一定的意义。

第四节　李调元的民俗学成就评价

在民俗学方面，李调元的成就主要有三个方面：第一，对以往珍稀民俗古籍的辑录、整理和传播；第二，取材或模仿民间文艺而创作作品；第三，对流行的民间文艺观念的批判，并提出自己的文艺观。本节拟从这些方面来对李调元的民俗学成就作些评价。

一　对珍稀民俗典籍的辑录、整理和刊行

李调元的民俗学成就，首先表现在他对前代民俗学古籍的辑录、整理和刊行方面。在《函海》和《续函海》两部丛书中，经其辑录、整理和刊行的著作主要包括：

其一，《粤风》四卷，辑解汉、俍、壮、瑶四个民族的歌谣。

其二，删补屈大均的《广东新语》编成《南越笔记》十六卷，其中保存了一些粤地流传的民间故事和歌谣谚语。如故事《伏波神》、《五羊石》，瑶族人民反抗民族压迫的《罗旁瑶谣二首》和"粤俗好歌"条中的不少粤地民歌等。

其三，《蜀雅》二十卷和《罗江县志》十卷中收集保存了一首晋代绵州民歌《豆子山》和一些具有政治意义或表现一般社会爱情生活的儿歌、童谣、情歌、谚语等；《雨村诗话》（十六卷本）卷十二中采录了当时广东各地诸生创作的十余首竹枝词，这有助于我们了解清代

岭南地区的社会文化和民俗状况。

其四，校刊杨慎的相关民俗学（含民间文学）作品，如《山海经补注》、《风雅逸篇》、《古今风谣》、《古今谚》等。其中，《古今风谣》、《古今谚》是杨慎请戍云南时，采集古书中的歌谣、谚语汇编而成。《古今风谣》一书是我国第一部采集古籍中歌谣汇编而成的歌谣专集。

其五，《通俗编》二十卷，仁和翟灝辑、李调元校刊。书中保存了不少重要的民间文艺与民俗史料。如关于评话，三棒鼓、相声、秧歌、影戏等民间曲艺和小戏的记录，对清代游艺民俗研究有着重要的价值，也直接为李调元写作《弄谱》和《弄谱百咏》提供了一定的史料。

李调元在对上述典籍的辑录和刊行中虽不乏错讹、谬误之处，甚至还有贪多不化和剽袭照搬之嫌，但我们不必苛求。毕竟他通过《函海》在保存、刊行、传播这些稀有的民俗学（含民间文学）典籍中所做出的成就是值得肯定的。

二　改写、取材或模仿民俗典籍而创作的民俗作品

除辑录和刊行民俗典籍外，李调元还在学习的基础上进行模仿与再创作。这方面的作品主要包括五类：其一，由民间歌谣改写的同题诗歌。这些诗作大多收集在他的《粤东皇华集》和《童山诗集》甲午年中，这部分作品是其所有诗歌中最具特色的部分。如《蜘蛛曲》、《竹叶歌》、《素馨曲》、《踏月歌》、《怨曲》、《采珠曲》、《浪花歌》等都是由民间歌谣改写的民俗诗歌。这些诗作，除仍保留有民歌风味和口语通俗的特点外，语言更凝练。其二，取材民谣的创作。如《淘鹅谣（并序）》、《青雏引（有序）》等。其三，模仿民歌创作的乐府歌行。如《采珠曲》、《扶留曲》、《沓潮歌》、《合欢词》、《蕉布行》等。其四，反映岭南社会历史和文化的竹枝词。如《南海竹枝词十六首》、《竹枝十六首》（在广东作）等。其五，改写或仿作的民俗作品，如《弄谱》为《通俗编》的

改写，《尾蔗丛谈》为有意模仿，并专搜《齐谐》、《搜神广异》、《太平广记》等未载之事，《新搜神记》则为补干宝《搜神记》之遗，内容以志神怪为主。

上述改写、取材或模仿民俗典籍而创作的民俗作品，具有明显的地方特色和浓郁的民间风味，为其创作吹来了一股清新之风。

三 对流行的传统民俗学观念的批判

李调元一生喜欢并且广泛接触了很多民间文艺，对各地风俗也时常关注。因而，他的民俗学成就还表现在他所建立和倡导的进步和开明的民间文艺观。这些观念的建立与他对当时错误的民间文艺观的批评密不可分。如在《雨村曲话》还未完成时，就有人议论："词，诗之余；曲，词之余，大抵皆深闺、永巷、春伤、秋怨之语，岂须眉学士所宜有！况夫雕肾琢肝，纤新淫荡，亦非鼓吹之盛事也，子何为而刺刺不休也？"① 他理直气壮地回应："戏之为用大矣哉！孔子曰：'诗可以兴，可以观，可以群，可以怨。'今举贤忠佞，理乱兴亡，搬演于笙歌鼓吹之场，男男妇妇，善善恶恶，使人触目而惩戒生焉，岂不亦可兴、可观、可群、可怨乎？"② 李调元对民间戏曲与诗歌同等重视，认为其也可以兴观群怨的观点虽然并非什么新的观点，但如果我们联系到清代中期"花部"地方戏曲遭"禁演"的历史事实，我们会发现李调元的民间文艺观是有意义的。

又如，在《弄谱序》李调元对传统的"玩物丧志"的观点深不以为然，他举了大量的例子，上至先师孔圣，下至皇帝天子、王公贵胄、文人处士、庶民百姓，无一不有"弄"（娱乐、游戏）。在他看来，"弄"本身并没有错，只不过要分清场合，只要不在国之大事的祀与戎中儿戏，其他生活中的各种游戏娱乐、杂技艺术并不会对

---

① （清）李调元：《雨村曲话序》，中国戏曲研究院编《中国古典戏曲论著集成》（八），中国戏剧出版社 1959 年版，第 5 页。

② 同上书，第 35 页。

社会秩序和道德造成负面影响。李调元的这种民间文化观念具有一定的进步性。

　　总之，无论是在民俗古籍的整理和辑刊方面，还是在民俗文艺的创作和民俗观念方面，李调元都取得了巨大成就，从而为中国民俗学的发展做出了贡献。

结　语

李调元的历史地位与贡献

　　李调元是清代乾嘉时期著名的文学家、文艺理论家、民俗学家和全才型学者。他与袁枚、王文治、赵翼并称"林下四老"、"乾隆四子"（张怀溎《四家选集》语）。他一生勤于著述，其在文学、民俗学、戏曲学、史学、经学、金石学、语言学、训诂学、校雠学、音韵学等方面皆有所建树。同时，他还刊刻了大型文化典籍《函海》、《续函海》等，为巴蜀文化及中国文化的传承、弘扬和传播都做出了独特的贡献。

　　李调元在生前和去世之后均产生了一定的影响。虽然这些评价见仁见智、褒贬纷杂，但仔细分析均只是着眼于其一个方面的成就。这些"只见树木，不见森林"的观点难免有不尽客观之处。中国现代著名的历史学家、文献学家、国学大师张舜徽在《清人文集别录》中评价："调元早岁嗜吟咏，与袁枚、赵翼相颉颃。时人有谓调元与袁枚，正如华岳二峰，遥遥相峙，风云变化，两不可测。亦以调元从事朴学，优于两家。初未必甘以文士自居也。"① 由此可见，所谓术业有专攻，袁枚的主要成就在文学（诗歌和散文）上，王文治则偏重于书诗，赵翼诗文、史学俱佳，蒋士铨则尤擅词曲，而李调元与这些当时的名家

---

① 张舜徽：《清人文集别录》卷七《童山文集》，中华书局1963年版，第207—208页。

相比，更像是一个"海纳百川，有容乃大"的杂家，一个全面的大学者。虽然在某一方面他可能逊于以上各家，但在总体上他的成就是毫不逊色的。客观地说，他的历史地位和贡献主要表现在以下几个方面。

第一，对巴蜀文化的振衰起弊和对中华文化的弘扬之功不可埋没。明清异代的战乱不仅给四川的农业生产和人民生活等造成了巨大影响，而且也对文化的发展产生了毁灭性的破坏。李调元曾在江浙求学，在广东、京冀等地为官，深感巴蜀文化与其他各地的差距，因此值《四库》馆开，趁机搜书，雇人抄书、刻书，四处购书，耗费毕生精力营建"万卷楼"，刊刻《函海》、《续函海》、《续函海补遗十六种》，其中多收历代川人著述，这对巴蜀文化和中华文化的发展有着巨大的振衰起弊和传承之功。

第二，对清代性灵派文学和民俗学发展的贡献。性灵派是清代文学史上一个重要的诗歌流派，对后来龚自珍提出的"主情说"以及黄遵宪在"诗界革命"中提倡的"我手写我口，古岂能拘牵"等主张均有深远影响。而在清代"性灵派"文学中，李调元和赵翼都是性灵派中重要两翼和干将，他们和袁枚一道提倡诗歌抒发性灵，讲求独创和个性，共同推动了清代性灵派文学的发展。此外，李调元还是民俗学家，他的《南越笔记》、《粤风》、《尾蔗丛谈》、《新搜神记》、《弄谱》等既为中国民俗学的发展和历史民俗学的研究保存了重要的文献资料，又为中华民俗文化的传承和发展做出了积极贡献。

第三，李调元也对中华文化的对外传播，以及中外文化的交流作出了贡献。李调元和韩国诗人柳琴，以及有着"汉诗四家"之称的李德懋、柳得恭、朴齐家、李书九等人有着广泛的创作交流。他的《粤东皇华集》、《看云楼集》、《雨村诗话》曾传播到韩国引起了广泛的影响。李德懋在《清脾录》（朝鲜本，卷之四）高度评价调元诗云："羹堂诗步武腾骧，边幅展拓，每一读之，襟抱豁如，雄秀博达，浩无端倪。"[①]

---

① ［朝］洪大容、李德懋著，邝健行点校：《干净同笔谈·清脾录》，上海古籍出版社2010年版，第261页。

他亲自评点并作序的《韩客巾衍集》为韩国"北学派"诗人在其国内的影响奠定了基础。

第四，李调元不畏权贵，爱憎分明，提携后进，不遗余力，他的机智、幽默、率真、耿直、笃学等都给人留下了深刻印象，是值得后世学习的光辉典范。

总之，李调元是清代乾嘉时期的一位学术大家，他为我们留下了大量宝贵的精神遗产，值得我们去学习、发掘和继承。无论是在清代的中国，还是在韩国，无论是褒扬还是贬斥，李调元都应在文学史、文化史上占有一席之地。

附　录

李调元研究文献汇编

一　世系·年谱

1. 世系：李氏宗祠敦本堂存赜

公李攀旺字美实，罗江县云龙坝人也。生明天启丁卯年四月。三岁而孤。母王氏再适同邑李云卿，公随母育于李。后值流寇张献忠作乱，人多逃亡。公于是归宗，年二十三矣。归则宗族尽散，无一存者。公孑身无倚，随乡戚走石泉。是时贼众猖獗，焚掠殆尽，民食无所出，惟匿迹深山，采树皮草子充饥。公尝绝食三日，获野物食之，得不死。公在石泉数年，值蜀中平定，乃归住河村坝。时土田在荆棘中，公开荒刈草，独立经营，历十余年，粗有积蓄，始娶妻，即吾祖母李氏也。时年四十又一矣。后移居毛家坝，又十余年移居南村坝，子孙今家焉。公为人忠厚浑朴，不较是非。尝训子曰："吾昔在兵劫中冲冒矢石，野居露处，自分难保，赖祖宗之灵，以有其身，得延李氏一线。惟愿尔世世子孙无以机巧变诈为心，吾外无求矣。"卒于康熙庚子年，享寿七十又四。以孙化楠贵，得移赠焉。今族众恐代远年湮，湮没无闻，是以又将《墓志》及历世所得大小科名并刻于祠后巨石，以昭来兹不朽云。

武庠李士逵

联捷进士后任天津北路同知李化楠

廪膳生员奉旨钦赐千叟宴李化樟

庠生李化杞

钦点翰林院提督广东学政原任直隶通永道李调元

庠生李燮元

钦点翰林院册封琉球天使李鼎元

钦点翰林院开坊左春坊左中允李骥元

丙午举人原任贵州清平知县李森元

廪膳生候铨同知李朝础

乙卯举人考取咸安官教习李朝垲

恩进士李朝杰

岁入宛平李朝琰

庠生李朝彦

庠生李朝堂

岁进士李朝磐

增生李朝垍

岁进士李朝墉

庠生李仁端

岁进士李朝坽

庠生李铣端

外附名派歌序：

> 朝端崇道义，庭际上青芳。
> 孝友家声远，祖宗功德长。

旧存祭田六十亩零，在祠堂侧近。现有碑记至坟山界，至东至云龙寺洪水沟界，南西贾姓茔界，北至胡姓宅界，中至沟心界。今又得买南村坝于姓田八亩零，山地二分，笏端院宅一分，朝坦基址一分，俱各埋石为界。

咸丰十年又三月二十一日合族众同立

前醒园碑记　印端、先端、余端经立此

　　　　　经理石匠唐显友刊

2. 年谱

①《童山自记》

编者：（清）李调元

版本：道光年间罗江李氏刊本、《蜀学》（第四辑）、《李调元文化研究述论》（附录·童山自记）、《李调元戏曲理论研究》（《童山自记》校正）

②《李雨村先生年谱》一卷

编者：（清）杨懋修

版本：清同治四年刊本《续修罗江县志》卷二十四《艺文志》

③《李调元年谱略稿》

编者：杨世明

版本：《南充师范学院学报》1980 年第 2 期

④《李调元学谱·李调元纪年谱》

编者：詹杭伦

版本：《李调元学谱》（上编），天地出版社 1997 年版，第 1—128 页

⑤《李调元编年事辑》

编者：赖安海

版本：中国文史出版社 2005 年版

二　总论·传记·本事

1.（清）李元度《国朝先正事略》卷四十四文苑，清同治刻本

又李君调元，字雨村，号墨庄，绵州人。乾隆二十八年进士，官

潼商道。著有《童山诗集》、《雨村诗话》。藏书数万卷，爱才若渴，尝辑《函海》一书，多至二百余种，表彰杨升庵著作为多。又选《朝鲜四家诗》。四家者，李书九洛瑞、柳得恭惠风、朴齐家次修、李德懋懋官也，而朴齐家之名尤著。

2. （清）舒位《乾嘉诗坛点将录》，清宣统三年刻本

步军护卫二员：毛头星袁湘湄（棠），字甘林，吴江人，国学生，嘉庆初举孝廉方正，有《秋水池塘诗集》。一作李墨庄，鼎元（应为调元）字雨村，绵州人，乾隆癸未进士，官潼商道，著《童山诗集》、《雨村诗话》，辑《函海》。独火星袁笛生（鸿，字健磐，钱塘人，枚落父）。一作李凫塘（骥元），字称其，绵州人，乾隆甲辰进士，编修，官至中允，有《云栈诗钞》。

3. （清）张维屏《国朝诗人征略》卷四十，清道光二十五年刻本

李调元，字雨村，四川绵州人。乾隆二十八年进士，官至兵备道，有《童山诗集》。雨村观察襟怀潇洒、跌宕不羁。家藏书多至万卷，尝辑《函海》一书，卷帙繁富，又爱才若渴，撰《雨村诗话》。人有一联片语之佳者，辄采而录之。（《听松庐文钞》）好色复好书，遇事太果断，此祝芷塘怀李雨村诗也。二语颇肖其人。（《听松庐诗话》）朝鲜四家诗，四家者，李书九洛瑞、柳得恭惠风、朴齐家次修、李德懋懋官也。《雨村诗话》采其诗，四家中朴齐家之名尤著。（同上）摘句：敢言勤学通今古，深愧为人在下中。帆回山背风无力，舻剪江心月有声。

4. （清）王培荀《听雨楼随笔》卷一，清道光二十五年刻本

《听雨楼随笔》卷一《袁守桐与李调元》条云：吾乡袁清悫公守侗奉使来蜀，于市买书，见李雨村所作《李太白诗序》，心赏之。后总督直隶，雨村为通永道，最相得。及公丁艰，而雨村被劾，公于黄新庄陛见，代其面奏赎罪。未几公薨，哭之有诗云："清德名门柱石材，一朝星陨共嗟哀。举朝尽讶长城坏，故吏尤悲泰岳摧。曾荐祢衡云汉上，能收李白夜郎回。从今不作然灰梦，世更何人解爱才？"

《李调元万卷楼》条云：李雨村（调元），与弟鼎元、骥元先后入词馆，一时有声艺林。余家藏《童山诗集》纸板最精，较渔洋山人所刻全集犹为胜之。既来川，所见则恶劣不及远矣，未知何故。旧藏《雨村年谱》一册，鼎元和叔编集，涂乙宛然。所刻《函海》得吾乡周林汲先生永年抄本书三十种，后屡索不还。林汲先生博极群书，晓岚宗伯荐修《四库全书》修极一生搜求之力，所得半归雨村。教匪之乱，其族人乘机焚万卷楼，争携藏书以去。其未尽者，亦化为云烟矣。赵云菘之甥刘君来刺绵州，雨村指名求追，终未能得。雨村以养优被劾林居，犹自教歌舞，醒园池台之盛，甲于西蜀。复又凿小西湖名困园，今皆废为田畴菜畦荒陂矣。闻其妹季兰亦能诗，小妻万氏有诗云："满院花如锦，风光别样新。绿杨三月雨，青草一年春。画阁眠初觉，黄莺啭正频。拈针时不语，为忆未归人。"林汲先生孙溪亭（宗耀），补四川崇庆州州同，升贵州广顺州知州以卒。自其祖父与予家累世交好，来川时时相晤，今其子宝傅羁蜀难归，藏书无存，与雨村之后，同一陵夷，可叹也。

《李骥元》条云：李凫塘（骥元）编修，乾隆乙卯典山东乡试，所取文极清真，一洗脑满肠肥之习。而是科联捷无人，后亦少中进士者。岂文章清气与福命不宜耶？在三李中不喜驰声华，广结纳，而薰习渐染，诗自可取。如《游两粤》诗云："江连龙水驿，山接象州城。""獞长腰横剑，蛮娘髻插花。""鹧鸪深箐伏，蝴蝶异花眠。"皆可喜者。兄墨庄（鼎元）使琉球，集《球雅》。所著《师竹斋诗文集》，惜未刊行，其才气宏雅挺拔，久为名辈推重。而雨村诗文，后人或不满之，亦名高则责之必刻耳。如《宋宫词百首》，华贵蕴藉，岂寒俭人所能学步。

5. （清）王培荀《乡园忆旧录》卷二，清道光二十五年刻本

海丰吴树堂垣在部曹时，因太监漏言一案，干连被议。后官湖北巡抚。里居闻县令鸣锣过，在室起立。家人问故，曰："父母官过，安得不敬。"性尤爱才。绵竹李雨村在京候补，有文名，引之见诸城刘文正公。公薨，嘱雨村为祭文，有"人惮王陵之戆，天怜汲黯之

忠"，深喜其切公性情。雨村以小故失官，吴为不平，及奉特恩开复，乃招饮赏菊于椿树胡同之我堂，举杯嘱曰："今日必有好诗。"李即席赋云："群贤毕集我堂东，四面图书映画枕。九月天逢枫叶雨，一时人醉菊花风。"是雨村于袁清惫外，又得一知己也。

6. ［韩］李德懋《青庄馆全书》卷34，《清脾录》卷3

李雨村调元，字羹堂，一字杭塘，四川罗江人……清丽诗情似断霞，可见同辈推许之甚也。羹堂著作等身，有《看云集》二十四卷，《井蛙杂记》十卷，《制科谏言》十卷，《尾蔗轩闲谈》十卷，《五代诗词》百卷，又有《蜀诗选蜀巢》。蜀巢者，记张献忠事，羹堂诗步武腾骧，遣幅展拓，每一读之，襟抱豁如，雄秀博达，浩无端倪……今见君圆于诗，瓣香当在是矣。后又序者《云楼集》，历说蜀之诗人，如唐之太白、拾遗，宋之眉山，元之道园，明之升庵，以接于羹堂，仍推奖，以为奇气蓬勃，骎骎乎溯汉魏而上。

7.（清）常明修，杨芳灿纂《（嘉庆）四川通志204卷》四川通志卷一百五十四，清嘉庆二十一年木刻本

李调元，字羹堂号雨村，化楠长子。乾隆癸未进士，由翰林历官直隶通永道。好读书，博学多闻，才气豪放不羁，诗文亦如其人。官京都时，日与诸名士相唱和，后视学广东，分巡直隶。公余犹手不释卷，喜购书，家有万卷楼为西川藏书第一家。归田后，啸傲山水，以著述自娱，更喜吸引后进，一时成就者甚众。有别墅曰困园。晚岁号童山老人，尝作生圹自撰墓志铭，藏之卒年七十二，刻有《函海》、《续函海》，所采多杨升庵著述，授罗颇富，其自著诗文集不足存也。

《（嘉庆）四川通志204卷》著录的李调元著作有：

> 李调元撰易古文三卷、尚书古字辨异一卷、周礼摘笺五卷、仪礼古今考二卷、礼记补注四卷、左传官名考二卷、春秋三传比二卷、春秋左传会要四卷、十三经注疏锦字四卷、童山诗音说四卷、奇字名十卷、古音合三卷、六书分毫一卷、方言藻二卷、通诂二卷、西川李氏万卷楼书目十卷、诸家藏书簿十卷、醒园花谱

二卷骨董志十二卷、然犀志二卷、卍斋璅录十卷、譬林冗笔四卷、尾蔗丛谈四卷、井蛙杂记十卷、南越笔记十六卷蜀碑记补十卷、淡墨录十六卷、剿说四卷、唾余新拾二卷续拾二卷、乐府侍儿小名录二卷、童山文集二十四卷童山诗集四十卷、雨村诗话十六卷赋话十卷粤风四卷、雨村词话一卷、蠢翁词二卷；李调元编全五代诗一百卷、蜀雅二十卷。

8.（清）李桂林纂，邓林等修《（嘉庆）罗江县志36卷》卷二十四《人物志》，清嘉庆二十年修同治四年重印本

李调元，字羹堂，号雨村，化楠长子。乾隆癸未进士，历官直隶通永道。好读书，博学多闻，以文章著名当世。幼随父秀水任，大司寇钱香树先生见而奇之，命作《春蚕作茧诗》，诗成，先生阅之至"不梭还自织，非弹却成圆"一联大喜，曰："此名句也。"从此文名大震。官京都时，日与诸名公唱和往来，甫脱稿人即传诵。后视学广东，分巡直隶，公余之暇，犹手不释卷，所得俸悉以购书，家有万卷楼，为西川藏书第一家。归田后，啸傲山水，以著述自娱。与钱塘袁简斋、阳湖赵云松、丹徒王梦楼诸先生齐名，人称为"林下四老"。有别墅曰"囷园"，每四时花发，常招诸及门赋诗其中，所著有《函海》、《续函海》、《童山诗集》、《文集》等书行于世。袁简斋赠诗云："童山集著山中业，《函海》书为海内宗。"盖纪实也。其为文喜大苏，诗宗王孟，而著述则接踵升菴，晚岁号童山老人云。

9. 王钟翰点校《清史列传》卷七十二《文苑传》三，中华书局1987年版，第5916—5918页

李调元，字羹堂，号雨村，四川绵州人。乾隆二十八年进士，散馆授吏部主事。三十九年，充广东乡试副考官。寻迁考功司员外郎。四十一年，以议稿涂押，为舒、阿填入浮躁。上询其故，尚书程景伊以对，上曰："司官有不安于心者，向例原准不画押，如何便填大计。"因询居官何如，景伊以办事勇往对，奉旨仍以员外郎用，即日到任。旋奉命督学广东，任满回京，擢直隶通永道。以劾永平知府，

为所讦，罢官，遣发伊犁。寻以母老赎归。少聪敏好学，父化楠宦浙中，调元往省，遍游浙中山水，遇金石即手自摹揭，购书万卷而归。由是益奋于学，自经史百家以及稗官野乘，靡不博览。群经小学皆有撰述。性爱奇嗜博，以蜀扬雄多识奇字，明杨慎亦有《奇字韵》之纂，乃博稽载籍，凡字之奇而名不经见者，依类录之，为《奇字名》十二卷。以王象之《蜀碑记》多阙略，著《蜀碑记补》十卷。又以王士祯《五代诗话》遗佚颇多，因广为采辑，于姓氏下缀以小传，著《全五代诗》一百卷。

生平宦迹所至，辄访问山川风土人物，其有为古人所未志者，即笔录之，以为谈资。官通永道时，值四库馆开，每得善本，辄遣胥录之，因辑自汉迄明蜀人著述罕传秘籍，汇刊之，名曰《函海》，其表彰先哲，嘉惠来学，甚为海内所称。所为诗文，天才横逸，不假修饰。少以《春蚕作茧诗》，受知于钱陈群，又尝作《南宋宫词》百首，论者谓不亚于厉鹗。朝鲜使臣徐浩修见其诗，以为超脱沿袭之陋，而合于山谷、放翁，极为敬服，因作启求其他著述而去。又爱才若渴，人有一联片语之佳作者，辄为采录。罢官后，家居二十余年，益以著书自娱。蜀中撰述之富，费密而后，厥推调元云。著有《易古文》二卷、《尚书古字辨异》一卷、《郑氏尚书古文证讹》十二卷、《诗音辨》二卷、《童山诗音说》四卷、《周礼摘笺》五卷、《仪礼古今考》二卷、《礼记补注》四卷、《月令气候图说》一卷、《夏小正笺》一卷、《春秋左传会要》四卷、《左传官名考》二卷、《春秋三传比》二卷、《逸孟子》一卷、《十三经注疏锦字》四卷、《卍齐琐录》十二卷、《通诂》二卷、《剿说》四卷、《诸家藏书簿》十卷、《诸家藏画簿》十卷、《赋话》十卷、《诗话》二卷、《词话》二卷、《曲话》二卷、《六书分毫》二卷、《古音合》三卷、《淡墨录》十六卷、《制义科琐记》四卷、《尾蔗丛谈》四卷、《乐府侍儿小名录》一卷、《唾余新拾》十卷、《续》十六卷、《补》十二卷、《井蛙杂记》十卷、《南越笔记》十六卷、《然犀志》二卷、《出口程记》一卷、《方言藻》一卷、《粤风》四卷、《蜀雅》二十卷、《粤东皇华集》四卷、《童山诗集》四十二卷、《文集》二十卷、《蠢翁词》二卷、《童山自记》一卷、《罗江县志》十卷。

从弟鼎元、骧元，俱有诗名，时称"绵州三李"。鼎元，字墨庄。乾隆四十三年进士，改翰林院庶吉士，散馆授检讨，改授内阁中书。嘉庆四年，充册封琉球副使，官至兵部主事。鼎元天才奇伟。筮仕后，以索米不足，远游江海，所过名山大川，每藉吟咏以发其抑郁无聊之气。所为诗风骨高峻，奉使诸作，尤推豪健。兄弟中称白眉焉。青浦王昶见其诗，亦以为三吴士大夫，莫能或之先也。著有《师竹齐集》。骧元，字凫塘。乾隆四十九年进士，改翰林院庶吉士，散馆授编修。六十年，充山东乡试副考官，迁左春坊左中允，入直上书房。以劳瘁卒官，年四十五。骧元性情笃厚，学务根柢。未弱冠有文名。会试出献县纪昀门，昀谓人曰："吾今科所取，皆读书人，而首推者，实雨村之弟骧元也。"其为时所推重如此。文简古，学韩柳，诗学大苏，有奇逸气。时谓与鼎元可称"二难"。著有《云栈诗稿》。

10. 蔡冠洛《清代七百名人传》第五编《艺术·文学》，中国书店 1984 年版，第 1769—1770 页

李调元，字羹堂，号雨村，四川绵州人。乾隆二十八年进士，改翰林院庶吉士，散馆授吏部主事。三十九年，充广东乡试副考官。寻迁考功司员外郎。四十一年，以议稿涂押，为舒、阿填入浮躁。上询其故，尚书程景伊以办事勇往对。奉旨仍以员外郎用，即日到任。旋奉命督学广东，任满回京，擢直隶通永道。以劾永平知府，为所讦，罢官，遣发伊犁。寻以母老赎归。少聪敏好学，父化楠，宦浙中，调元往省，遍游浙中山水，遇金石，即手自摹揭，购书万卷而归。由是益奋于学，自经史百家以及稗官野乘，靡不博览。群经小学皆有撰述。性爱奇嗜博，以蜀扬雄多识奇字，明杨慎亦有《奇字韵》之纂，乃博稽载籍，凡字之奇而名不经见者，依类录之，为《奇字名》十二卷。以王象之《蜀碑记》多阙略，著《蜀碑记补》十卷。又以王士祯《五代诗话》遗佚颇多，因广为采辑，于姓氏下缀以小传，著《全五代诗》一百卷。生平宦迹所至，辄访问山川风土人物，其有为古人所未

志者，即笔录之，以为谈资。官通永道时，值四库馆开，每得善本，
辄遣胥录之，因辑自汉迄明蜀人著述之罕传秘汇刊之，名曰《函海》，
其表彰先哲，嘉惠来学，甚为海内所称。所为诗文，天才横逸，不假
修饰。少以《春蚕作茧》诗，受知于钱陈群，又尝作《南宋宫词》百
首，论者谓不亚于厉鹗。朝鲜使臣徐浩修见其诗，以为超脱沿袭之陋，
而合于山谷、放翁，极为敬服，因作启求其他著述而去。又爱才若渴，
人有一联片语之佳作者，辄为采录。罢官后，家居二十余年，益以著
书自娱。蜀中撰述之富，费密而后，厥推调元云。著有《易古文》二
卷、《尚书古字辨异》一卷、《郑氏尚书古文证讹》十一卷、《诗音辨》
二卷、《童山诗音说》四卷、《周礼摘笺》五卷、《仪礼古今考》二卷、
《礼记补注》四卷、《月令气候图说》一卷、《夏小正笺》一卷、《春
秋左传会要》四卷、《左传官名考》二卷、《春秋三传比》二卷、《逸
孟子》一卷、《十三经注疏锦字》四卷、《卍齐琐录》十二卷、《通
诂》二卷、《勦说》四卷、《诸家藏书簿》十卷、《诸家藏画簿》十
卷、《赋话》十卷、《诗话》二卷、《词话》二卷、《曲话》二卷、《六
书分毫》二卷、《古音合》三卷、《淡墨录》十六卷、《制义科琐记》
四卷、《尾蔗丛谈》四卷、《乐府侍儿小名录》二卷、《唾余新拾》十
卷、《续》十六卷、《补》十二卷、《井蛙杂记》十卷、《南越笔记》
十六卷、《然犀志》二卷、《出口程记》一卷、《方言藻》一卷、《粤
风》四卷、《蜀雅》二十卷、《粤东皇华记》四卷、《童山诗集》四十
二卷、《文集》二十卷、《蠢翁词》二卷、《童山自记》一卷、《罗江
县志》十卷。从弟鼎元、骥元，俱有诗名，时称"绵州三李"。

11. 李朝正《清代四川进士征略》，四川大学出版社 1986 年版，
第 82—83 页

李调元，字羹堂，号雨村。绵州（今德阳市罗江）人。乾隆癸酉
年（1753）举人，癸未年（1763）二甲第 11 名进士，选翰林院庶吉
士，丙戌年（1766）散馆授吏部文选司主事。十九岁参加罗江童子
试，拔为第一，成为黉门秀士。次年与其弟李谭元随祖母到浙江余姚
县父任所，受名师施瞻山等的指点，在父亲的直接熏陶下，遍购古今

图书，勤于浏览，积累了丰富的知识。年当三十岁，参加会试，中式。先后任吏部文选司主事、考功司主事、考功司员外郎。乾隆三十九年（1774）充广东乡试副考官。四十一年（1776）以议稿涂押为舒阿填入浮躁，上询其故，尚书程景伊对曰：司官有不安于心者，又以办事勇往者对，奉旨仍以员外郎用，旋调广东任学政，三年任满回京，擢直隶通永道。以弹劾永平府知府，为上官所讦罢官，被遣发伊犁效力。不久，因以老母在堂无人奉养为由，又自出钱赎罪而归。

李调元登上仕途，历官二十年左右，较为坎坷。在宦途中仍勤于攻读和著述，遍游过浙江山水，凡遇金石，即用巨资购买，或亲自为之摹拓。凡书即行采购，自经史百家及稗官野史，广为搜罗，号称"西川第一楼"的有名的藏书家。博览群书，涉猎之广，亦为清代蜀中魁首，所以，凡群经小学，皆有撰述。平生爱奇嗜博，蜀中扬雄多识奇字，扬慎有奇字韵之纂，李调元乃博稽典籍，凡奇字不见经传者，依类辑录，计十二卷。又将王象之的《蜀碑记》阙略处进行补订，著《蜀碑记补》十卷，《全五代诗》一百卷。宦迹所至，采集山川、风土、人物，凡古人未记志者，即笔录之，以为资读。在官通永道任间，用了较长时间及精力，辑自汉迄明蜀人著述之罕传秘籍，汇成《函海》丛书。所为诗文，天才横逸，不假修饰。少年时即以《春蚕作茧》诗受到礼部尚书钱陈群的赞赏，又作南宋宫词百首，朝鲜使臣徐浩修见其诗，以为超脱豪俊，合于陆游、黄山谷，极为敬服。李调元爱才若渴，人有一联佳语片言，即采录。罢官后，居家二十余年，以著述自娱，蜀中著述之富，上自苏轼、扬慎，下迄费密，鲜有伦比者，为李调元也。著书几百卷，文字几百万言，堪称一代作手。

12.［美］A. W. 恒慕义主编，中国人民大学清史研究室《清代名人传略》翻译组译《清代名人传略》（中），青海人民出版社 1990 年版，第 269—273 页

李调元（字羹堂或杭塘，号雨村、赞菴、童山、鹤洲、卍斋、蠢翁），1734 年 12 月 29 日—1803 年 1 月 14 日。学者、收藏家、官吏。四川罗江人。其父李化楠［字廷节，号石亭、让斋，1713（？）—

1769］是清代罗江首中进士者（1742）。李调元童年颇赋天资，十二岁时就著有诗集《幼学草》。1752 年他就学于四川绵州涪江书院，这所书院是由当时任知州的费元龙（字云轩、云庄，1736 年进士）创建的。1753 年其父任浙江余姚知县（1753—1756）李随同前往。三年后（1756）他从浙江返回四川参加乡试但未及第。1756—1758 年，其父调任浙江秀水知县尹他再次随父前往，得以大量购置藏书，并受教于浙江学者钱陈群（见该条）等人。1759 年他返回故乡，就读于四川华阳锦江书院。他与姜锡嘏（字尔常，号松亭，1760 年进士，1726—1809）、张翯（字鹤林，1760 年进士，死于 1769 年）、孟邵（字少逸，号鹭洲，1760 年进士）、张邦伸（字石臣，号云谷，1759 年中举，1737—1804）以及何明礼（字希颜，号愚庐，生于 1715 年，1759 年中举）五位学人并称"锦江六杰"。1760 年李调元至京师，得识当时的名流毕沅、王文治、赵翼以及程晋芳（均见各该条）等人。1763 年他中进士，选为翰林院庶吉士。三年后（1766）散馆，授吏部主事，但 1769 年底因父丧回籍守制。

1771 年他回到京师，重任吏部主事。1774 年底赴广东任乡试同考官，写有诗作以志此行，集为《粤东皇华集》四卷。回京师后擢为吏部考功司员外郎（1775），任职至 1777 年外放广东学政。他在广东推动该省学术，卓有新意，将粤籍学人之作集为《粤东观海集》十卷。在粤期间，经他主持编纂的还有：《粤风》（民歌选）四卷；《然犀志》（广东鱼类志）两卷；《制义科琐记》（论述科举制度的杂文）四卷另一卷，附有李氏 1778 年题的序文；以及他在广东期间写下的一系列随笔——《南越笔记》，计十六卷。三年后召回京师，再放直隶道巡道（1781）。1781 年 4 月 26 日，他奉命去热河审理要案。他此行逐日（起 4 月 27 日，止 5 月 18 日）记有详细日记，集为《出口程记》一卷。

1782 年，他奉上谕自京师运送一套《四库全书》（见纪昀条）前往沈阳文溯阁。途中这套全书被雨淋坏，他与直隶永平府知府弓养正互相推卸责任，此后李氏被逮入狱（1783 年初）充军伊犁。但由于袁守侗（字执冲，号愚谷，谥"清懿"，1723—1783）的建议，准其纳金罚锾，1784 年他辞官归里，十八年后去世。乡居期间，他与袁枚（见该条）赵翼、王文治三位名流并称"林下四老"。

李调元是一位收藏家，他随父在浙江时即已有志于藏书，1759 年他回到四川时已积藏书籍一万卷，1785 年乃建"万卷楼"以藏书。万卷楼于 1800 年被毁之前是四川藏书最多的藏书楼。1781 年，在他任直隶巡道期间，从四库馆内抄录出一批珍本书籍，从而丰富了他的藏书，这批珍本书，大多是论述四川或者是四川人所撰写的。这批珍本以及他自己的大部著作共计一百四十二种已录入他所编辑的《函海》，这部丛书是在 1778—1784 年编纂刊行的。《续函海》收有十一种书籍，刊于 1801 年。李氏死后，《函海》多次重辑再版，1882 年版已收一百五十九种书籍。这套丛书大约有一半是从晋至明的历代著作，另一半则是杨慎（字用修，号升菴，1488—1559）的大约四十种著作以及李氏自撰的约五十种著作，杨慎年谱即李氏所撰。李调元在京监禁期间（1783），《函海》一书尚未编完，出版商提出将该书雕版据为己有的要求，后经李氏友人陈琼（见章学诚条）出资才归于李氏。

李调元的著述甚丰，他的十四部经学之作几乎涉及经学的每一个门类。李氏读《史记》、《汉书》所写札记编为《史说》六卷。他对杨慎所编十五卷的《奇字韵》不以为然，乃将其校订编为十二卷的《奇字名》。他有志于深入研究汉语单字及复合字的字义与读音，编有以下著作：《汇音》（或称《古音合》）两卷，书中列出具有两个或两个以上读音的字；《通诂》两卷，是研究文学词汇字义的著作；《字录》两卷，是研究古代文字字义的著作；《六书分毫》两卷，书中汇集字形相似但意义相异或意义相同而字形相异的汉字；《方言藻》两卷，书中汇集了文学作品中所用方言俚语。他还有一部研究典故来源出处之作《唾余新拾》十卷，附有补遗。他重刊《蜀碑记》十卷，该书由宋代学者王象之（字仪文，1196 年进士）集四川石刻碑文而成，重刊时附有李氏所编补遗十卷。1869 年胡凤丹（字月樵）又重刊《蜀碑记》，后附胡氏所撰《蜀碑记辨伪考异》。胡氏将《辨伪考异》收入他自己所编的《金华丛书》（该书刊于 1869—1882 年）。李氏留有几部

《诗话》，论述各种风格的诗，书名无须列举。李氏论述戏剧之作《剧话》两卷，已刊行。他从别人的收藏中辑出两部书画目录：《诸家藏画簿》十卷，《诸家藏书簿》十卷。李氏诗集《童山诗集》四十二卷；李氏文集《童山文集》二十另一卷；李氏另有《童山选集》十二卷及《蠢翁词》两卷。从李氏《童山诗集》中辑选出一部诗选《童山诗选》五卷，刊于《古棠丛书》（见岳钟琪条）。

李氏还编有两部诗集：一部是《蜀雅》，集有清初以来四川籍诗人之作，计二十卷；另一部是《全五代诗》，一百卷，由王士禛（见该条）的五卷本《五代诗话》增编而成。李氏撰有大量杂记，诸如《井蛙杂记》十卷，附有作者1769年写的序，所记均为李氏原籍四川省历史故事；《剿说》四卷，诠释经书及历代史书中的字义、词义；《卍斋碟录》十卷另二卷，论述某些汉字的意义及其用法，《淡墨录》十六卷，记叙清代科场得意的有名之士其人其事之作，附有作者1795年作的序；《官话》三卷，一部研究官场用语之作；《弄谱》两卷，分类叙述各种乐曲之作；《东海小记》一卷，记述山海关地区物产之作。他修过一部本县方志《罗江县志》，十卷，刊于1802年。这部县志已收入1882年版的《函海》，美国国会图书馆藏有此书单行本一部。李氏十四种著作辑为《李雨村所著书》，计二百○一卷，刊于1881年。他对蒲松龄（见该条）的著名短篇小说集《聊斋志异》虽然评价很高，但也批评该书太不真实。他在批评聊斋的同时，自己也写下一部小说集，估计是有事实根据的，题名《尾蔗丛谈》，四卷。

李调元的两位堂兄弟李鼎元（字和叔，号墨庄，1778年进士）和李骥元（字其德，号凫塘，1784年进士，1755—1799）都颇有文名，他们兄弟三人并称"绵州三李"。1800年皇帝派李鼎元赴琉球册封新君，他此行所记题名为《使琉球记》，已刊行，此书一卷。（原著：J. C. 杨，翻译：李景屏，校订：张广学）

三　序跋·书信

1. （清）姚鼐《惜抱轩诗文集》诗集卷十，清嘉庆十二年刻本

《寄李雨村调元》：故人与我尚人间，会榜金羁玉笋班。地势风烟难蜀道，天涯云水各江关。偶将文笔传消息，竟谢簪缨孰往还。衰鬓不妨论事业，发挥潜德又诛奸。

2. （清）袁枚《答李雨村观察书》，载《雨村诗话》卷十六

枚顿首雨村观察老先生阁下：忝叨同馆，久切钦迟，只以吴蜀暌违，爱而不见。二十年前，有东诸侯来访者道阁下视学粤东，曾选刻拙作，以教多士云云。仰见阁下不弃葑菲，聆音识曲，乐取于人，以为善之意。枚虽感深肺腑，而沾接无由，至今翘首云天，不知向何处一申拜谢。忽客岁令弟墨庄太史过白门，得通悃款，方知蜀中五色云见，自生司马长卿后，又应在君家昆季也。立春前五日接手书，娓娓千言，回环雒诵，如接光仪，惟是奖饰逾情，有庞士元称引人才，每逾其分之虑，且感且惭。伏读《童山全集》，琳琅满目，如入波斯宝藏，美不胜收。容俟卒业后，当择其尤者补入《诗话》，以光简篇。惟是区区之心，有不能已于言者：大集开首一卷，题俱古乐府，非不侈侈隆富，足登作者之堂，然而规仿太多。似乎有意铺排门面，未免落套，恐集中可传之作，正不在此。汉惠帝使夏侯宽为乐府令，武帝命之采诗其中，有因声而造歌者，有因歌而造声者，有有声有词者，有无声无词者。古乐府已亡其音节，久不可考，故元微之《乐府古题序》云："由乐以定词，非选词以配乐。"最为定论。太白所作乐府，亦只偶借古题，自写己意而已。此外，杜甫、白香山、王建诸诗人竞作新乐府，自树一帜，真豪杰之见解也！至于咏物一门，古人亦不过兴之所至，偶咏数题，便足千古，诗中如咏岭南草木，物物有诗，似可不必编入尊作。《诗话》精妙处，与老人心心相印，定当传播士林，奉为袆式。枚今年八十有一矣，颓光暮景，料无相见之期，仅以文字之因缘一通悃款，为之怃然。兹特奉上拙刻数种，另单开呈，统祈教削，知不以老耄而弃我也。所要《心余》、《瓯北》二集，枚皆有之，多被人借去。现存者只梦楼先生一集，寄上一览，其奇横排奡处，虽不如蒋、赵，而细筋入骨，神韵悠然，实为过之，知老作家自有定评也。再启者，尊著《函海》，洋洋大观，急欲一睹为快。虽卷帙浩繁，

一时无从携带，倘有南来便船，望与选刻拙作五卷，一齐惠寄，是所恳切。上元后四日枚再拜。

3. （清）袁枚《奉和李雨村观察见寄原韵二首》，载《童山诗集》卷三十四

访君恨乏葛陂龙，接得鸿书笑启封。正想其人如白玉，高吟大作似黄钟。童山集著山中业，函海书为海内宗。西蜀多才君第一，鸡林合有绣图供。

蓬岛仙人粤岭师，栽培桃李一枝枝。何期小稿蒙刊正，竟示群英谬赏奇。面与荆州犹未识，音逢钟子已先知。醒园篇什随园句，兰臭同心更有谁。

4. （清）程晋芳《粤东皇华集序》，丛书集成初编本

《粤东皇华集》四卷，雨村李五丈作也。雨村以甲午之夏奉命为广东副典试，往还六阅月，凡所经历，悉记以诗。删汰改易又二年而刊成，属余为之序。夫文字权衡，翰林之任也。然我皇上用人无方，试使学使辄兼用部曹，而由庶常改部者用之尤多。君故庶常，且素以诗文名世，意者声称籍甚，达于天听乎！今边省儒学之盛，莫如闽、粤。闽承宋学，多以经术鸣；而粤东诗文之士为岭峤冠久矣。其山川奇丽，唐宋以降，古迹至多。我朝如渔洋、竹垞、他山辈咸经其地，所撰著皆一一可据。雨村于是行也，其能已于言乎？窃以为今之试使，亦犹古太史之采风，乘辌轩周四国，而风谣美恶必兼收焉。试使则取其文之美者达之朝，宁其不才者仰之，此其与古异也。至若记其风土，询其政教，复命之顷，以待顾问，则古今一也。故《皇华》之诗，以咨、诹、询、度、谋五事为本。夫使者于所过溪山之出没，兴替所从来，民风之淳薄，曾不考而知焉，是视若罔见，听若罔闻，执此以鉴文字之高卑，求其不谬，不亦难乎？故余于雨村之本五事以为诗，而知其所取之才，必可以为国家用。若其诗之雄肆超诣，固有不愧昔贤者在，览者宜自得之，又何待于余言。乾隆丙申十二月后学程晋芳拜序。

5. （清）程晋芳《勉行堂文集》卷二《卧云山人诗序》，清嘉庆二十五年冀兰泰吴鸣捷刻本，《续修四库全书·集部·别集类》影印，

上海古籍出版社 2002 年版，第 1433 册，第 312 页。另见李调元《童山诗集》卷首程晋芳《童山诗集序》，清乾隆刻函海道光五年增修本，《续修四库全书·集部·别集类》影印，上海古籍出版社 2002 年版，第 1456 册，第 149 页。

　　天下之理常顺，而文章恒以逆而成。水之就下，势则然也。风挠之，石犄之，回曲而纹生，激荡而澜泛，山蹙缩复叠，必有奇峰峭岫，特出乎其间，是则文章之示象，不可掩者也。士早掇科，第取富贵，终其身偃仰庙廊，发为诗文，玉节而金和，宜为世模则矣。徐按其中，则体平易，虽纤徐澹衍，求其动人心魄，欲置不能者罕矣。盖境顺则气顺，奇峭之思，无由振刷以出也。吾友李君雨村，生峨眉秀异处，卓荦自负，于书无所不读，发为诗歌，嵚崟磊落，肖其为人。弱冠中乙科，三十而成进士，授庶常，既而改官文选司。君素不好吏事，独以翰林为易读书。既改官，则又往往以诗自雄。虽怨诧不形，然其中抑郁往复之致多矣。既而，遭尊人石亭先生大故。先生为直省北路同知，署密云令。其殁也，虽有宿疾，亦有忧患迫之使然者。君茹痛奔丧，摒挡后事，艰难怛悼，小祥后，稍稍作诗得百余首，皆以写其悲哀靡诉之情。余三复其诗，泫然闵然，而告之曰：集中南宋宫词百五十首工矣，美矣，就其大指论之，改官后胜为翰林时，近作则又胜改官时，所谓逆则成文，非有无懰不平，即不能出奇以惊世者耶？余之好为诗类雨村，而处境拂逆，视雨村尤甚，顾余诗多平易，近情语远不逮雨村，是则挠之犄之，蹙缩复叠而不能成文，又余所不自解也。余方将请假南归，雨村亦于秋杪归蜀，因为序其诗以志别。昔东坡答王定国寄诗，嘉其艺之进，而云穷人之具，将以交割与公。余于雨村殆亦云然矣。己丑夏四月廿日。

　　文按：《卧云山人诗序》即《童山诗集序》。两者几处文字略有小异，如后者将前者"集中南宋宫词百五十首，工矣美矣"改为"合观全集，大矣美矣"。此序写于乾隆三十四年（1769）己丑夏四月廿日，而乾隆刻函海道光五年增修本的《童山诗集》（四十二卷）诗歌收录终于嘉庆七年（1802）壬戌。由此可以断定，四十二卷本的《童山诗集》在刊行时，李调元将程晋芳早年写就的《卧云山人诗序》移作《童山诗集序》，并在文字上作了细微改动。

6. ［朝］徐浩修《朝鲜国副使启》，载光绪刊本《粤东皇华集》卷首

浩修启：从人再造门屏，声光自尔不远。始而诵其诗，已而听其议论，是无异乎瞻德容而接清诲也。况又投之琼琚之章，施之奖许之语，海外贱踪，何以获此于大邦之君子也。禁防所据，既未能趋谢感忱，方丧在身，又不得奉报拙什，以愧以悚，如鱼中钩，数日渐觉暄畅。伏惟尊体珍护。诗学之亡久矣，自夫明末诸君子，写景则动引唐人，叙事则辄称宋调，风神或似隽永，陶洗或近精工，而骤读则牙颊爽然，徐看则意趣索如，其弊至于音节噍杀，气象凄短，全失温柔敦厚之义。盖诗学唐而失其天机，学宋而去其才情，则皮膜而已，雕琢而已。执事之诗则即以《皇华》诸篇观之，超脱沿袭之陋，一任淳雅之真，非唐非宋，独成执事之言；而若其格致之苍健、音韵之高洁，无心山谷、放翁而自合于山谷、放翁，亦可谓欧阳子之善学太史公。三复之余，不胜敬叹。所恨者，富有之业当不止此，而一脔之味，无以尽九鼎尔。然词律不过小技，执事必有事于诗外，如近世李榕村之沉潜经术，顾宁人之博物考古，梅勿庵之专门绝艺，皆深造自得之学，而非入耳出口之说。执事于经于史，如有发挥著述，则区区愿见之，诚不啻渴者之金茎露尔。不宣。丁酉上元朝鲜国副使徐浩修拜。

7. （清）程晋芳《乞雨村再赠全五代诗》，载《童山诗集》卷二十三

五代诚草草，远不逮六朝。礼乐征伐事，若火之燎毛。文笔则唐余，翡翠栖兰苕。诗格如韩韦，晚出乃益高。其他旁侧见，清味争醇醪。子存有心人，采撷弗惮劳。全体若单词，理之俾有条。考核必精诣，注释连昏朝。裒然四大帙，锦错珠光摇。昨者举赠我，宝之敌琼瑶。一月读未尽，六时神已超。有客来借观，谓不损发毫。剑既入水去，书亦随风飘。久假不知归，徒以言譬警。弗惮无厌请，重冀嘉惠叨。子其再赠我，我以双足翘。置之秘笈中，玩向寒灯宵。除是鬼神

夺，此外奚容抛？

8.（清）余集《与雨村老前辈大人书》，载《童山文集》卷十

寅秋使旋，道出绵州，虽不得奉谒，曾通尺素，以道契阔。今忽忽五更裘篝，岁序之迁流，如此其速，那得不令人老去也。顷奉手书，如接颜色，欣快之至。所示近刻，《诗话》则隽永不凡，《搜神》则奇诡可喜。古人云：不得异人，当得异书。集谓得读异书，如见异人，正为老前辈道也。老前辈与随园老人，正如华、岳二峰，遥遥相峙；风云变幻，两不可测。而老前辈之好古阐幽，多刻前人遗佚，此又尤胜随园之仅刻其家集矣。集近况无所举，似以坦率倔强，大考左迁，与令弟同遭此阨，虽于名场无损，而于宦途则又大遭荼毒矣。张生（玉溪）出京后，久不得其音耗，不知明春计偕北来否？念念。《集选诗》一卷，乃集近日消遣之作，其美人佳人二十首，化《选》为律，自谓较之吴堂老人之《集唐律》为胜。友人怂恿付梓，遂刻出之。今奉呈一册，幸赐教之。凫塘来云，有便人返蜀。草草布覆，顺候文祉，幸自珍爱。不尽。雨村老前辈大人，侍集顿首。

9.（清）祝德麟《与李雨村同年书》，载《雨村诗话（十六卷本）》卷十三，另见《淡墨录》卷十五

别来匆匆七八载矣，彼此跧伏乡间，无从一通尺素。近得墨庄书，知眠食无恙，甚慰。麟宦情本淡，适以弹事镌级，遂浩然而归。全家浮寄，江湖乞食，风雪着书，正不必与九陌黄尘较量得失。而连行佗傺，去秋疽发于尻脽之间，至今尚未脱体。病中无可消遣，删改旧诗，每遇与足下唱酬之作，觉当年跋扈飞扬之气、绸缪缱绻之情，如在目前。若夫醒园下榻、二闸放舟，尤所溯洄留连，为之神往。至于各怀壮志，今日而同老空山，则又不禁感慨系之矣！前后奉怀诗甚多，录之不胜其录，故勿寄也。墨庄兄弟都无起色，奈何！尚菁回川之便，草此奉候近履。天涯海角，此生殆无相见之期，惟努力自爱，不宣。

附《于役通州即事四首》之三，载《悦亲楼诗集》卷十三

同年二百辈，一一皆才彦。选馆卅二人，中推李侯健。文章吾所畏，笔阵扫雷电。莫嗤蛟蚓杂，绝胜沙金拣。好色复好书，遇事太果

断。龙驹蹴九州，一蹶不如骔。昔年官通永，召客遍东观。主贤地密
迩，争喜苇航便。众中谁最亲，往往顾微贱。歌管不许收，叫号每达
旦。一从返罗江，年年春草换。辕门森尽戟，衙舍如邮传。驱马昨过
之，触事余缱绻。斯路乃熟游，斯人不可见。

10.（清）赵翼《瓯北集》，清嘉庆十七年湛贻堂刻本

卷四十一：接同年李雨村观察书，乃嘉庆二年十一月朔日自绵州
封发，兼附雨村诗话十六卷，采拙诗独多，感赋四律寄答：

不见李生久，今朝接寸笺。来原经万里，到已历三年。想象
须眉老，传闻子弟贤。京华旧游迹，振触一灯前。

天各一方远，年皆七秩余。料无重见日，但望再来书。豪气
应犹在，交情故未疏。采诗偏我厚，百首累抄胥。

此书前岁发，蜀土尚无虞。岂意鱼凫图，今成豺豹区。可能
扶老杖，当作辟兵符。莫是将军号，真教展宏图。

得信知君在，其如寇祸侵。遥知惊夜火，不敢响秋砧。契阔
同年面，迢遥两地心。忧时兼忆友，不觉涕沾襟。

又卷四十三：
雨村观察自蜀中续寄诗话，比旧增多，戏题于后：

河岳英灵一代收，朋簪想见广交游。成如蜀锦千丝集，寄自
巴船万里流。儒者当为非一事，才人痴想是千秋。只应占得骚坛
将，群仰旌麾在上头。

一编排纂遣萧闲，意在多收不在删。无我文应推阿士，是谁
诗敢压香山？姓名暗数稀同辈，旗鼓相当又一班。自是高名能号
召，并时声气遍人寰。

芜词谬辱故人知，遣与名流并辔驰。世不乏才常接踵，士皆
争胜谁低眉？事关公论情难徇，人以诗传品已卑。敢比湖州杨伯
子，自携画像出生祠。

又卷四十四：

前接雨村观察续寄诗话，有书报谢，并附拙作《陔余丛考》、《廿二史札记》奉呈。兹又接来书并诗四章，再次寄答：

绵阳西望渺关河，甚欲相寻奈远何。寿过七旬犹矍铄，眼空四海总么。寄书未卜人还在，得报翻新句更多。深感扶轮贤刺史，邮筒双遁两翁皤。

京邸相随步屐尘，只今音问藉鸿宾。一封远扎修将就，千结离肠转已频。兰棹难浮三峡水，梅花聊寄一枝春。晨星敢问非天幸，万里犹存两老人。

胜说丛残孰表彰，多凡一一为提纲。要传著述千秋久，须有光芒万丈长。名士空多谁足数，故人渐少愈难忘。披金倘有沙应汰，爱我还期拙代藏。

漫将拙劣较元刘，迂叟心其迥不侔。角立纵支三足鼎，高瞻须更一层楼。捣虚拔帜晨趋壁，救败量沙夜唱筹。战绩中犹分等级，况凭寸管冀长留！

又卷四十六《李雨村观察挽诗》：

久不接雨村书，心窃忧疑，蒋于野自京回，曾晤其弟编修君鼎元，知已下世，惊悼之余，以诗当哭。

绵阳音断渺烟云，得信俄惊宿草坟。斯世几人真爱我，老年同辈又亡君。和凝板散千家集，文节楼伤万卷焚。奇士人间留不住，故应召掌紫台文。

每逢书到怅暌离，今并音书不可期。万里难为徐稚吊，一编重检蜀州诗。混来梦里人犹旧，名在阳间鬼岂知。八表停云空目极，更从何处寄相思。

11. （清）赵翼《上雨村观察同年书》，载《童山文集》卷十，另见《雨村诗话补遗》卷四

同年至好，一别三十余年，万里相望，无由通问。回忆春明征逐，诗酒流连，此景何可再得也。忽从姚姬传处递到《雨村诗话》一部，载拙作独多，翻阅之余，感愧交并，知足下之爱我有癖嗜也。伏念弟与足下出处大略相同，然足下动笔千言，如万斛泉不择地涌出，而弟循行数墨，蚓窍蝇声，其才固已万不能及。足下居有园亭声伎之乐，出有江山登览之胜，著书满家，传播四海，提唱风雅，所至逢迎；而弟终日掩关，一编度日，生计则仅支衣食，声名则不出乡间；以视足下之晞发扶桑，濯足沧海，又岂特楹之与筵耶？惟是年来，海内故人多半零落。袁子才、王西庄俱于前岁物故。祝芷塘去冬又卒于云间。惟吾二人尚愁遗无恙。东西万里，白首想望，不可谓非幸事也。弟所著《诗集》外，已刻者尚有《陔余丛考》四十三卷，未知曾得呈览否？近又有《廿二史札记》三十六卷，今岁可以刻成。此后亦不能再有所撰述矣。《雨村诗话》中有"赵云崧子叩谒于广东学署"一段，足下提学粤东时，小儿年仅胜衣，从未有游粤者。此不知何人假冒干谒，遂使弟有此干儿。可发一笑，并缕及之，想足下亦为捧腹也。闻蜀中流匪充斥，而绵州独晏如，可为遥贺。然烽烟俶扰中，恐亦不免戒心，昔日将军之称，或将弄假成真。弟翘首西瞻，惟时时洒酒祝平安耳。州牧刘居系弟内侄，其居官颇有循良之誉。倘地方有守御之事，尚祈协力佽助为祷。吴云蜀岭，相见何日？蘸笔缕述，不禁黯然。

12. （清）吴树萱《绵州馆驿寄怀雨村观察》，载《童山诗集》卷三十四

官职本非有生有，弃之奚翅却敝帚。江山风月作主人，诗名独占千古后。挂斗大印不足奇，破万卷书真不朽。慕先生名卅载前，识先生面双桂右。升庵故里暂停车，名纸忽枉惊抖擞。此邦文献溯丹铅，后二百年传蓍白。几几之乌岌岌冠，六十须眉较我黝。三载相思欲往从，咫尺南村竟虚负。倾盖略申荼荈香，匆匆车骑忽东走。我来看遍蜀山春，蜀山尽入先生手。以楼函海海函胸，开辟天地共长久。曾从

玉润问冰清，洪钟却笑以莛扣。抚卷能窥意匠真，夏云之峰晓春柳。庄耶佛耶兼有之，此福此慧谁与友？西川江水六朝山，醒园随园差并偶。后学俊巡乏羔雉，献以长谣供覆瓿。木瓜何敢望琼瑶，但乞先生诗一首。

13.（清）王懿修《寄雨村老前辈诗启》，载《童山文集》卷二十

启者，记竹林之雅集，曾附瀋冲；仰天上之谪仙，群推太白。顷来雁使，得捧鱼笺。知联语早奉记曹，而扁额尚邀台命。更荷远投珠玉，正如亲接芝兰。惠以好音，欣同良觌。伏惟老前辈大人，英辞绚烂，壮气腾骞。以西蜀之渊云，为南宫之冠冕。翰林风月，吏部文章。秘府抽思，固早播词头之誉；公庭论事，宁徒署纸尾之名。曾拥节于皇华，旋开堂于绿野。扪参历井，流水行云。峻望岷峨，豪情湖海。编玉溪之花萼，记德裕之平泉。邺架图书，细参亥豕；腐门宾客，剧会云龙。崇大雅以扶轮，遍传诗话；听康衢之击坏，亦寓文心。庭自传经，门多问字。固行乐其多方，抑赋闲之独异。侍弟侨寓修门，倏臻老境。自惭蒲柳，敢比松筠。仅赓绵韵六章，漫作窠书一幅。相思千里，寓投报之深情；久别十年，思唱酬于往事。溯潞亭之秋水，许附仙舟；对蜀郡之花笺，长思彩笔。肃申积悃，恭请遥安。侍读学士王懿修春甫青阳。

14.（清）温承恭《寄呈雨村老夫子启》，载《童山文集》卷二十

启者，窃闻梗楠杞梓，材归削墨引绳；琥璧琼璜，实在收名定价。耀黼黻文章之色，青必出蓝；煊彝山粉藻之观，白当受彩。短长合度，玉尺须量。大小皆鸣，金钟待叩。迄传书于黄石，桥边孺子频来；思问字于玄亭，酒畔高轩遥企。伏惟老夫子大人，轮扶大雅，阵鼓雄狮。唐宫李峤司文，晋代山涛启事。著述馨南山之竹，都炼京研；声名高北斗之星，颜陵谢铄。一枝麟管，校余七子才华；千仞龙门，分出八厨声价。鸳鸯绣得，遍度针神；豆蔻描来，频传花样。充牣溢珊瑚钱网，璞玉浑金；溉沾流玳瑁书装，残膏剩馥。十二间之骅骝骐骥，施鞭策而尽骋天衢；九万程之鹜鸾雕鹏，假羽毛而皆翔日下。出头放士，宋永叔自古几人。说项怜才，杨员外当今一个（承恭）。青袍恨积，

紫砚辛穿。长笛一声，年少则时名谬窃；英才五字，命穷则科第淹迟。积风云月露于箧中，桃花纸满；绘草木虫鱼于笔底，艾纳香薰。自知谫陋堪羞，皇甫谧之《撑犁》少读；深虑沉沦可惜，斛律金之《刺勒》思传。虽覆瓿见轻，揶揄有鬼；岂愈风惊起，赏认无人。史并罗胸，回忆牙齿囊日（己亥德庆以"父父"二字命题，荷蒙拔科试，直黉宫第一）；文权在手，肯理头角斯时。礼易诗书，几篇帖括；歌行律绝，半册风骚。走盘而粒粒不圆，珠亦明知九曲；刻竹楮而硁硁易碎，石偏惜是一卷。水乞鼋失吴淞，云望生于点缀；金淘沙砾，腐化神奇。河东之彭宠怀渐，豕献白头谒贵；翼北之孙阳下泪，驹当绿耳争传。鼓击雷门，万言敢试；评登月旦，一字祈褒。缅私淑于诸人，期有造乎小字。步趋未接，款曲遥通。嗟乎！红玉深藏，那知太璞；绿珠不嫁，总似无盐。年年第下刘蕡。激昂谁问宦官之策；岁岁放归韩愈，刺非多咎贰过之文。倒绷孩儿，虽绣虎而比同续驹；此间伧父，纵雕龙而视若涂鸦。方雄飞豚栅鸡栖，久后才传其句；陆鲁望酒旗风影，当时少羡其才。此不跃不鸣，寒士所以焚囊而感慨；亦一缣一字，古人所以塑像而埋沉者也。嗟乎！象冈今稀，投暗之珠擎宜秘；丰城人在，埋光之剑发须干。盖俗儒惟知引故衡材，而明哲别出风尘取物。序鸰鹩于阮籍，曾闻藻许张华；成鹦鹉于正平，不少狂怜文举。况暗中摸索，年轻曾荷青晴；宁行卷请求，破落转施白眼。得一不恨，酾酒常呼。拔十殊多，望尘欲拜。号门生而弗敢，柳州悲愤，壮夫有所不为；冀竖子之成名，安道游扬，下士闻而大笑。宰相之书不上，我岂妄哉？瓣香之祝偏殷，客何为者？毋供谐谑，敢布腹心。门生温承恭庄亭德庆。

15.（清）温承恭《寄谢雨村老夫子启》，载《童山文集》卷二十

启者，窃恭身附青云，毕生至原。曲孤白雪，属和终稀。自知卷石殊顽，敢道吡羊可化；谁料解衣见泣，偏容盐骥高呼。吟草收归《诗话》之中，墨花并赐锦囊之作。此盖老夫子大人，栽来桃李，一心护到花开；网过珊瑚，两眼真知是宝。亭皋木叶，有兴频哦；金屋海棠，无香不笑。集一狐之腋，裁成六尺之衣；修五凤之楼，采用短

长之木。洵嗜痂而有癖，此享帚以何如？喜却生狂，情恶能已。嗟乎！晏元献礼尊北面，难拔希文；牛僧孺诗谒后尘，不怜禹锡。三都伧父，左思赋笑平原；五色战场，苏轼迷惭李廌。恭独披沙屡拣，败鼓兼收。风檐擢童稚之文，当年入选；山石拈女郎之句，此日新镌。姓名附着述而长存，作序之鹪鹩弗似；词赋教流传以共见，能言之鹦鹉皆惊。知己相投，何但磁针芥魄；每人图报，岂惟玉案金刀。顾明月不见蛇哪，而重山空令鳌戴。腰横双剑，不如衰老侯嬴；泪洒一庄，长叹荒凉陆贽。窃自伤矣，尚何言哉？爰思日月推崇，曾见杏坛弟子；因合渊云作颂，遍征梅岭英才。和叶铿锵，先唱在阴之鹤；赞邀游夏，略酬顾纽之龟。词编律绝歌行，誉重秋阳江汉。虽一坏捧土，何加尼父之山；而万里扬风，窃播袁宏之扇。伏愿老夫子大人，穷怜东野之鸣；甄陶诸子，香敬南丰之祝。眷念鄙人，无务秀谢青。磨蝎命真可慨，从何表白；灵犀心冀相通，莫云崇奉。虚文所吐，无非实语。三熏三沐，倘或传为佳话；连篇累牍，珍归一字一缣，噫！天下文章，叹夫子之不可及；老夫衣钵，问斯人其谁与归？

16.（清）温承恭《寄呈雨村老夫子游蜀诗序》，载《童山文集》卷二十

仆少负诗名，胸罗二十一史（十六受知于雨村李学宪，所录文有胸罗二十一史之誉）；长惭科目，命穷二十五年。群英压自考棚，科岁四膺领袖；时艺镌于试牍，文章屡入选楼（平曹周恭四学宪试，皆拔第一，并刊诗文）。经术辛勤，敢纤青以自信；遭逢蹇滞，竟脱白之谁怜。苏东坡未放出头，良可悲也；李北海争来识面，能无愧哉？笑彼颜标，岂尚听冬烘之颠倒；好从校尉，还思效弓韔以驰驱。中原当用武之秋，采薇歌作；下士值谈兵之会，细柳营开。黑闼黄巢，寇閧襄阳河内；长蛇封豕，氛连宜汉褒斜。豫楚巴秦，五路之鼓鼙并震；旌旗矛戟，两年之烽燧频燃。龙尾占星，筹纷借箸；虎峒踞地，射听遗书。客有何人，公子新求朱亥；才需此日，赵郊恐失左车。终子云弃繻出关，请缨确知有路；毛先生处囊脱颖，见末更待何年。倘任嚼字咬文，吟风弄月。遇合乞灵于词赋，屈伸听命于主司。恶知盐铁千

言，不负寒窗灯火；未必治安六策，终为用世丝纶。赵南星笔砚欲焚，酸辛涕落；班定远毛锥不用，踊跃情豪。縠入多年，宁任英雄短气；材非弃物，那容迂腐嗤人。关河倘访文渊，请聚山川之米；药石如求人杰，应登参术之笼。故险阅蚕丛，不妨裾远暂曳；而栖依鸡障，远期有志竟成。嗟嗟，丈夫坐叹雄飞，谁识赵温慷慨；老母寄留远志，总教伯约凄凉。万里奔驰，尔日之热肠隐结；十年牢落，何时之屯骨终更。魏元成情托述怀，感慨悲歌，漫道君勿复尔；曹子建表主自试，雄才大略，畴能我驾驭卿。请白臣狂，尚希人谅。

17.（清）徐组纶《寄呈雨村大人启》，载《童山文集》卷二十

启者，恭惟大人，北斗人宗，西川物望。英年对策，雁塔题名；早岁含香，鹤厅听政。风流儒雅，焕五色之羊城；月旦衡文，探九苞于凤穴。握金针以造士，秉玉尺以量才。施化雨于南蛮，适观风于东粤。焦桐在爨，饰以金徽；枯竹辞亭，珍于玉琯。文真变豹，士获登龙。乃以果达艺之兼，得清慎勤之要。文揆武奋，廉车伏观察之司；义震仁怀，集节寄保厘之任。来苏是望，方欲穀我以此邦；过化非诬，尚欲借贤于斯地。膺旬宣而叠授，维屏翰而重来。零偕童冠而乘风，门等游杨之立雪。请业请益，函丈周旋；亦步亦趋，崇阶晋接。事虽希有，顾岂全虚。胡乃上官不容强项，遂以下走竟惮折腰。乘犊驾以返南山，雅耽铅椠；着鹿皮而归西蜀，酷嗜缥缃。具论世知人之才，极穷情写物之识。张敬夫之箧里，饶有异书；扬子云之室中，率多奇字。曲坟之富，逾彼刘歆；评骘之精，加于荀勖。斯则景星度云之观，目不仰其光仪；凤凰鸑鷟之文，未足方其品格者也。（组纶）马磨寒儒，鸡窗下士。合一十三学之选，幸登于前；领二十八人之班，窃冠其首。诸生鼓瑟，别技均收。仲氏吹埙，荣施滥及（弟组纶人州，蒙宪取学）。敢自号为佳士，竟肇锡以佳名（蒙赐盛世英才匾额）。星岩则偏许从游（宪游七星岩，召生同往），练潭则频呼唱咏（宪过练潭，题有五言律句，命生舟中步韵）。荆草备笼中之药，砆砆同席上之珍。得与语而见知，死何足恨；徒读书而失业，生亦为狂。嗟乎！虞翻之骨相偏屯，宏景之头颅已老。守青箱于累世，荒岂破天。恃白战于数科，败真涂地。得而弗失，气已

竭于再三；蓄而不通，年且恶夫四十。而且空囊羞涩，并乏一钱，负郭荒凉，曾无二顷。椿树既枯于东浙，萱花尚茂乎北堂。即欲负笈以从，未能绝裾而出。爰是学诗而呼小子，怨可以群；系易以见大人，奇而不偶。腮暴廿载，相逢皆鸡肋之弃余；舌耕十年，所到等猪肝之是累。深为自愧，罔籍人怜。然而倒树朽根，念栽培之有自；攀鳞附翼，欲就正以无由。乃小阮方载花于华阳（侄念高，现知华阳县知县），而庄亭旋曳裾于梁苑（廪生温承恭，赴华阳县署）。书呈马帐，往复仅尔忽忽；神溯孔墙，归来直呈缕缕。五言共献，俾诗话之咸收；七律遥将，实词坛之足贵。嘱同人以谛视，三复维殷；掷孺子以同观，一辞莫赞。恨不亲聆謦欬，得以叨附辉光。顾执鞭未服其劳，捧士何加于誉。敬呈俚句。嗟乎！仲尼之教弟子，大抵诗书礼乐之常；维摩之法文殊，应在文字语言之外。门生徐组纶廪生肇庆。

18.（清）张怀溎《童山选集序》，丛书集成初编本

诗也者，风雅颂之遗也，然有三难焉：风而失于刻则浑之难，雅而失于晦则响之难，典而失于涩则爽之难。历观自古诗人，代有名手，然皆各得一体，若能三体俱备者，未之有也。吾岳雨村先生天下才英迈，学问渊博，起家黄甲，少由词馆，遍历青班，优游林下，几及二十年。其为诗也，不作则已，作则忠厚和平，使人观感而兴，而不失于刻；清新隽逸，使人寻绎而知，而不失于晦；摘艳薰香，使人属餍而饱，而不失于涩。其气则江河，其芒则日月，而其体则平奇浓淡，不名一家。当今诗人伙矣，而能落笔浑然，兼之声调响爽如吾岳翁者，殆指未易屈也，玉溪髫年即好操斛，而于声调一门，尤加讲切。窃幸朝夕亲随撰杖，得以快领明诲，故能日知其所无，月无忘其所能，因于吴岳《童山全集》中择其嗜好所近者汇为一编，名曰《童山选集》。非敢阿其所好也，亦谓天下之宝当与天下共之而已。嘉庆元年十月既望广汉张怀溎玉溪拜撰。

19.（清）张怀溎《恭题雨村诗话后》，录自蔚文堂刊本《雨村诗话》第十六卷末

不分富贵与单寒，佳句都教一例看。艳比春花霏玉屑，明如秋月

照金盘。此时但作诗人看，后世还同国史观。应共随园传不朽，李膺何必请袁安。

升庵没后雨村出，太史辎轩迹未湮。天下如公能几辈，古来信有必传人。语皆破胆难为鬼，笔竟生花妙入神。愧我无才兼少学，也叨桃李混荆榛。

裘从集处惟留腋，沙自披时始见金。一代太平增鼓吹，千秋佳话听琴音。美人黄土生前句，名士青衫醉后吟。更有苦心彰隐逸，污墙涴壁费搜寻。

先生功可黄金铸，此册装宜碧玉编，读罢不禁香满齿，说来犹恐舌生莲。删余风雅同三百，采入清流有万千。待得刊成应有梦，衣冠尽拜草堂前。

嘉庆元年丙辰二月上浣婿广汉张怀湵玉溪拜跋。

20. （清）张怀湵《闻岳翁已作古人为位哭之作挽诗二首》，载《童山诗集》卷三十四

忽传凶信泪如丝，命也天乎听转疑。方谓高年能健饭，缘何小病竟难医。倚间心切恩同父，抚柩情疏愧当儿。西蜀暮云频怅望，不堪再读送行诗。

去年腊底记康强，追忆音容转渺茫。诗可名家生不负，文能寿世死何妨。箧中书剩三千牍，身后田余八百桑。他日小西湖畔路，童山重拜旧祠堂。

21. （清）张怀湵《四家选集诗序》，丛书集成初编本

诗自三百篇后开诗学一门。诗者，所以写人性灵也。汉魏以前，风气浑穆，性灵多见于直古，六朝以后渐趋萎靡，性灵多藏于浓缛，自唐而诗法大备，格律森严，声调雄整，性灵与词藻并行。宋词清丽芊绵，气格稍清，纯用性灵，不讲格律。元则反宋而流为纤新明刚，学唐而流为温润，譬之刺绣纹象生花，枝叶虽鲜明，而生机失天趣矣。性灵者，人之天趣也，人心之不同面，性灵之不一，亦如其人各有我在，不相袭也。我朝文教罩敷，诗学大盛，自鸿博诸前辈出，宏章钜制，独冠千古，而海内所宗，尤以渔洋为坛主，然专取声色，刻意

修饰，词虽好而性灵泯矣。予自束发受书，即于诗有天性之好，而求于近人诗家中其能以书卷写其性灵，以神气露其天趣者，首推近日林下四老诗，四老者皆乾隆中进士，人称乾隆四子，其一为钱塘袁子才先生讳枚，字简斋，己未庶常，散馆改授江南沐阳令，调江宁，乞归卜居金陵之随园，以终老。其一为丹徒王梦楼先生讳文治，字禹卿，庚辰探花，授编修，升侍读，出守临安，降调归乡，不出山，留心归趣，以终老。其一为阳湖赵云松先生讳翼，字瓯北，辛巳由编修出守镇安，官至贵西道，乞归。其一为绵州李雨村先生讳调元，字羹堂，癸未庶常散馆改吏部主事，升员外提学广东，官通永道，乞归。四老惟子才寿最高，年八十，梦楼云松亦七十，雨村亦六十余，此四老皆又由太史至外任，且现居林下，而其诗皆以性灵为主，又善用典以写其天趣者也，余读其稿而爱之，因选其十中之一二名曰林下四家选集，以为读本，非敢于问世也。适客有劝余付梓者，遂为序其大略，以公诸同好云。乾隆六十年正月初十日广汉张怀湍玉溪氏撰。

22.（清）钱香树《看云楼集诗序》

自古诗人多蜀产，西汉扬、马而后，如唐之太白拾遗，宋之眉山父子，元之道园，明之升庵皆是也。盖岷为井络，导江之源，居四渎之首，蕴蓄深，故其流长。而又蜀山万点积翠，西南如剑阁之峥嵘，峨眉之耸拔，劖刻不已；则又有锦江玉垒之秀丽，瞿塘滟滪之险状，青城、黑水之离奇。其磅礴郁积之气，类必钟乎人以发为文章，故不特生其地者，雄长一世而流寓其间，如少陵，放翁及我朝阮亭诸君子，读其诗者莫不谓得江山之助，况含贞抱璞而独秉其秀者哉！李君雨村，少从其尊人石亭先生来谒于余门，先生为予邑神明宰。其来也，翩翩公子。余初不知奇也，既而观其诗文百篇，奇气蓬勃，骎骎乎！沂汉魏而上，而古歌行在其乡先哲中亦几直接大苏。嗟乎！何蜀之多诗人也？余且惊且喜，已决其必名于世。既闻雨村捷南宫第二人，入翰林，改官吏部，乃益叹余言之不谬。去年春，余婿王镇之与雨村同乡、同官，其文章亦能自拔于世，请假南归，袖雨村所寄诗又数百首，且嘱余为序。余读之，见其学益富，其气益老，则又不禁狂喜竟日。然余老矣，又时时抱疴，不耐为人作序，顾雨村少出于余门，添一日之知。今观其所为，卓卓已能成就如是。虽不序可乎？爰历考名辈之间出，地气之所钟，以使后之人知其从来者远。昔欧阳公令晁叔美与东坡定交，谓"老夫须放此人出一头地也"。余何敢然乎！顾雨村必有合矣。镇之去，为我语雨村。香树老人钱陈群，时年八十又四。

四　著作评论

1.（清）黄培芳《香石诗话》卷二，清嘉庆十五年岭海楼刻嘉庆十六年重校本

前人论诗曰：温柔敦厚；曰：博大昌明；曰：清新俊逸；曰：沉郁顿挫。虽非一说所能穷要，皆贵酝酿于胸，淋漓于手，不徒推敲句调之间。雨村诗有三字诀曰：响、爽、朗。此亦未尽诗发乎声，结响贵高，响字固不可少也，然专向此三字索解，但得句调爽朗即以为工，未有不浅薄者，古之爽朗，孰如青莲何尝不由酝酿深厚而出耶。雨村时有辨正子才处要之，其心摹手追，只在子才宗旨同也，而所撰诗话则又逊也。

2.（清）孙桐生《国朝全蜀诗钞》卷十四，光绪本

李调元，字雨村，罗江人。乾隆癸未进士，改翰林院庶吉士，授吏部主事，官至直隶通永道。著有童山诗文集。先生少负才名。以《春蚕作茧》诗受知于钱香树先生，乡会抢魁，文名大噪。通籍后，分司铨曹，典试粤东，所拔多知名士。旋以画稿事受□□，高庙特达之知，遂有督学粤东之命差，竣授直隶通永道。以与属员互讦，被议归里。著有《函海》类书，搜采遗书三百余种，杨升庵先生著作表章尤多，家有万卷楼，藏书颇富，诗文敏捷，天才横逸，不假修饰，少作多可存，晚年有率易之病，识者宜分别观之。

3.（清）朱庭珍《筱园诗话》卷二，清光绪十年刻本

袁、赵二家之为诗魔，较前明钟、谭，南宋江湖、九僧、四灵、江湖诸流派末流之弊，更增十百，实风雅之蠹，六义之罪魁也。至西

川之张船山问陶，其恶俗叫嚣之魔，亦与袁、赵相等。若李雨村调元，则专拾袁枚唾余以为能，并附和云松，其俗鄙尤甚，是直犬吠驴鸣，不足以诗论矣。学者于此等下劣诗魔，必须视如砒毒，力拒痛绝，不可稍近，恐一沾余习，即无药可医，终身难湔洗振拔也。予固知今人多中彼法之毒，其徒如林，此论未免犯众忌，将为招尤之鹄。然为诗学计，欲扶大雅，不能不大声疾呼，痛斥邪魔左道，以惊龙聩而挽颓波，实有苦心，原非好辩。其词亦系对症药石，并为过苛过激。当代诗坛同志君子，自能谅之信之。

4. （清）符保森《寄心庵诗话》，钱钟联主编《清诗纪事（九）乾隆朝卷》，江苏古籍出版社 1989 年版，第 6087 页

绵州之李，最长者雨村先生，学问淹博，喜搜罗遗篇断帙，纂《函海》一书，为海内所传播。集中《南宋宫词百首》，可媲唐之王建，而与樊榭之《南宋杂事诗》并垂不朽。

5. （清）潘清《挹翠楼诗话》，清同治二年刻本

李雨村调元诗颇有性灵，而局于边幅，即其《诗话》，亦囿于帖括而头巾气，不及随园多矣。

6. （清）丁绍仪《听秋声馆词话》卷十二，清同治八年刻本

绵州李雨村观察（调元）所刊《函海》一书，搜采升庵著述最多，惜校对未甚精确。其自著《童山诗文集》亦不甚警策，词则更非所长。惟《浣溪沙》云："斜掩金铺日影移，水晶帘子镇垂垂，扬花偏傍绣帏吹。玉步摇觙龙鬟懒，金泥裙卸整腰迟，春愁一片化游丝。"《谒金门》云："风过处，吹落一庭轻絮。几阵帘织窗外雨，绿迷芳草渡。才见蜂酣蝶舞，又早燕来鸿去，试问落花谁作，流莺娇不语。"为集中之最。观察弟墨庄，名鼎元，官宗人府主事。咏阑干《金缕曲》云："婉转情何极，衬花阴，春藏几许，蝶蜂曾识。曲录玲珑呈幻影，低护青青草色。正睡起，海棠无力。偏共柔肠争九转，便阳乌，午影扶难直。桃源路，一湾隔。玲珑鹤步还愁人，算惟有，槐边蚁度，柳边莺织。月夜纵横填断片，羽客凭虚弄笛。早绊住，花间游屐。酒点茶痕人去后，更谁怜，粉唾黏尘迹。留浅荫，蘸苔碧。"音情浏亮，

颇能体物而不滞于物。

7. （清）谢章铤《赌棋山庄词话》卷三，清光绪十年刻赌棋山庄全集本

罗江李雨村（调元）著《词话》四卷，其于词用功颇浅，所论率非探源，沾沾以校雠自喜，且时有剿说，更多错谬。如谓宋人未有著词话者，惟《后山集》中所载吴越王来朝等七条。不知玉田《词源》、辅之《词旨》，业有专书；而吴曾《能改斋漫录》十六、十七两卷曰乐府，皆词话也；如周公瑾《浩然斋雅谈》末卷，亦论词；其余散见于各家诗话杂记，如《渔隐丛话》、《老学丛谈》等类，更指不胜偻引。毛稚黄《清平乐》讹作《忆秦娥》。又谓稚黄《填词名解》，能发人所未发。顾此书多拾升庵、元瑞余唾，牵强殊甚，雨村误矣。惟以黄九不及秦七，痛辟其俚鄙诸作，则诚非随声附和者比。

雨村谓："张辑《东泽绮语债》，皆取词中字题以新名。如《桂枝香》名《疏帘淡月》，《齐天乐》名《如此江山》，《长相思》名《山渐青》，《忆秦娥》名《碧云深》，《点绛唇》名《南浦月》又名《沙头雨》，《谒金门》名《花自落》又名《垂杨碧》，《忆王孙》名《阑干万里青》，《好事近》名《钓船笛》。虽于题下自注寓某调，已属掩耳盗铃。乃后世作谱，好一一改旧易新，极无意味，见之令人呕恶。"此与余前卷所论甚合。夫名之新旧，无关于词之美丑，好奇之极，必坠荒唐，无怪《买陂塘》之讹为《迈陂塘》，《大江东去》之讹为《大江乘》也。盖无白石制腔之手，正不必易《念奴娇》为《湘月》耳。

8. （清）袁枚《随园诗话补遗》卷九第二十三条，人民文学出版社 1982 年版，第 801—802 页

昔曹子桓以金币购孔融文章，韩昌黎以光芒夸李杜，皆追慕古人，非生同时者也。四川李太史雨村先生，名调元，与余路隔七千里，素无一面，而蒙其抄得《随园诗》，爱入骨髓。时方督学广东，遂代刻五卷，以教多士。生前知己，古未有也。二十年来，余虽风闻其说，终不敢信。今秋，先生寄信来，与所刻《随园诗》、《童山

集》。其最擅场者，以七古为第一。《观钱塘潮》云："八月十五钱塘潮，吴侬拍手相招呼。士女杂坐列城下，人声反比潮声高。江头日上潮未起，渔子拏舟泊沙觜；箫鼓乍鸣人竞看，一齐东向沧溟指。忽闻江上声如雷，迢迢一线海门开。万马奔腾自天下，群龙踏跳随波来。潮头十丈飞霜霰，水气横空扑人面。天为破碎城为摇，百万貔貅出罢战。适沓不闻市声死，群儿夸强弄潮水。小舸颠簸似浮萍，一时出没烟波里。我是人海中一粟，睹此目眩身跼踏。明朝风静渡钱塘，犹恐再遇灵胥蠹。"即此一首，可想见先生之才豪力猛矣。又，登峨眉有句云："但见云堆平地上，始知身在半天中。"方知非有才者不能怜才。

9.（清）戴纶喆《汉魏六朝赋摘艳谱说》卷四《余说》

论赋之书，始梁·刘勰《文心雕龙·诠赋》篇，唐时范傅正《赋诀》，纥干俞《赋格》、张仲素《赋枢》、浩虚舟《赋门》诸家书，目曾见于夹漈郑氏《经籍志》者，今已不传也。国朝著述，则有李雨村之《赋话》，王念丰之《读赋卮言》，吴谷人之《赋赋》、《赋论》，浦柳愚之《复小斋赋话》，侯心齐之《律赋约言》，余纱山之《赋学指南》，不一而足。李书精化大备，王书体制悉明，吴、浦、侯诸书尚能明古，惜过略耳。若余书虽句法、股法言之綦详，而舍古求今，亦只于初学是便。

10.（清）陈融《颙园诗话》，钱钟联主编《清诗纪事（九）乾隆朝卷》，江苏古籍出版社 1989 年版，第 6087 页

雨村，乾隆癸未举进士第二，为王梦楼文治所荐，自比东坡之于梅都官。鸿才博雅，覃心撰述，成《蜀雅》及《函海》二书，为时所重。诗以古体为工，给谏丁芷谿（田澍）谓："栈中五古，渔洋以华赡运峭直之思，雨村以瘦硬状奇险之境，皆具体杜陵，与山川生色。"又云："岭南古诗亦峭直苍迈，与山水争雄。"诗凡二千余首，岷阳孙琪删存五百余首，于道光戊申刻行，凡五卷。

11.（清）林昌彝《射鹰楼诗话》卷二十三，清咸丰元年刻本

绵州李雨村观察调元著有《童山诗集》。观察襟怀潇洒跌宕不羁，

家藏书万卷，尝辑《函海》一书颇称繁富，然其书博收繁杂，校对亦多不精，丛书中似非善本。观察爱才若渴，其《雨村诗话》搜罗颇多，未免有滥收之弊。其集中句如："帆回山背风无力，橹戛江心月有声"可谓佳句。

12.（清）徐时栋《烟屿楼诗集》卷十八七绝下，清同治七年叶鸿年刻本

《病后读雨村诗话》其二：熙朝诗老萃雍乾，汉魏三唐各本原。太息此君才力薄，一生低首只随园。（郭曰吴仲伦师有句云："我独心钦姚惜抱，拜袁揖赵让前贤。"又记庚申岁，从友人处见戚鹤泉广文手评小仓山房诗，涂抹满纸，乱后不知流落何所，盖先辈并以随园为野狐禅，最易惑人，雨村其不免乎。）

13.（清）刘声木《苌楚斋随笔、续笔、三笔、四笔、五笔》，中华书局 1998 年版，第 929—930 页

《苌楚斋五笔》卷二李调元论诗条：绵州李雨村观察调元《雨村诗话》云："诗有三字诀，曰响、爽、朗。响者，音节铿锵，无沉闷堆塞之谓也。爽者，正大光明，无嗫嚅不出之谓也。而要归于朗。朗者，冰雪聪明，无瑕瑜互掩之谓也。言诗者不得此诀，吾未见其能诗也。"又云："诗尤贵洁。金在沙，必拣其砾，米在箕，必簸其秕，理也。若拣金而不去砾，簸米而不去秕，则尘饭土羹，知味者必不食，以瑕掩瑜，善鉴者必不观矣。"又云："昌黎云：'气盛，则言之长短与声之高下皆宜。'此可与知道者，难与不知者言也。诗以气行，气盛则诗奇，有奇气者必能传也。但空疏者不可言气，糅杂者亦不可言气。以空疏言气，则白话而已，糅杂言气，则粗卤而已，方且抹之批之不暇，何暇观其气乎。空疏者必入打油，粗卤者必坠恶道，势所必至也。"又云："古人作近体诗，必先选韵，一切晦涩者不用。如'葩'即花也，而'葩'字不亮，'芳'即香也，而'芳'字不响，诸如此类。间有借用者，皆谓之不善选韵。"又云："诗不可用替代字，如以风为巽二，雪为滕六等类。虽宋人多有之，大是低品。"又云："诗贵锤炼，所谓百炼成字，千炼成句也。"又云：

"余尝云作诗者当使千百世见，不但使一时人见。使一时人见，下笔必率，使千百世见，下笔必谨。"云云。声木谨按：钱塘袁简斋明府枚《随园诗话》谓观察诗法，瓣香随园，喜为得一知己。观察所撰《童山诗集》四十二卷，刊入《函海》中，实未必然也。所撰《雨村诗话》十六卷、《补遗》四卷，与《随园诗话》颇能风行一时，实则观察于诗学研究甚深，确有心得之语，余故略摘其尤要者数语以识之。

14.（清）尚镕《三家诗话》，《清诗话续编》本，上海古籍出版社1983年版，第1920页

近日论诗竞推袁、蒋、赵三家，然此论虽发自袁、赵，而蒋终不以为然也。试观《忠雅堂》集中，于袁犹貌为推许，赵则仅两见，论诗亦未数及矣。自明七子以后，诗多伪体僻体，牧斋远法韩、苏，目空一代，然如危素之文，动多诡气。梅村、渔洋、愚山、独漉诸公，虽各擅胜场，而才力不能大开生面。三家生国家全盛之时，而才情学力俱可以挫笼今古，自成一家，遂各拔帜而起，震耀天下，此实气运使然也。子才之诗，诗中之词曲也；苕生之诗，诗中之散文也，云菘之诗，诗中之骈体也。子才如佳果，苕生如佳谷，云崧如佳肴。子才学杨成斋而参以白传，苕生学黄山谷而参以韩、苏、竹垞，云菘学苏、陆而参以梅村、初白。平心而论，子才学前人而出以灵活，有纤佻之病；苕生学前人而出以坚锐，有粗露之病；云菘学前人而出以整丽，有冗杂之病。《雨村诗话》以三人皆学宋人，意颇不满，而又推袁为天授，蒋不及赵，殆因蒋诗不数己，遂有意抑之欤？

15.（清）顾宗泰《见题粤东皇华集元韵》，《童山诗集》卷十六

罗江才子今词客，玉署仙郎作使臣。花满越王台畔路，一编收拾五羊春。

七十二峰何处好，白云山外白云多。琼林如海看朝日，榕树阴中发浩歌。

校士余闲寄古情，珠洲翠浦晚风情。艳歌小作琵琶怨，子夜犹传

乐府声。

岳转湘飞未许夸，番禺不数旧三家。鹧鸪岭接梅花岭，清丽诗情似断霞。

16. （清）王昶《春融堂集》卷四十五跋，清嘉庆十二年塾南书舍刻本

《跋函海所刻金石存》：吴君玉搢，淮安山阳人，生平好古，撰《金石存》十五卷，于乾隆三年自为序以记之。余与其弟玉镕会试同年，故见其书录而藏之。后三十年，余在西安闻绵州李君羹堂调元刊《函海》，此书刻于其中，谓为无名氏作，余寓书以告之，今《函海》刻成，则以是书为赵搢所编，且谓赵氏是吾乡人，曾于乾隆初年以博学鸿词荐，是时所举鸿词未尝有赵搢，而吾乡所荐鸿词亦未有其人，且谓其别字钝根老人，未审错误，何以至于斯也。

17. （清）徐康《前尘梦影录》卷下，清光绪二十三年江标刻本

《金石存》为山阳吴山夫搢著。体例谨严，只收篆隶，向来只有钞本。惟蜀中刻入《函海》内。是书为李雨村编纂，意在贪多，不刻足本。沿明末刻书者之弊，收藏家在所不取，嗣同邑李尚书宗昉兼大司成时，命学正许林捷校刊《金石存》，凡写样印订，同乎宋元旧籍，盖不惜重资而所托得人也，书几四册，字皆仿欧阳率更体。

18. （清）盛大士《蕴愫阁文集》卷七，清道光六年刻本

《金石存》跋：《金石存》十五卷，集三代碑碣遗文钟鼎铭款。自汉暨唐兼收并蓄，始于商祖癸彝铭，终于牛夫人造像碑。书系山阳吴山夫先生玉搢所辑，近有刊本，字画精工，为艺林鸿宝。此本乃绵州李调元所刻，《序》云得此书于京师琉璃厂肆，不着撰人姓名，青浦王兰泉先生云此吾乡博学宏词赵君讳搢，述因亟以书名归之，盖因搢字同名传闻各异，绵州刻本之误也。山夫著《金石存》外，有《别雅说文》、《引经考》、《六书部叙考》、《正字通》、《正山阳志》、《遗山阳耆旧诗》诸书，乾隆甲午诏修《四库全书》，征海内博物洽闻之士入京供纂修，征书中有山夫名而已先没矣，其名与任东涧先生相埒，东涧精理学，山夫精考订，皆山阳之遗献也。

19.（清）胡凤丹《退补斋诗文存》文存卷二，清同治十二年退补斋鄂州刻本

《蜀碑记目蜀碑记序》：王象之所著《舆地纪胜》二百卷，久已未见。传本《四库》书目载《舆地碑记目》四卷，谓以天下地志碑刻之目分郡编次，各注其年月、姓氏于下，订正异同，实有裨于考证，则此四卷者，非独详于蜀可知矣。国朝绵州人李雨村，所辑《函海》有《蜀碑记目》，次序盖从纪胜而摘以单行者，《蜀碑记》十卷，又从《碑目》而摘以单行者，于蜀则详录之外，此悉屏而不载。然书固详于蜀，实王氏之金薤琳琅也。今由《函海》中录出付梓，其碑目次序载在卷首者，不无讹舛。《碑记》十卷中亦多歧异，遂详加厘定，附以辨讹考异若干条于尾，以备参稽焉。

20.（清）法式善《陶庐杂录》卷三，清嘉庆二十二年陈预刻本

《蜀雅》二十卷，罗江李调元选。调元字雨村，刻书甚富，惜卷帙繁重，不克风行海宇。此书虽于全蜀诗人不能完备，而亦足觇大凡矣，闻有续刻未见。

21.（清）周中孚《郑堂读书记》卷六十五子部十二之三，民国吴兴丛书本

《淡墨录》十六卷函海本：国朝李调元撰。是编所纪皆本朝甲乙丙榜诸名臣之言行及科场之条例，兼征轶事奇闻。自国初起，每科俱按题名碑录，科分前后。而康熙己未、乾隆丙辰两举鸿博，辛未一举经学得人尤盛，亦并逐一搜罗，详为考释，足以备词林之典故，续玉堂之佳话焉。其曰淡墨录者，用唐人以淡墨书榜人名故事云。书成于乾隆乙卯，自为之序，后之人继是编而续之，当断自嘉庆改元始矣。

22.（民国）杨钟羲《雪桥诗话》卷七，民国求恕斋丛书本

绵州李雨村与弟墨庄、凫塘称"三李"。以五代诗向皆附之唐末宋初之间，辑《全五代诗》一百卷。《序》称五代十三君共五十二年，兼以十国各据疆土，易姓僭窃如翻。上饼以致官爵益滥，小人乘君子之器，富贵出于非意，视国家安危如秦越不相谋，故其时将相大臣有

一人而事一二朝者，有一人而事四五朝者，如后唐之冯道所向称臣，后梁之王易简几徧五代，后汉之王仁裕历事八君，惟于其人核其生平，将受知必有最深之地，功名必有最显之时，本其人其事以定其为何代之人，亦愧其不安之意也，雨村撰著甚伙，以此书为最足传。

23.《雨村曲话提要》，载中国戏曲研究院编，《中国古典戏曲论著集成》第八册，中国戏剧出版社1959年版，第3—4页

《曲话》二卷，清李调元著。李调元，字羹堂，又字赞庵，鹤洲，号雨村，别号童山、蠢翁，四川绵州人。一七六三年（乾隆二十八年）进士，由吏部主事迁考功司员外郎。后官直隶通永道，因弹劾永平知府，反遭攻讦，被发遣到伊犁。不久，因母老得赎归。此后一直家居二十余年，从事著述，至嘉庆间卒。调元自幼好学，喜搜集金石、古籍，曾著有《奇字名》、《蜀碑记补》、《全五代诗》、《诸家藏书簿》、《诸家藏书画簿》等数十种。又辑刻自汉代以来四川人士著作一百六十余种，成为《函海》二十四集。他的诗也很负盛名，有《童山诗集》四十卷。又好留心地方风土及民间文艺，两次任广东学官，曾搜集当地民歌，编为《粤风》。也很喜欢戏曲，作有《曲话》、《剧话》。《曲话》二卷，上卷谈元代作家、作品，下卷谈明清作家、作品。其中多转引前人著作，而附以己见，颇有所得。

24.《剧话提要》，载中国戏曲研究院编，《中国古典戏曲论著集成》第八册，中国戏剧出版社1959年版，第33—34页

《剧话》二卷，上卷漫谈剧曲的制度沿革，下卷杂考戏曲所演的故事。著者李调元，其生平事略，已见《雨村曲话提要》。《剧话》的著作年代，约在1775年（乾隆四十年）左右，其时正是各种地方戏曲开始兴盛的时候。一般文人，对于这些新兴起的剧种，还多不屑于记载和叙述，李氏在《剧话》里，却对于"弋腔"、"秦腔"、"吹腔"、"二簧腔"、"女儿腔"等，作了简要的介绍，这是本书中最值得珍视的部分。1742年（乾隆五十七年），魏长生由扬州回到成都，写信去问候李调元，李曾有诗记载这件事情。由此得知魏和李是很好的旧友，同时也说明李是一个地方戏的爱好者。李调元虽然爱好戏曲，

但相传只有《春秋配》一剧是他的手笔。

25. 钟敬文《读"粤东笔记"》，载《歌谣周刊》（第67、68号），1924年11月9日、16日

歌谣杂谈

读"粤东笔记"（一）

钟敬文

I

这部书——《粤东笔记》——的作者的时代和历史，我是很少有知道的；但是我这篇小文里，对于那些事情，似乎没有多大的要紧；惟然，我便不消深费许多功夫，去做关于他的时代和历史的详细考究了。

据我所能晓得的，他简单的履历是如此：他是四川锦州人，名李调元，别字雨村。就他书里所记的关于粤东的物品的时代看来，他大约是清朝中叶人。据他序里所说，他曾两度到粤省——第一次是典试，足迹只及于省会一隅；第二次是视学，这回他便畅游了全省诸郡县。他除此书外，尚有无别的著述，我读书鲜少，无法知道。这部书是他归家后才写的，他的儿子名朝礎的，替他做校字的工作。

这部书共十六卷，大概是叙述着吾粤当时的地理，风俗，物品等等。我现在要谈谈的，只是他所记述的一小部分——"粤东的歌谣"。

II

这书里，除了"粤俗好歌"一篇专谈论及记录粤东歌谣的文字以外，其余还杂收了许多成章与断片的歌词，总计起来，在三十首以上。（断句不在内）这一点，很值得我们留心歌谣的人的注目了。

说到此处，我们要发生一个疑问，就是作者对于此点，究竟是有意的呢，还是无意的呢？经过了一回郑重思考之后，我可很明白地答复大家一句：作者如此，是很有意思的！怎样讲呢？我有许多证佐可以见出。

（1）作者在"粤俗好歌"篇里说："辞必极其艳，情必极其至，使人喜悦而不能已已，此为善之端也。"又曰："歌则清婉溜亮，纤徐

有情，听者亦多感动。风俗好歌，儿女天机所触，虽未尝目接诗书，亦解白口唱和，自然合韵。说者粤歌始自榜人之女，其原词不可解，以楚说译之。如：

> 山有木兮木有枝，
> 心悦君兮君未知。

则绝类《骚》也，粤固楚之南裔，岂屈风流，多洽于妇人女子欤？"他这话，虽大概为粤歌之偏于抒情者而说，然可见他对于民间文学之醉心倾倒了。

（2）作者不但对于歌谣致他十分推崇与爱好之意，且由推崇与爱好之意，进而为实地的模仿。我们试看他在书里所拟作的几首歌谣，便可知道。

白蚬瑶

> 南风起，落蚬子；
> 生于雾，成于水；
> 厚至丈，取不稀。
> 殷勤取沙滩，
> 莫使蚬子飞。

竹枝二首

> 郎心好如调黎水，
> 不起风波喜复秋；
> 日日雨潮还雨汐，
> 令郎消却别离愁。
>
> 花下欢闻白马嘶，
> 郎来日日在南溪；

> 莫如琼海潮相似，
> 半月东流半月西。

三诗意境，风格，都和一般民歌约略肖似，由此，我们可想出作者的用心所在了。

但作者虽然那样倾心于吾粤之民间文学，还脱不了一种谬误的习见，以为歌谣之作，都含有一种湛深的意义在其中。

> 竹叶落，竹叶飞，
> 无望翻头在上枝。
> 担伞出门人呼嫂；
> 无望翻头做女时。

他对于这支歌解道："此言女一嫁不能复为处子，犹士一失身，不能复洁白也。"

大姐姐

> 分明大姐大三年，
> 担橙井头共姐坐。
> 分明大姐坐头边。

解道："言女嫁失时也；妹自愧先其姐也。"

> 官人骑马到林池，
> 斩竿筛竹织箭箕；
> 箭箕载绿荳，
> 绿豆喂相思。
> 相思有翼飞开去，
> 只剩空笼挂树枝。

解道:"刺负恩也。"

就上面三条解说看来,可见他还是学着前儒硬派诗经里的诗歌为什么美刺诗的手段来武断歌谣的。这种见解,不消说是十分谬妄,但为了时代关系的缘故,我们只好深深地谅解他了。

还有一层,须得我们细来考究的,便是书中保存着的许多歌谣,是否有经过他的改窜和润饰的地方,从古许多保存下来的歌谣,十之八九是已经受了采集者的一番改削的。因为前人对于歌谣,多半是取其内涵的义理,而不注重其外表的语句——无论歌谣之附会者或赏鉴者,都是如此;——所以增削任情,是我们中国人对于歌谣的传统方法。书中除掉了一首猺歌和些断句,是他声明自己用汉语笺译过的,其余的,我以为还有许多经过窜改的,如:

罾布谣

以罾为布,渔家所做
著以取鱼;不忧风飔;
小儿服之,可以辟魅。

鳝鱼谣

鱼浮滋沈,沈者滋阴;
虽则滋阴,其毒亦深。

胭脂子

不采红蓼花,但采胭脂子;
持以作朱颜,其余入玉齿。

这些歌谣,字句雅驯,大类文士的笔墨,却非我们方言色彩十分浓厚的粤东歌谣的本来面目。

但是除了上面举出的那些是经过他不少修改的改削外,其他,大部分可说是靠得住的材料——至少也可说点窜的地方不多,我们看——

柚　子

柚子批皮瓢有心，

小时则剧到如今；（注）

头发条条梳到尾，

鸳鸯怎的不相寻？

注——游戏曰，则剧；讹杂为则也。

大头竹笋

大头竹笋作三桠，

敢好后生无置家。（注）

敢好旱禾无入米，

敢好攀枝无晒花。

注——敢好者，言如此好也。

素　馨

素馨棚下梳横髻，

只有贪花不上头；

十月大禾未入米，（注）

向娘花浪几时收？

注——十月熟者名大禾；岁宴而米不入，花浪不收，是过时而无实也。

他这样郑重地保存着原诗的方土色彩，我们大约可以相信他的材料多半是靠得住的。

总之，他保留了许多当时的歌谣，给我们异时或异地的人赏鉴和研究，的确是吾国古来有功于学术界的一员，无论如何，我们该向他表示诚恳的敬意的。

　　现在我把他书中所收的歌谣，择其成章而较佳的，抄出一些在下面——已见前面的不赘录——以便大家欣赏和研究。

妹相思

妹相思，
不作风流到几时？
只见风吹花落地，
不见风吹花上枝。

一更鸡啼

一更鸡啼鸡拍翼，
二更鸡啼鸡拍胸；
日更鸡啼郎去广，
鸡冠沾得泪花红。

岁　晚

岁晚天寒郎不回，
厨中烟冷雪成堆；
竹篙烧火长长炭，
炭到天明半作灰。

采茶歌（三首）

二月采茶茶发芽，
姊妹双双去采茶；
大姊采多妹采少，
不论多少早还家。

三月采茶是清明，
娘在房中绣手巾；

西旁绣出茶花朵，
中央绣出采茶人。
四月采茶茶叶黄，
三角田中使牛忙；
使得牛来茶已老，
采得茶来秧又黄。

与娘同行

与娘同行江边路，
却滴江水上娘身。
滴水一身娘未怪，
要凭江水作媒人。

薏苡谣

食米得薏，薏一米二；
从郎二心，侬只一意。

注——交趾人恒以薏苡杂米中熟之。

猺歌（二首）

撞石鼓，万众为我虏；
吹石角，我兵齐宰剥。

官有万兵，我有万山；
兵来我去，兵去我还。

牛马谣

果下马，果下相逢为郎下；
果下牛，果下相逢为郎留。

注——果下马，果下牛，皆粤中马牛之体小而强壮者之称。

水流鹅

水流鹅，莫淘河！

我鱼少，你鱼多。

竹弓欲射你，

奈你会逃河。

注——水流鹅，即鹈鹕。

祈子歌

祈子金华，多得白花；

三年两朵，离离成果。

注——金华，金华夫人也，广州有夫人祠，居人多往祈子。

路边神歌

路边神，尔单身；

一茧生二茧，吾舍作夫人。

注——俗传新兴有东山神，一采桑女经其地而作此歌，归果见一茧二茧，且甚白，是夜大风雨，女失所在；有一红丝，自屋牵入庙中，追寻之，兀坐无声息矣。

仓榕歌

仓榕高松，平泽重重，

高松仓松，夹道阴浓。

注——宋仓振知新州，夹道植榕，后高芝复植松，故行旅为之歌。

糖梅谣

糖梅甜，新妇甜，

糖梅生子味还甜；

糖梅酸，新妇酸，

糖梅生子味还酸。

注——粤俗婚姻，多以梅子渍糖为赘。

26. 容肇祖《粤东笔记》与《南越笔记》，载《民俗》1928 年第
11—12 期

李调元的《粤东笔记》，在《函海》里称为《南越笔记》。钟敬文
兄以为《粤东笔记》是书估的改头换面的称呼，这话恐有错误。据道
光庚寅邓淳编的《岭南丛述》的引用书目里又所引用的各条都说"粤
东笔记"。李调元是乾隆间人，和邓淳的年代相差不很久，疑在广东
的刻本，旧作"粤东笔记"。李调元自序说："予自甲午典试粤东……
岁次丁酉之冬复来视学，此古太史辀轩采访之职也，遂得遍历全省诸
郡县。"这种说话，亦适于"粤东笔记"的名称。《函海》一书，是他
回川后所辑，则"南越笔记"或当为后来改定的？不得说"粤东笔
记"为书估所改的名称。

27. 吴永章《中国南方民族史志要籍题解》，民族出版社 1991 年
版，第 200—203 页

《南越笔记》题解：《南越笔记》十六卷，清李调元撰。《函海》、
《丛书集成初编》本均收入此书。1917 午重刊版名此书为《粤东笔记》。

李调元，字羹堂，号雨村，绵州（治今四川绵阳）入。乾隆二十
八年（1763）进士。由庶常授吏部主事，迁考功司员外郎，官至直隶
通永道。罢官后，以著述终。藏书达万卷，爱才若渴。著述近四十种，
其中有：《使琉球记》、《童山诗文集》、《雨村诗话》等。曾辑《函

海》一书，多至二百余种。

《南越笔记》的成书经过与内容。据作者序是书说：乾隆四十二年（1777）的冬天，"复来（粤东）视学，此古太史辎轩采访之职也，遂得遍历全省诸郡县。可以测北极之出地，以占时变，可以乘破浪之长风，以穷海隅，可以审榕荔之不宜于北土，可以征灵羽之独钟于丹穴，幽隐而至五行符瑞所不及载，载而莫阐其理者，亦可以征信而核实。畴见昔人著述诧为怪怪奇奇，惊心炫目者，至是又不觉知其或失或诬，或当于理，而因为之弃取焉，且因为之上下草木鸟兽各纵其类焉。书成计一十有六卷，敢曰《尔雅》注鱼虫，壮夫不为也，盖聊以广箧中之见闻耳。"换言之，作者利用"视学"的机会，历遍广东全省各地，在实地考察的基础上，再参之昔人著述而成。本书体例仿《南方草木状》、《岭表录异》、《桂海虞衡志》诸籍。后人誉此书为："件举条索，述录既殚乎奇异，考据极其精详，询为粤东一方面最有价值之记载。"（1917 年重刊序）

本书是研究清代岭南民族问题的必要参考书籍。卷一《粤俗好歌》条；卷二《梅岭》条、《五岭》条；卷三《石羊石》条；卷四《伏波神》条、《南越人好巫》条、《洗夫人庙》条；卷五《棉布》条、《葛布》条；卷六《铜鼓》条等，均与岭南古代越人与其后裔的历史、习俗有密切关系。卷七则集中记述了清代广东诸族的情况，分别列了《马人》条、《瑶人》条、《黎人》条、《峒人》条、《疍家》条，对这些民族作了较为详细的介绍。

28. 刘德仁、盛义《中国民俗史籍举要》，四川民族出版社 1992年版，第 311—312、336 页

《粤东笔记》，上海会文堂书局 1915 年版。清·李调元撰。李调元，字羹堂、赞庵、鹤州，号雨村。四川绵阳人。乾隆进士，由庶常授吏主事。曾为广东学政，典试粤东，在粤视学期间，留心风俗，曾"遍历全省诸郡县"，因而写出《粤东笔记》。

《粤东笔记》十六卷。卷一记广东风土人情、节令集会。卷二至卷四记广东名山大川和神祇。卷五至卷六记广东物产。卷七记少数民

族。卷八至卷十二记鸟兽虫鱼。卷十三记植物水果。卷十四至卷十五记花草，卷十六记糖、茶、杂物。是书内容广泛，凡方言土语、山歌情爱、节令习俗、物产奇珍无不收录，可说是一部比较完整的民俗调查材料。比如记广东民间节令集会时就记有元日元夕、灯会、放鸽会、团年送年、七娘会、下元会、龙舟竞渡等。又如卷一"粤俗好歌"条里，详尽地记载了粤东的民歌内容、对歌形式、不同节令的民歌及歌仪。这些内容在清人笔记中是不多见的，价值甚为珍贵。又如在记广东少数民族时，介绍了马人、黑人、瑶人、黎人、峒人、疍人、蛋人等。并介绍了这些少数民族的居住区域、生活习惯、婚丧礼仪、风俗尚崇等情况。是书前有插图，名八景全图，描绘了广州当时八景，即"珠梅夜月"、"大通烟雨"、"白云晚望"、"蒲涧帘泉"、"景泰僧归"、"石门返照"、"金山古寺"、"波黄沐日"，对每一景均有绘画和文字说明，也可从中窥出时人居住、游艺和尚崇等习俗概况。由于是书系作者有目的地系统收集所成，翔实可靠，在清代民俗史籍中，可谓上乘者，其价值就不言而喻了。

《粤风》，《函海》本。清·李调元辑。《粤风》为李调元任广东学政期间，悉心察访民俗风情，将所记辑录整理而成。是书四卷，主要记载广东民歌，以情歌居多，反映了广东汉族和少数民族的婚姻爱情、社会生活、道德风范等方面。所记朴实无华，翔实可靠，如记"蝴蝶思花"歌谣："思想妹，蝴蝶思想也为花，蝴蝶思花不思草，兄思情，情妹不思家。"又如记"高山种田"歌："谁说高山不种田，谁说路远不偷莲，高山种田食白米，路远偷莲花正鲜。"在这些歌词后面，还附有李调元释句，对理解歌谣含义甚有帮助。这些歌谣都是当时人民生活习俗的忠实写照，李调元忠实原意记载下来，这对研究清代广东地区民间文学、民俗均有重要价值。

29. 张舜徽《清人文集别录》卷七《童山文集》，中华书局 1963 年版，第 207—208 页

童山文集二十卷补遗一卷（函海本），绵州李调元撰。调元字羹堂，号雨村，乾隆二十八年进士。与姚鼐、赵翼皆为同年生。由庶常

授吏部主事，迁考工司员外郎，擢直隶通永道。以劾永平知府罢官，戍伊犁，寻以母老赎归，以著述终。是集衰成于嘉庆四年，为调元晚年手定。自谓才华既退，学问亦荒，譬如老牛谢犁，惟思卧啮枯草，终老天年，安能与少年骐骥，共争名于天壤间（见是集自序）。老景颓唐，情溢乎辞矣。调元早岁嗜吟咏，与袁枚、赵翼相颉颃。时人有谓调元与袁枚，正如华岳二峰，遥遥相峙，风云变化，两不可测（见余集《与调元书》，附载是集卷十）。而调元之女夫张怀湘，复汇抄袁枚、赵翼、王文治及调元之诗，为四家选集，可知调元工诗，在当时已有定价。而是集卷十有寄袁、赵两家书，遥相推重，自愧弗如，颇见执谦之意。亦以调元从事朴学，优于两家，初未必甘以文士自居也。调元治经，宗主郑氏，尝谓汉儒注经，去古未远，俱有家法，只字片言，不肯苟作，考古者所必穷（见是集卷三《郑氏古文尚书序》）。其治学趋向，固与惠、戴同归，而研绎《三礼》为尤精。著有《周礼摘笺》、《仪礼古今考》、《礼记补注》诸书，皆所以发明郑学，以勘订后来诸家之说。又常谓训诂之文，非词章之学。而深于训诂者，词章亦不外是。汉唐儒者，一生精力，悉耗之注疏中。其诠释名物，研芳撷艳，洵屈、马、杨、班无以过。因摘其标新领异之语，别为一书，名曰《注疏锦字》（详是集卷四《十三经注疏锦字序》）。则其寝馈注疏之功，亦已勤矣。由其学有本原，故于序录群书，考论学术之际，于一名一物，悉能穷流溯源，洞究其所以然，谅非空疏不学者所易为。乾嘉中四川士夫之有文采而兼治朴学者，固未能或之先也。调元敬恭桑梓，广搜益州耄旧遗著，次第刊布。所辑《函海》一书，实总汇之。即杨慎一家，收至四十余种。是集卷三，又有《升庵著书总目序》，以发明其意。好古阐幽，信有功于乡邦文献。至于卷十《与严署州论蜀啯噜》三书，于啯噜组织之法，散布之状，综录实闻，稽核详备。卷十一《唐德宗公主和亲论》，考证唐世以公主嫁吐蕃者二，一为太宗，一为中宗，并无德宗嫁公主事。叙述历朝与西藏往来交通始末，尤为翔实，皆有裨于考史也。调元一生著述，近四十种，其要者已刊入《函海》。是集卷三，有《童山著书序》一篇以总论之。惟是篇谓著书之名，始见《法言》，此殆不然也。考《太史公书》称老子至关，关令尹喜曰：子将隐矣，强为我著书。于是老子乃著书上下篇。著书二字，见于载籍者，盖以此为最朔，不知调元何以忽之。彼盖以扬雄有著古人之呡呡者莫如书一言而泥之耳。调元于此等处，失之疏略，学者亦不可不知其所短也。

30. 徐德明《清人学术笔记提要》，学苑出版社 2004 年版，第 79—80 页

李调元（1734—1803。卒于嘉庆七年十二月，前人著录均误作 1802 年），字羹堂，又字赞庵、鹤洲，号雨村、墨庄，四川绵阳人。乾隆二于八年（1763）进士。与姚鼐、赵翼为同年。历广东提学使、直隶通永兵备道。有《易古文》、《童山诗音说》、《周礼摘笺》、《仪礼古今考》、《春秋三传比》、《蜀碑记补》、《童山诗文集》、《雨村诗话》、《蠢翁词》、《制义科琐记》、《淡墨录》、《然犀志》等近四十种，辑有《函海》、《蜀雅》、《粤风》等。

《卍斋琐录》十卷，多以《说文》及其他古籍考据名物。如卷一考"鸭"、"爬"、"散"、"挑"等字，卷二"童男子"、"骥"、"仰"、"羡"字，卷三"侏儒"、"亚"与"恶"字，卷四"卡"、"寿"字，卷五"将牢"、"潍"与"淮"字，卷六"陈田"、"马莽"、"瑟琶"字，卷七"皋陶"，卷八"用"、"身毒"、"豆"字，卷九"威姑"、"缅甸"，卷十"舟"、"焉"、"棚"字，所引古籍甚夥，可资参考。间有不足，如卷一考"研"字，认为"研但作滑石，究不得借作砚"，误。至卷六"花"，抄自顾炎武《唐韵正》，却不标出处，有掠美之嫌。

《剿说》四卷，所收多群经史汉异同之说，体例与赵翼《陔余丛考》、凌扬藻《蠡勺编》大略相似，惟解释辞义多于考订，为稍异耳。从经史传注中择其字义错谬，加以考订，以成此书。其所引据，多半出自古人，故书名《剿说》，实为自谦之意。多有发明，可资参考。如卷一《表文用伏以之始》、《熟通作孰》、《史记多用趣字》、《壹作一》等条，卷二《毛传本尔雅》、《比时具物》、《中西域》、《振古非古》条，卷三《统一犹总之》、《大学注逸》、《孟子朱注参》、《曾子

唯与宋玉唯不同》条，卷四《楚辞多陈蔡间语》、《六辅》、《世说赞毛诗》、《易诗用居》条等，均引证博洽。

以上两书均有《函海》（乾隆本、光绪本）本，《丛书集成续编》本。撰稿用《函海》（光绪本）本。

《唾余新拾》十卷、《续拾》六卷、《补拾》二卷，为游宦归后，山居读书时所作。是编所载，皆今人恒语及习用词藻，见于古人之书者，一一摘记其根源而参以考证。自谓风雨晦明之余，焚香坐读，偶遇辄录，细阅之，皆唾余也。虽排比揉杂，录取随心，然卷帙繁富，考证详瞻，足资参考。如称人妻曰"尊夫人"，唐以前皆以称人母，见《昌黎集·孟东野墓志》。又《西京杂记》记大姓文不识，家富多书，匡衡与其佣作而不求值，按此疑假设姓名，如今小说之例。均能独抒己见。

光绪八年（1882）乐道斋刊本。撰稿用光绪八年乐道斋刊本。

31. 来新夏《清人笔记随录》，中华书局 2005 年版，第 241—243 页

《南越笔记》十六卷，撰者李调元，字羹堂，号雨村，又号童山、鹤洲、赞庵、卍斋、蠢翁。四川罗江（今德阳市罗江镇）人。清雍正十二年（1734）生，嘉庆七年十二月二十一日（1803 年 1 月 14 日）卒，年六十九岁。乾隆二十八年（三十岁）进士。历官吏部员外郎、广东学政、直隶通永兵备道。乾隆四十七年因与永平府互讦落职，后遭遣戍，但未行即获释，遂从事著述纂辑之业以终。清人杨懋修为撰《李雨村先生年谱》（见《续修罗江县志》卷 24），今人杨世明为编《李调元年谱略稿》（载《南充师院学报》1980 年第 2 期），可见李氏之生平、著述。

撰者一生，著述宏富，为乾嘉时著名学者。乾隆四十六年，任直隶通永兵备道时，正值四库全书馆初开，大事搜集遗书之时，因而得到借观内府藏书副本的机会，遂雇人抄录，准备汇集刊行。历时一年，辑成《函海》初续二刻，各 20 函，收书 163 种，共 852 卷，为清代著名丛书之一。其中第 25 函至第 40 函，为李氏著作，其他为六朝以来未刊罕见书，颇有功于学术。乾隆四十二年冬，李氏任广东学政，遍

历全省各府县,涉猎岭南载籍,于乾隆四十五年任满时,成《南越笔记》16 卷。

《南越笔记》是杂记广东风土之作,凡风俗、山川、名胜、物产、制作、传说等无不包罗而尤详于物产,于矿藏、树木、花草、禽兽、鳞介等均加评述。此作之前,记岭南的著述尚有《广东新语》、《岭南杂记》诸作。《南越笔记》较之屈大均《广东新语》不仅未能超出范围,甚至有一字不差剿袭而不注出处者,如:

> 谓赁田者曰佃丁、曰田客。赁地者曰地丁、曰地客。(《广东新语》卷十一《文语·土言》;《南越笔记》卷一《广东方言》)
>
> 粤之葛以增城女葛为上,然恒不鬻于市。彼中女子,终岁乃成一匹,以衣其夫而已。(《广东新语》卷十五《食语·葛布》;《南越笔记》卷五《葛布》)

但是,《南越笔记》由于流传较广,引用者较多,特别是在讨论中国资本主义萌芽问题时,以《南越笔记》易得,遂广为引证,《广东新语》反为所掩。其所记述者多涉社会经济,如卷5《铁》一则,记广东冶铁业之规模颇详。其记佛山铸铁业已有行业分工:"凡铸有耳者不得铸无耳者,无耳者不得铸有耳者,兼铸者必讼。"其铁镬外销,"鬻于江楚间"。卷14《蔗》条记糖房榨糖,"多以致富",而蔗农则下农不过榨以自给,甚或自给犹不敷。卷16《糖》条则记糖房以糖放利的情况甚详称:"大抵广人饮馔多用糖。糖户家家晒糖,以漏滴水,仓囤贮之。春以糖本分与种蔗之农,冬而收其糖利。旧糖未消,新糖复积,开糖房者,多以是致富云。"其他记种蔗、种香、种茶等资料,均足以见清初农业经济中经济作物已大有发展,某些地区"蔗田几与禾田等矣"(卷14《蔗》)。类此,虽与前人所著多有重复,但也可证明清以来广东地区经济之发达程度,并供地方史志参考采择。是书还收集了广东一些民歌,并记述了这些民歌的形式与演唱时的特点。对广东方言的语源、典故也有所探索。

是书有《函海》（清乾隆、道光刊本）第 24 函本，《函海》（光绪刊本）第 27 函本。《丛书集成初编》本。抗战前，商务印书馆据《函海》本标点排印。《小方壶斋舆地丛钞》收刊《南越笔记》，但不分卷，除略去标目外，尚删削若干则。如卷 3《琼州潮》条删去《流水指掌图》，《弹子矶》条则加以删减；卷 4 缺《海琼子》、《桂阳周府君碑》及《连州二诗人》等 3 条，其《白沙先生》、《枕书堂》2 条则大加删略。卷 16 缺《御米》1 条等。是以凡引证史料当力求单刻，退而求其次，乃引用丛书所收资料。

《出口程纪》乃李调元于乾隆四十六年四月初四日至二十五日奉命往热河秋审承德六州县时所作，时撰者在直隶通永道任。书前有自序，记六州县之名及奉檄缘由，并记其撰述之旨云：

> 六州县山川风俗，向所未经，非因公不易至其地。用是夙夜匪懈，不遑安息，秋谳之余，所有道里风土，随日记载，亦观俗之一端也。以在古北口外，故曰《出口程记》。

六州县者，即承德府属滦平、建昌、朝阳、赤峰、丰宁五县及平泉一州。李氏自四月初四自通州启行起，排日记载里程、山川、胜迹、风俗、寺院及碑碣文字等，间援载籍略加考订，并附所作景物诗，于探求热河地志者，尚有裨益。书记至二十五日回任止。

五　各家文学史评介

1. 严迪昌《清诗史》，浙江古籍出版社 2002 年版，第 944—945 页

被朱庭珍骂为"专拾袁枚唾余以为能，并附和云崧，其俗鄙尤甚，是直犬吠驴鸣"的李调元，确是随园的追随者。

李调元（1734—1802），字羹堂，号雨村，又号赞庵、童山蠢翁、鹤洲等。四川罗江（今德阳）人。乾隆二十八年（1763）进士，改庶吉士，历官广东提学使，直隶通永兵备道。著有《童山诗集》多至四十二卷，又有《雨村诗话》十六卷。此外辑成《全五代诗》一百卷，

《蜀雅》二十卷，《粤风》四卷。家富藏书，编有《函海》丛书。与从弟李骥元、李鼎元称"绵州三李"，晚年里居二十余年，为蜀中自费密以后的名诗人。同时李调元又是个著名曲论家，自己亦兼工曲作。

对袁枚，李调元在《袁诗选序》中对广东的士子明言："余诗不足学，诸生其学袁可也。"在《寄袁子才先生书》里更说："先生论诗曰'新'，调论诗曰'爽'，先生有《随园诗话》，调有《雨村诗话》。不相谋也，而辄相合。"又《答赵耘松观察书》说："诗人皆称袁蒋，而愚独黜蒋崇赵，实公论也"等。其为袁枚"性灵"说之同路人是肯定的。

李调元诗潇洒有致，语意清朗多趣。如其记写友人们一起游成都浣花草堂，在杜甫面前"戒不作诗"，唯李振青（鹤林）画墨兰数枝粘于墙，逸事一桩，本亦平常，但李调元诗传情传意，很有韵味：

寄语词人漫浼墙，文章那得杜光芒。
鹤林解得真诗意，画笔兰花当瓣香。

《河村戏场》有幽默感：

本因祈雨酬神戏，翻为雨多酬不成。
赢得豚蹄兄妹共，腰台多谢社翁情。

"腰台"，酒肉相劳的俗语。李调元当然不是只写这些小镜头，小感受。他的《南宋宫词》，论者以为可以与厉鹗等《南宋杂事诗》并传。但"宜兴老犹重，此行身太轻"的李调元，纪事颂贤，时有头巾气，《挹翠楼诗话》说他"不及随园多矣"，是公允的。

2. 叶长海《中国戏剧学史稿》，上海文艺出版社 1986 年版，第366—368 页

李调元戏曲论著有《雨村曲话》、《雨村剧话》。另著有《童山全集》，辑有《全五代诗》、民歌集《粤风》等。李调元生活的年代主要

在清中期，但就其曲话的风貌而言，似更宜于看作是清前期的曲论家。

《雨村曲话》的内容大都自前人著作里辑录而成，评述了元明清杂剧、传奇的作家和作品，主要偏重于对文字的评论。《雨村剧话》上下两卷，上卷漫谈戏曲艺术的形成与演革，对当时流行的地方戏曲声腔剧种也作了简要的介绍；下卷杂考《月下斩貂蝉》、《雪夜访赵普》、《沈万三》等剧题材的由来。

李调元可谓是一个"泛戏论"者。他对"戏"的理解非常宽泛，把历史现象、现实生活与舞台艺术合而论之，他的《剧话序》云：

> 剧者何？戏也。古今一戏场也。开辟以来，其为戏也，多矣……夫人生，无日不在戏中，富贵、贫贱、夭寿、穷通，攘攘百年，电光石火，离合悲欢，转眼而毕，此亦如戏之顷刻而散场也。

从这种认识出发，他主张无往而非戏："巢、由以天下戏，逢、比以躯命戏，苏、张以口舌戏，孙、吴以战阵戏，萧、曹以功名戏，班、马以笔墨戏"，"偃师之戏也以鱼龙，陈平之戏也以傀儡，优孟之戏也以衣冠"，"故而达而在上，衣冠之君子戏也；穷而在下，负贩之小人戏也"。他进而提出："今日为古人写照，他年看我辈登场，戏也，非戏也；非戏也，戏也。"他作《剧话》的目的，就是为了说明现实与舞台之间"虚虚实实"的关系："予恐观者徒以戏目之，而不知有其事遂疑之也，故以《剧话》实之；又恐人不徒以戏目之，因有其事遂信之也，故仍以《剧话》虚之。"《剧话》卷下专门考核戏曲故事与历史故事之间的"虚"或"实"的关系。李调元的特点就是要找出戏曲本事与历史事件之间的关系，因而把一些纯粹虚构的戏曲作品（如《琵琶记》）也看作是敷演历史，从而考证其是否"实"、"失实"或"谬悠"。

李调元《剧话序》之所以采用这种戏剧与生活"合而论之"的办法，原是为了说明"戏之为用，大矣哉"，为了说明生活离不开戏剧，也是为了说明戏剧的"兴、观、群、怨"作用。但作为艺术理论，如不特别加意于研究艺术区别于生活的特点，则不可避免地要造成种种认识上的混乱。上述李调元《剧话》的论说就有这种情况。

《剧话》也注意对戏曲声腔的研究。其主要观点如次。一是关于昆腔，根据沈宠绥《度曲须知》，断言"昆腔"是魏良辅"一人所创"。二是关于海盐腔，根据元姚桐寿笔记《乐郊私语》的记载，提出海盐腔"实法于贯酸斋"。三是关于弋阳腔，认为即是当时的"高腔"，又称"秧腔"，在京称"京腔"，粤俗称"高腔"，楚、蜀间称"清戏"；其特点是"向无曲谱，只沿土俗，以一人唱而众和之"，等等。四是关于秦腔，指出其特点是"以梆为板，月琴应之"，俗呼"梆子腔"，蜀谓之"乱弹"。五是其他，又略叙"吹腔"、"胡琴腔"（又名"二簧腔"）、"女儿腔"（亦名"弦索腔"，俗名"河南调"）的特点。对各种声腔能要言不烦地揭示其特点，划出其流变轮廓，而且着眼也较全面，这是李调元的优点。但其局限性也是显然的。说昆腔是魏良辅一人所创，抹杀了历代戏曲艺术家在改革昆山腔中的重要作用，自然不合历史事实；又曾说"曲之有'弋阳'、'梆子'，即曲中之'变曲'、'霸曲'"，这是站在以昆山腔、海盐腔为曲中正统的立场上说话，对其他声腔似有贬意。如此之类，是李调元的偏见所在。

在清代曲论家中，李调元是较早注意对当代戏曲作品的评价的。他在《雨村曲话》中，对当代戏曲作家作品的评论涉猎面很广。如称李渔"音律独擅，近时盛行其《笠翁十种曲》"；洪昇《长生殿》"尽删太真秽事，时朱门、绮席、酒社、歌楼，非此曲不奏缠头……其《弹词》为一篇警策"，孔尚任《桃花扇》"所写南渡诸人，而口吻毕肖，一时有纸贵之誉"；其他张漱石、夏纶、蒋士铨等人，各论其成就。虽然李调元《曲话》中这方面的评论语焉未详，却启发了后来曲学家对当代作家作品的重视，如梁廷枏等人论曲，受李调元的影响显然是很直接的。

3. 秦华生、刘文峰《清代戏曲发展史》（上卷），旅游教育出版社 2006 年版，第 461—463 页

《曲话》和《剧话》最早刻本即见于乾隆四十九（1784）刊成的

《函海》。《雨村曲话》二卷。上卷辑录前人论曲片断，摘评元代作家作品的曲句；下卷引录、述评明代曲论家论曲之语，评论明清杂剧、传奇的作家作品，其中个人见解也有可取之处。

李调元对明代吴中骈绮派传奇作家的批评允称确当，他说：

> 曲始于元，大略贵当行不贵藻丽……自梁伯龙出，始为工丽滥觞。盖其生嘉、隆间，正七子雄长之会，词尚华靡；弇州于此道不深，徒以维桑之谊，盛为吹嘘，不知非当行也。故吴音一派竞为剿袭，靡词如"绣阁罗帏""铜壶银箭""紫燕黄莺""浪蝶狂蜂"之类，启口即是，千篇一律。甚至使僻事，绘隐语，不惟曲家本色语全无，即人间一种真情话亦不可得，元音之所以塞而不开也。

骈绮派剧作的弊端早已受到曲论家们的批评，而李调元的批评不仅指出弊端，而且进一步将这一创作倾向与当时整个文坛的风气联系起来，分析了"后七子"的影响和文坛领袖王世贞"盛为吹嘘"对骈绮派文风的盛行所起的作用。

在批评骈绮派创作倾向的同时，李调元还批评明代后期以沈璟为首的吴江派剧作家"以鄙理可笑为不施脂粉，以生硬稚率为出之天然"，认为这样的语言同样不是戏曲的"本色俊语"。

李调元对戏曲作品的评论有时也涉及情节问题，提出"作曲最忌出情理之外"，但主要还是着眼于文字，作寻章摘句之评，且为杂感随谈，如同明代中期曲话的样子。

《剧话》二卷，上卷的内容为戏曲制度的沿革，基本上都是摘录前人著述，下卷杂考剧目本事，为研究戏曲史辑录了一些资料。

李调元在《剧话序》中有一段关于戏剧与人生的演说：

> 剧者何？戏也。古今一戏场也……孔子曰："《诗》可以兴，可以观，可以群，可以怨。"今举贤奸忠佞，理乱兴亡，搬演于

笙歌鼓吹之场，男男女女，善善恶恶，使人触目而惩戒生焉，岂不亦可兴、可观、可群、可怨乎？夫人生，无日不在戏中，富贵、贫贱、夭寿、穷通，攘攘百年，电光石火，离合悲欢，转眼而毕，此亦如戏之顷刻而散场也。故夫达而在上，衣冠之君子戏也；穷而在下，负贩之小人戏也。今日为古人写照，他年看我辈登场。戏也，非戏也；非戏也，戏也。

所倡"兴观群怨"之论，是李贽评《红拂记》以来明清曲论家们论戏曲社会作用的常用说法。至于"古今一场"，"戏也，非戏也；非戏也，戏也"之说，含有消极的人生态度，这与李调元的生活际遇有关，但也包含了哲理——"剧场小天地，天地大剧场"，揭示了戏曲来源于社会生活，反映社会生活的实质。

下卷对新兴的高腔、秦腔、吹腔、二簧腔、女儿腔等地方戏曲起源、特征作了简要的介绍：高腔——源于"弋腔"，又称"秧腔"，京称"京腔"，粤称"高腔"。楚、蜀间叫作"清戏"，"向无曲谱，只沿土俗，以一人唱而众人和之，亦有紧板、慢板"。秦腔——俗称"梆子腔"，蜀称"乱弹"，"始于陕西，以梆为板，月琴应之，亦有紧、慢"。吹腔——盛行蜀中，"与秦腔相等，亦无节奏，但不用梆而和笛为异耳"。二簧腔——"起于江右"，"起以胡琴为节奏，淫冶妖邪，如泣如诉"。女儿腔——俗称"河南调"，"音似弋腔，而尾声不用人和，以弦索和之，其声悠然以长"。这是地方戏兴起后对地方戏最为全面的记述，其中对各地方戏曲起源、特征，尤其是对弋阳腔和高腔系统地方戏形成发展的血缘关系的探索，为后世的研究提供了珍贵的资料。李调元在记述中表明了两个观点：一是地方戏声腔各有特点，不能要求统一。他认为王正祥作《十二京腔谱》"立论甚新"，但"欲以一人、一方之腔，使天下皆欲倚声而和之，亦必不得之数也"。二是地方戏的兴起有其合理性。他说："《诗》有正风、变风，史有正史、霸史，吾以为曲之有'弋阳'、'梆子'，即曲中之'变曲'、'霸曲'也。"李调元虽然仍以昆曲为正统，但他认为地方戏曲正如变风之于《诗》、霸史之于史，是应当得到承认的，他不像当时一般文人那样对地方戏抱否定和鄙夷不屑的态度。据《中国古典戏曲论著集成〈剧话〉提要》介绍乾隆五十七年（1792）秦腔名伶魏长生由扬州回成都，写信问候李调元，李曾作诗记载此事。可知他为魏长生旧友，是地方戏爱好者。对地方戏的爱好，使他对一般文人不屑一顾的地方戏作了较全面的介绍；以昆曲为正统的观念，又使他没能像后来焦循那样对地方戏盛为鼓吹。

4. ［日］青木正儿著，杨铁婴译《清代文学评论史》，中国社会科学出版社 1988 年版，第 231—233 页

乾隆以后，戏曲逐渐走向衰颓，而古曲的研究似乎却兴盛起来，象笠翁那样连《元曲选》也不看就发表曲论的人已不再有。然而论曲的著作寥若晨星，尔来以迄清末百数十年间，主要著作不过四五种。首先应该举出的，是乾隆末期李调元的《雨村曲话》二卷。他不是作家（此处应指剧作家），只是喜爱文学评论，另有《赋话》、《词话》，但均甚浅薄，似乎仍以《曲话》为最好。然而这也是大体按年代顺序杂录古今戏曲及散曲的片断批评，没有特别值得一提的严整之论。稍稍引人注目的，是他对明王世贞《曲藻》（与《艺苑卮言》附录同）的抗议。王氏称马东篱、贯酸斋、王实甫、关汉卿、张可久、乔梦符、郑德辉、宫大用、白仁甫九人为元曲的代表作家，而他却认为贯酸斋、张可久、宫大用三人只是工于散曲，远不及其他六位杂剧作家并加以贬斥（卷上）。宫大用创作有优秀的杂剧，恐不应把他当作散曲家，和贯、张并列加以贬斥；但是把他放在代表作家之外，是妥当的。其次，他论明曲说，"曲始于元，大略贵当行，不贵藻丽。盖作曲自有一番材料，其修饰词章，填塞故实，了无干涉也。故《荆》（《荆钗记》）、《刘》（《白兔记》）、《拜》（《幽闺记》）、《杀》（《杀狗记》）为四大家，而长才如《琵琶》（《琵琶记》）犹不得与，以《琵琶》渐开琢句修辞之端也。明……自梁伯龙（辰鱼）出，始为工丽滥觞。盖其生嘉（靖）、隆（庆）间，正七子（李攀龙、王世贞等）雄长之会，词尚华靡；弇州（王世贞）于此道不深，徒以维桑之谊，盛为吹嘘

（梁系昆山人，王为太仓人，皆吴人），不知非当行也。故吴音一派（昆曲作家），竞为剿袭，靡词如绣阁罗帏、铜壶银箭、紫燕黄莺、浪蝶狂蜂之类，启口即是，千篇一律，甚至使僻事、绘隐语，不唯曲家本色语全无，即人间一种真情话，亦不可得，元音之所以塞而不开也。"将这罪过归之于王氏的声援，并且挖苦地斥骂道："元美（王世贞）责《拜月》（《拜月亭》即《幽闺记》），以为无词家大学问（王氏将其与《琵琶记》相比较而论），正谓其无吴中一种恶套（藻丽之风）耳，岂不冤甚！观元美于《西厢》只取'雪浪拍长空'（第一本第一折〔油葫芦〕几曲）、'东风摇曳垂杨线'（同上〔寄生草〕曲）等句，其所尚可知矣。安不击节于'新篁池阁'（《琵琶记》第二十二出〔梁州新郎〕曲）、'长空万里'（第二十八出〔念奴娇〕序曲）二曲，而谓其在《拜月》上乎？"曾因诗文受到钱谦益等人攻击的王世贞之重视辞藻，在这里也被当作了攻击的目标。但是他把戏曲方面梁辰鱼等人的辞藻派同诗文界联系起来之说，是值得倾听的。他为当行派辩护说："《明珠记》即《无双传》，明陆天池采所撰……王氏（世贞）以为未尽善余以为元美特走马看花耳，未细加涉猎也。曲中佳语虽少，其穿插处颇有巧思，工俊宛展，固为独擅，非梁（辰鱼）、梅（鼎祚）辈（亦辞藻派）派头。其北（北曲）〔尾〕云：'君王的兀自保不得亲家眷，穷秀才空望着京华泪痕满。'直逼元人矣。元美以为未尽善，以其不用故实也。中有'凤尾笺'、'鲛绡帕'、'芙蓉帐'、'翡翠堆'等语，未脱时尚，故见《曲藻》；不然则不齿及矣。我谓：未尽善正在此，不在彼也"（以上均卷下）。其他反对王氏之说尚散见于许多地方。总之，都是以元曲的朴素作风为标准，而不取与此相反的极富辞藻之作。他好像很喜欢元曲，《曲话》上卷全部是关于元曲的评论，大都是摘录佳句，然后加以短评，但还看不出有值得注意倾听的评论。

5. 王运熙、顾易生《中国文学批评史新编》（第二版），复旦大学出版社 2007 年版，下卷第 343—346 页

对于日趋繁荣的地方戏，李调元予以充分的注意。他把秦腔、弋阳腔、吹腔等诸地方剧种都看作是戏曲的组成部分，并为之辩解。认

为《诗经》有正风、变风之分，那么地方剧种就是戏曲中之变曲，绝不能把它们排斥于戏曲之外。这是对当时流行的以"雅部"昆腔为曲之正宗，视地方剧种"花部"、"乱弹"为旁门邪道一类鄙俗之见的一种否定和批判。他还郑重宣称："曲者，正鼓吹之盛事也"，"岂不亦可兴、可观、可群、可怨乎？"（《曲话序》、《剧话序》）借儒家《诗经》可以兴观群怨之说以喻戏曲，明人早有此说。可是联系李调元以地方戏为"变曲"的主张，则兴观群怨之说又有了新的含义，实际上是给予了地方剧种以文学正统的待遇，承认它们同样可以"兴、观、群、怨"，也是"鼓吹之盛事"。在曲论体系中能包含这种通达之见的著作，前人少见，在当时也是寥若晨星的。

《剧话》中记述了有关声腔的历史沿革、流传地区和主要艺术特征等，为后来研究者提供了很有价值的史料。《剧话序》专论戏曲与人生、戏曲与社会生活的关系，借以阐明作《剧话》的主旨，颇有一些不常见的论点……这里有两点值得注意。首先，李调元看到了戏曲对于人生，对于现实生活（包括历史）的依赖，所谓"今日为古人写照，他年看我辈登场"云云，承认了戏曲描写人生，描写历史，离不开人生，离不开历史这样一个朴素的真理。因而他贬斥荒诞不经的神仙鬼怪剧为"不足论"。当然，也毋庸讳言，所谓"人生无日不在戏中"、"古今一戏场也"，其中还夹杂有不能正确认识现实社会生活的消极因素。其次，提出了要求人们正确认识戏曲的课题，指出了两种倾向。"徒以戏目之，而不知有其事"。这是一种凡戏曲都属无稽之谈的片面认识，它一方面否定了戏曲反映人生反映历史，同时也否定了戏曲影响人生影响历史的社会功能。"不徒以戏目之，因有其事，遂信之"。把戏曲和人生几乎完全等同起来，同样也是片面的认识。因为它貌似重视戏曲，实际上却否认了戏曲反映人生的集中概括的艺术特征，从而也就抹煞了它的典型意义。疗救的办法是"以《剧话》实之"，"以《剧话》虚之"，从理论和史实方面来端正认识。所谓"实之"，从《剧话》的主要内容来看，无非是考查戏曲作品题材的出处来源；所谓"虚之"，就是征引前人论述，排比组织，借以阐明戏曲与现实生活的区别。对此，李调元在《剧话》中是认真地贯彻的。如："庚吉甫《买臣负薪》剧，见《汉书》。今俗传此事，大略相符；而言买臣既贵，妻再拜马求合，买臣取盆水覆地，以示其不能更收之意，妻遂抱恨死，此则太公望事，词曲家所撮合也。"其中"见《汉书》"云，就是"实之"；"词曲家所撮合"云，大概是"虚之"之谓。类似的记述贯串始终，所论未必都能切中论敌要害，但他关于戏曲与人生这重要理论问题的探索，却不是毫无意义的。至少，他把问题直接提了出来，对后人是有所启示的。

6. 卢前《明清戏曲史》，商务印书馆 1935 年版

绵州李调元，尝作四种（《春秋配》、《梅降亵》、《花田错》、《苦节传》），犹临川之有"四梦"。雨村不用一神仙，尝引以为自豪。其作《春秋配》时，至贼掳女上山时，无以解围。见窗外寒梅，忽有所得。于是托女索媒证与赋，悬岩有梅花一株，贼方折枝登树，女投石而贼坠，女遂免而去。

7. 周妙中《清代戏曲史》，中州古籍出版社 1987 年版，第 370 页

《雨村曲话》，李调元撰。上卷论元人作品，下卷论明清人作品。转引前人著述，并附以自己的见解。

《雨村剧话》，李调元著，上卷谈戏曲的制度沿革，下卷考证戏曲故事出处，并加评论。

李调元也是个地方戏爱好者，书中对弋阳腔、秦腔、吹腔、二簧、女儿腔等也作了简要的介绍。在乾隆时候，这些剧种一般士大夫很少谈到，可见李氏自有他独到的见解，也可说明这些有生命力的地方剧种将要与昆曲分庭抗礼的趋势已经萌芽。

8. 高有鹏《中国民间文学史》，河南大学出版社 2001 年版，第 525—527 页

在民歌的曲调、内容及其分布地域上最有典型性的民歌集，当数李调元所辑的《粤风》。《粤风》共四卷，其形成当受在此之前吴淇等人所编《粤风续九》的影响。这是我国民间文学史上第一部具有明确

的地域意识，而且收集类型齐备的地区性民间歌谣集，其第一卷主要
是广东地区汉族间流传的民间歌谣，计53首；第二卷主要是瑶族民间
歌谣，计23首；第三卷是偲（苗）族民间歌谣，计29首；第四卷是
壮族民间歌谣，计8首。在原吴淇等人所辑《粤风续九》中，还能见
到"邓娘同行江边路，却滴江水上娘身。滴水上身娘未怪，表凭江水
作媒人"。李调元保存了《粤风续九》中的一些民歌，更多地记述了
当世所流行的民歌，如其卷一中所记《离身》：

> 远处唱歌没有离，
> 近处唱歌离一身。
> 愿兄为水妹为土，
> 和来捏作一个人。

多少年后，《西南采风录》的编者刘兆吉等人重又采集到与此基
本相同的一首
歌谣。《粤风》卷一中基本上都是情歌，如《妹相思》：

> 妹相思，
> 妹有真心弟也知。
> 蜘蛛结网三江口，
> 水推不断是真丝。

这里的"真丝"即"真思"，与民间竹枝词中常用的谐音、双关
等表现方法相同。

类似者还有"中间日头四边雨，记得有情人在心"，"一树石榴
全着雨，谁怜粒粒泪珠红"，"天旱蜘蛛结夜网，想晴只在暗中丝"，
"竹篙烧火长长炭，炭到明天半作回"等。尤为重要的是其后三卷所
记述的少数民族民间歌谣，这是我国少数民族民间文学史上的珍贵
材料。如其卷二《瑶歌》中有记述清代广东刘三妹（刘三姐）传说

的歌谣：

> 读书便是刘三妹，
> 唱价本是娘本身；
> 立价便立价雪世，
> 思着细衫思着价。

其注道：

"价"是歌，"立价"是造歌，刘三妹是造歌之人。"雪世"是传世。

"细衫"指唱歌之人，义（意）同红裙。

其歌其注，在我国民间文学史上都是典范。

李调元是一位杰出的民间文艺家，除编辑了《粤风》之外，还在其撰写的《蜀雅》和《罗江县志》中保存了丰富的民间文学资料，如著名的晋代民歌《豆子山》等。另外，在他所编的《尾蔗丛谈》和《新搜神记》中，还保存了许多直接采录于民间的传说和故事，其中也有一些少数民族中间流传的作品，如《产翁》、《断肠草》等。李调元还曾删节屈大均的《广东新语》，编成《南越笔记》一书，记述了大量民间文学作品，诸如《伏波神》、《五羊石》和《罗旁瑶谣》等。在他编的《函海》丛书中，收录了历史上许多保存有民间文学内容的典籍文献；尤其是杨慎的《山海经补注》、《风雅逸篇》、《古今谣》、《古今风谣》等，都保存在此丛书中。杨慎的《风雅逸篇》记述了许多古代歌谣，若不是李调元在《函海》中保存了它，恐怕早就佚失了，因为它在类书中仅存于此丛书，而不见于他处。

特别值得一提的是李调元的《粤东笔记》，其中记述了"粤俗好歌"的具体内容，是我们理解其《粤风》的重要参考材料。如其所记，"凡有吉庆，必唱歌以欢乐"，"以不露其题中一字，语多双关，而中有挂折者为佳"。"其歌也，辞不必全雅，平仄不必全叶，以便言土语衬之"，"唱一句或延半刻，慢节长声，自回自复，不欲一往而尽"，"辞必极其艳，情必极其至"。其中还记述了"歌伯"、"坐堂歌"、"歌仔"、"汤水歌"。"山歌"、"峚（畲）歌"、"秧歌"、"踏月歌"、"月歌"等民歌演唱之类的民俗文化生活。尤为珍贵者是其所记"瑶俗最尚歌，男女杂逻逻（沓），一倡百和"，"其歌与民歌皆七言而不用韵，或三句或十余句。专以比兴为重"等内容，以及瑶族"以布刀写歌"，"壮歌与僚颇相类"，其歌亦有竹枝歌，舞则以被覆首，为桃叶舞。这些材料使我们清晰地看到那些少数民族民歌的具体存在环境，也是我国民间文学史不可忽视的内容。若仅仅从文献保存的文本内容来理解民间文学作品，常常会在许多方面束手无策。

六　民间故事·逸闻

1. 李调元对联得粽

出处：丁华民编《中华智谋总集》（慧童卷），吉林大学出版社2009年版，第170—171页

2. 傅嘉难倒李调元

出处：丁华民编《中华智谋总集》（慧童卷），吉林大学出版社2009年版，第171页

3. 机智的李调元

出处：刘润泽著《趣味论辩学》，西苑出版社2012年版，第176页

4. 李调元半年对下联

出处：邢占军编著《怎样写对联》，中国科学技术出版社2003年版，第232—233页

5. 李调元的"生死对"

出处：宁健等编著《巧应妙答500例》广西民族出版社1992年版，第57页。另见葛莱云著《说话技巧》，中国社会科学出版社2010年版，第330—331页

6. 李调元答对受夸

出处：邢占军编著《怎样写对联》，中国科学技术出版社2003年

版，第 146 页

7. 李调元对联遭窘

出处：田军、邵芳编《中华传统文化丛书精选》，中国物资出版社 2005 年版，第 123—125 页

8. 李调元发奋求学

出处：李练著《古今轶闻趣事》，北方妇女儿童出版社 2002 年版，第 206 页

9. 李调元反讽巡按大人

出处：曾园林著《反讥术》，大连海运学院出版社 1993 年版，第 173—174 页。宁健等编著《巧应妙答 500 例》，广西民族出版社 1992 年版，第 99 页

10. 调元巧对船夫

出处：严敬群编《青少年开心故事会》，金盾出版社 2010 年版，第 20 页

11. 李调元考倒众秀才

出处：胡贵林、朱文斌、魏光努《说文侃字》，广州出版社 2000 年版，第 331—332 页

12. 李调元落第自勉

出处：蒋任著《文苑撷趣》，湖南师范大学出版社 1991 年版，第 147—148 页

13. 李主考三题服狂生

出处：蒋任著《文苑撷趣》，湖南师范大学出版社 1991 年版，第 148—150 页

14. 李调元买书丢书

出处：本社编《七个才子六个癫文人佳话》，浙江文艺出版社 1987 年版，第 95—96 页

15. "文从胡说起"

出处：本社编《七个才子六个癫文人佳话》，浙江文艺出版社 1987 年版，第 97—100 页

16. 题联解村仇

出处：本社编《七个才子六个癫文人佳话》，浙江文艺出版社 1987 年版，第 101—104 页

17. 李调元妙语服众

出处：涂育成编《中外名人机智与幽默》，中国商业出版社 1994 年版，第 198—199 页

18. 李调元巧对碑联

出处：陈晓丹编《中华句典》（3），中国戏剧出版社 2009 年版，第 141 页

19. 李调元巧对三嫂

出处：杜云、陈运祐编《作对·联坛轶闻趣事》，广西民族出版社 1990 年版，第 181—182 页

20. 李调元三难狂生

出处：陈文道、陈童洁编《谜语故事 200 则》，金盾出版社 2011 年版，第 244—245 页

21. 李调元叹服小童子

出处：卜林西、王亚丽著《古今对联故事集》，山西教育出版社 1996 年版，第 388—389 页

22. 蚯蚓无鳞欲成龙

出处：王庆新编著《才童才女妙对》，金盾出版社 2007 年版，第 112—113 页。另见卜林西、王亚丽著《古今对联故事集》，山西教育出版社 1996 年版，第 389 页

23. 才子对农妇

出处：卜林西、王亚丽著《古今对联故事集》，山西教育出版社 1996 年版，第 390 页

24. 李调元从天而降

出处：张敬斋、邓品山编《对联拾趣》，气象出版社 1999 年版，第 47 页。另见卜林西、王亚丽著《古今对联故事集》，山西教育出版社 1996 年版，第 390—391 页

25. 李调元题寿词

出处：江帆主编《诗联雅集》，漓江出版社 1998 年版，第 318 页

26. 李调元题祝寿诗

出处：农八师·石河子市编委会编《中国民间故事集成新疆卷新疆生产建设兵团农八师·石河子市分卷》（上），新疆人民出版社 1993 年版，第 197 页

27. 李调元写斗方

出处：蒙旷著《写给青少年的国学语文读本》，哈尔滨出版社 2010 年版，第 254 页

28. 李调元写屏救民女

出处：宁健等编著《巧应妙答 500 例》，广西民族出版社 1992 年版，第 69 页。另见葛菜云著《说话技巧》，中国社会科学出版社 2010 年版，第 340—341 页

29. 李调元学联

出处：邢占军编著《怎样写对联》，中国科学技术出版社 2003 年版，第 371—373 页

30. 李调元羊城播风雅

出处：陈泽泓著《名人与广州》，广东地图出版社 1999 年版，第 90—93 页

31. 李调元以《人之初》为考题

出处：石门、冯洋、田晓菲编《教育杂谈》，远方出版社 2005 年版，第 88—90 页

32. 李调元以诗见知钱陈群

出处：文丕衡编《蜀风集：文守仁先生遗著》，新津县政协文史资料委员会审定（内部资料）1998 年版，第 318—319 页

33. 李调元幼年对其父

出处：陈晓丹编著《中华句典》3，中国戏剧出版社 2009 年版，第 27—28 页。另见关炜炘、田静编著《中华经典故事全集》，西苑出版社 2010 年版，第 90 页

34. 李调元岳阳楼应对巡抚

出处：张晓兰、管莉萌编《岳阳民间传说集锦》，中国戏剧出版社 2009 年版，第 15—17 页

35. 设计陷害李调元

出处：韩亚红著《玲珑和珅：从白丁到富可敌国》，中国法制出版社 2011 年版，第 139—140 页

36. 牧童难倒李调元

出处：李麟编《中国文化常识丛书·对联文化常识》，北岳文艺出版社 2010 年版，第 242—243 页

37. 李调元巧吟斥狂徒

出处：蔡践编著《趣味小故事天才大智慧》（中国古代名人卷），中国长安出版社 2006 年版，第 103—104 页

38. 李调元诗讽群小

出处：蔡践编著《趣味小故事天才大智慧》（中国古代名人卷），中国长安出版社 2006 年版，第 104—105 页

39. 调皮的孩子李调元

出处：湖北少年儿童出版社动漫工作室编《智慧中国娃 365 智谋篇》，湖北少年儿童出版社 2005 年版，第 99 页

40. 李调元愿师匠仆

出处：邓纯东著《中华精神》，中央文献出版社 2012 年版，第 63—64 页

参考文献

一　专著

北京大学哲学系美学教研室编：《中国美学史资料选编》，中华书局1980
　　年版。

陈子艾：《李调元及其与民间文艺》，《民间文艺学文丛》，北京师范大
　　学出版社1982年版。

蔡冠洛：《清代七百名人传》，中国书店1984年版。

陈多：《戏曲美学》，四川人民出版社2001年版。

陈多、叶长海选注：《中国历代剧论选注》，湖南文艺出版社1987年版。

陈炎主编，王小舒著：《中国审美文化史》（元明清卷），山东画报出
　　版社2000年版。

陈友锋：《生命之约：中国戏曲本体新论》，文化艺术出版社2008年版。

邓长风：《明清戏曲家考略》，上海古籍出版社1994年版。

傅谨：《中国戏剧艺术论》，山西教育出版社2003年版。

郭茂倩辑：《乐府诗集》，上海古籍出版社1998年版。

郭绍虞编选，富寿荪校点：《清诗话续编》，上海古籍出版社1983年版。

郭绍虞主编：《中国历代文论选》，上海古籍出版社2001年版。

郭绍虞：《中国文学批评史》，百花文艺出版社1999年版。

恒慕义主编，中国人民大学清史研究室《清代名人传略》翻译组译：《清
　　代名人传略》，青海人民出版社1990年版。

［朝］洪大容、李德懋著，邝健行点校：《干净同笔谈·清脾录》，上海古籍出版社 2010 年版。

蒋维明：《李调元》，四川教育出版社 1991 年版。

蒋寅：《清诗话考》，中华书局 2005 年版。

焦文彬、阎敏学：《中国秦腔》，陕西人民出版社 2005 年版。

赖安海：《李调元编年事辑》，中国文史出版社 2005 年版。

赖安海：《李调元文化研究述论》，现代教育出版社 2008 年版。

来新夏：《清人笔记随录》，中华书局 2005 年版。

（清）李桂林纂，邓林等修：《罗江县志》，清嘉庆二十年修同治四年重印本影印本，台北成文出版社有限公司 1976 年版。

（清）李调元辑：《蜀雅》，丛书集成初编本，商务印书馆 1936 年版。

（清）李调元著，罗焕章主编：《李调元诗注》，巴蜀书社 1993 年版。

（清）李调元著，詹杭伦、沈时蓉校正：《雨村诗话校正》，巴蜀书社 2006 年版。

（清）李调元：《罗江县志》，《丛书集成初编》，商务印书馆 1936 年版。

（清）李调元：《童山诗集》，《丛书集成初编》，商务印书馆 1936 年版。

（清）李调元：《童山文集》，《丛书集成初编》，商务印书馆 1936 年版。

（清）李调元：《雨村曲话》，《中国古典戏曲论著集成》第 8 册，中国戏剧出版社 1959 年版。

（清）李调元：《剧话》，《中国古典戏曲论著集成》第 8 册，中国戏剧出版社 1959 年版。

（清）李调元：《雨村曲话》，《中国古典戏曲论著集成》第 8 册，中国戏剧出版社 1959 年版。

梁启超：《清代学术概论》，上海古籍出版社 1998 年版。

梁廷楠：《曲话》，《中国古典戏曲论著集成》第 8 册，中国戏剧出版社 1959 年版。

廖奔：《中国戏曲史》，上海人民出版社 2004 年版。

廖奔、刘彦君主编：《中国戏曲发展史》，山西教育出版社 2000 年版。

林昌彝：《射鹰楼诗话》，上海古籍出版社 1988 年版。

刘大杰：《中国文学发展史》（下），上海古籍出版社 1982 年版。

刘德仁、盛义：《中国民俗史籍举要》，四川民族出版社 1992 年版。

刘德重、张寅彭：《诗话概说》，安徽教育出版社 2009 年版。

刘声木：《苌楚斋随笔、续笔、三笔、四笔、五笔》，中华书局 1998 年版。

刘世南：《清诗流派史》，人民文学出版社 2004 年版。

卢前：《明清戏曲史》，商务印书馆 1935 年版。

麻国钧、祝海威选编：《祝肇年戏曲论文选》，文化艺术出版社 1998 年版。

钱锺书：《管锥编》，生活·新知·读书三联书店 2007 年版。

钱锺书：《谈艺录》，生活·新知·读书三联书店 2007 年版。

秦华生、刘文峰：《清代戏曲发展史》，旅游教育出版社 2006 年版。

［日］青木正儿：《中国近世戏曲史》，王古鲁译，上海文艺联合出版社 1956 年版。

［日］青木正儿：《清代文学评论史》，杨铁婴译，中国社会科学出版社 1988 年版。

（清）屈大均：《广东新语》，中华书局 1985 年版。

商壁：《粤风考释》，广西民族出版社 1985 年版。

施旭升：《中国戏曲审美文化论》，北京广播学院出版社 2002 年版。

四川省民俗学会、罗江县人民政府编：《李调元研究》，巴蜀书社 2007 年版。

苏国荣：《戏曲美学》，文化艺术出版社 1999 年版。

苏育生：《中国秦腔》，上海百家出版社 2009 年版。

孙桐生辑：《国朝全蜀诗钞》，巴蜀书社 1986 年版。

王国维：《宋元戏曲史》，上海古籍出版社 1998 年版。

王培荀：《听雨楼随笔》，巴蜀书社 1987 年版。

王先霈：《中国古代诗学十五讲》，北京大学出版社 2007 年版。

王英志：《袁枚与随园诗话》，上海古籍出版社 1990 年版。

王运熙、顾易生主编：《中国文学批评史新编》（下册），复旦大学出版社 2001 年版。

王钟翰点校：《清史列传》，中华书局 1987 年版。

隗芾、吴毓华编：《古典戏曲美学资料集》，文化艺术出版社 1992 年版。

闻起、詹慕陶编：《戏曲美学论文集》，中国戏剧出版社 1984 年版。

吴熙贵评注：《李调元诗话评注》，重庆出版社 1992 年版。

（清）吴淇：《粤风续九》，《四库全书存目丛书补编》第 79 册，齐鲁书
　　社 2000 年版。

（清）吴绮、李调元等：《清代广东笔记五种》，广东人民出版社 2006
　　年版。

吴永章：《中国南方民族史志要籍题解》，民族出版社 1991 年版。

吴毓华编：《中国古代戏曲序跋集》，中国戏剧出版社 1990 年版。

肖炳：《秦腔音乐唱板浅释》，陕西人民出版社 2000 年版。

萧华荣：《中国古典诗学理论史》，华东师范大学出版社 2005 年版。

徐德明：《清人学术笔记提要》，学苑出版社 2004 年版。

徐慕云：《中国戏剧史》，上海古籍出版社 2008 年版。

许金榜：《中国戏曲文学史》，中国文学出版社 1995 年版。

严迪昌：《清诗史》，浙江古籍出版社 2002 年版。

（清）姚鼐：《惜抱轩全集》，中国书店 1991 年版。

叶长海：《中国戏剧学史稿》，中国戏剧出版社 2005 年版。

（清）袁枚：《袁枚全集》，江苏古籍出版社 1993 年版。

（清）袁枚：《撰随园诗话》，人民文学出版社 1960 年版。

詹杭伦：《李调元学谱》，天地出版社 1997 年版。

张庚著，蓝凡导读：《戏曲美学论》，上海书画出版社 2004 年版。

张庚：《戏曲艺术论》，中国戏剧出版社 1980 年版。

张庚、郭汉城主编：《中国戏曲通史》，中国戏剧出版社 1980 年版。

张少康主编：《中国文学理论批评史》（下），北京大学出版社 2005 年版。

张舜徽：《清人文集别录》，中华书局 1963 年版。

张维屏：《国朝诗人征略》，中山大学出版社 2004 年版。

赵尔巽等：《清史稿》，中华书局 1977 年版。

郑家治、李咏梅：《明清巴蜀诗学研究》，巴蜀书社 2008 年版。

郑家治、尹文钱：《李调元戏曲理论研究》，巴蜀书社 2011 年版。

中国科学院图书馆整理：《续修四库全书总目提要（稿本）》，齐鲁书
　　社 1996 年版。

（清）李调元编，钟敬文整理：《粤风》，朴社 1927 年版。

周妙中：《清代戏曲史》，中州古籍出版社 1987 年版。

（宋）周去非著，屠友祥校注：《岭外代答》，上海远东出版社 1996 年版。

周贻白：《中国戏剧史长编》，人民文学出版社 1960 年版。

周贻白：《中国戏曲发展史纲要》，上海古籍出版社 1979 年版。

周贻白：《中国戏曲论丛》，中华书局 1952 年版。

（清）李斗：《扬州画舫录》，中华书局 1960 年版。

二　论文

（一）学位论文

且志宇：《李调元诗学思想研究》，硕士学位论文，四川师范大学，
　　2012 年。

卿琪：《李调元〈剧话〉〈曲话〉研究》，硕士学位论文，兰州大学，
　　2006 年。

石丽芳：《〈粤风〉研究》，博士学位论文，中央民族大学，2010 年。

孙文刚：《李调元戏曲美学研究》，硕士学位论文，四川省社会科学
　　院，2009 年。

王纪波：《〈雨村诗话〉诗学思想研究》，硕士学位论文，安徽大学，
　　2013 年。

王长香：《〈粤风续九〉研究》，硕士学位论文，扬州大学，2011 年。

谢蕙蕙：《李调元〈雨村赋话〉研究》，硕士学位论文，台湾东海大学，
　　2004 年。

张星：《明清时期岭南笔记医学史料的发掘收集整理研究》，博士学位
　　论文，广州中医药大学，2011 年。

赵艳林：《〈雨村赋话〉研究》，硕士学位论文，湖北民族学院，2013 年。

郑馥璇：《李调元民间传说传播模式研究》，硕士学位论文，西南交通大学，2008 年。

（二）期刊论文

陈红：《雨村诗论初探》，《四川师范大学学报》（社会科学版）1987年第 6 期。

陈友峰：《古代戏曲本体意识的三种类型及其演变》，《戏曲艺术》2007年第 4 期。

褚红：《李调元的〈方言藻〉述略》，《阿坝师范高等专科学校学报》2009 年第 2 期。

邓运佳：《天地一戏场　尧舜一大净——杨升庵戏曲艺术观的新发现》，《四川戏剧》2007 年第 4 期。

杜建华：《读李调元〈雨村剧话〉札记》，《四川戏剧》2007 年第 1 期。

傅正深：《笑对青山曲未终——李调元的戏剧活动》，《四川戏剧》1996年第 5 期。

高一旭：《李调元与〈函海〉》，《文史杂志》2003 年第 6 期。

黄海明：《李调元和"万卷楼"藏书》，《图书馆论坛》2000 年第 6 期。

黄全彦、郑剑平：《李调元对巴蜀文化的振衰复兴之功》，《天府新论》2014 年第 3 期。

霍松林：《简论李调元〈诗话〉——〈李调元诗话评注〉序》，《四川师范学院学报》（哲学社会科学版）1989 年第 1 期。

蒋维明：《李调元对巴蜀文化的贡献》，《成都大学学报》（社会科学版）1995 年第 1 期。

蒋维明：《李调元归田酬知遇》，《文史杂志》1986 年第 2 期。

蒋维明：《一代风流尽梨园寄深情——李调元与他的戏剧活动》，《四川戏剧》1989 年第 1 期。

金柄珉：《〈韩客巾衍集〉与清代文人李调元、潘庭筠的文学批评》，《外国文学》2001 年第 6 期。

李岗、郑馥璇：《四川民间传说传播模式初探——以罗江县李调元传说为个案》，《西南交通大学学报》（社会科学版）2009 年第 1 期。

李咏梅：《论李调元的戏曲理论及其历史地位》，《四川戏剧》2010 年第 3 期。

梁庭望：《〈粤风·壮歌〉的社会价值》，《中央民族学院学报》1984 年第 1 期。

梁庭望：《岭表之风——〈粤风〉》，《广西民族研究》2003 年第 2 期。

刘平中：《李调元乾隆诸版〈函海〉述略》，《中华文化论坛》2012 年第 5 期。

罗华文、胡国芳：《李调元"万卷楼"的藏书价值探析》，《图书情报工作》2008 年第 11 期。

罗焕章：《论李调元诗歌的人民性》，《四川师范大学学报》（社会科学版）1992 年第 5 期。

罗焕章：《评李调元的人生观》，《四川师范大学学报》（社会科学版）1987 年第 3 期。

欧宗启：《〈粤风〉中俍歌与壮歌的审美比较》，《广西民族学院学报》（哲学社会科学版）2000 年第 5 期。

朴现圭：《韩国的〈四家诗〉与清朝李调元的〈雨村诗话〉》，《四川师范大学学报》（社会科学版）1998 年第 4 期。

邱睿：《从"李调元"故事看清代地域文化对抗》，《社会科学论坛》（学术研究卷）2008 年第 8 期。

屈守元：《要重视李调元研究》，《文史杂志》1997 年第 1 期。

沈时蓉：《李调元文艺美学思想发微》，《四川师大学报丛刊》1987 年第 10 辑。

沈振辉：《李调元与〈蜀碑记补〉》，《历史文献研究》2009 年总第 28 辑。

施爱东：《告别田野——关于中国现代民俗学研究策略与方法的反思》，《民俗研究》2003 年第 1 期。

石丽芳：《浅谈〈粤风·瑶歌〉的文化价值》，《四川职业技术学院学报》2009 年第 3 期。

孙德彪：《朝鲜四家诗人与李调元的诗文友谊》，《社会科学论坛》2010 年第 10 期。

孙文刚：《"性灵派"研究，绝对不能忽视李调元——兼就"乾隆三大家"的有关问题与当代"性灵派"研究者商榷》，《中华文化论坛》2009 年第 1 期。

孙文刚：《李调元交游考述》，《国学》2016 年第 3 集。

孙文刚：《〈南越笔记〉研究述论》，《中华文化论坛》2014 年第 12 期。

孙文刚：《〈粤风·粤歌〉初探》，《中华文化论坛》2013 年第 1 期。

孙文刚：《李调元诗歌创作述论》，《宜宾学院学报》（社会科学版）2013 年第 1 期。

孙文刚：《李调元的诗学体系》，《蜀学》2015 年第 10 辑。

孙震：《李调元著述系年题要考略》，《四川图书馆学报》1985 年第 1 期。

谭韶华：《李调元与川剧》，《戏剧艺术》1979 年第 2 期。

吴明贤：《李调元、张问陶与李白》，《四川师范大学学报》（社会科学版）1991 年第 6 期。

吴新雷：《李调元和他的戏曲美学思想》，《南京大学学报》（哲学·人文·社会科学）1987 年第 4 期。

谢桃坊：《论李调元的词学思想与创作》，《词学》2007 年第十八辑。

谢宇衡：《詹著〈李调元学谱〉序》，《成都大学学报》（社会科学版）1996 年第 4 期。

杨世明：《李调元年谱略稿》，《南充师院学报》（哲学社会科学版）1980 年第 2 期。

袁佳红：《李调元及其殿试卷》，《辽宁广播电视大学学报》2009 年第 4 期。

原昊：《李调元及其〈郑氏古文尚书证讹〉》，《吉林工程技术师范学院学报》2008 年第 3 期。

詹杭伦：《〈雨村赋话校正〉叙录》，《李调元学谱》，天地出版社 1997 年版。

詹杭伦：《李调元和他的〈雨村赋话〉》，邝健行编《新亚学术集刊》第十三辑，香港中文大学新亚书院 1994 年版。

詹杭伦：《李调元六游杜甫草堂诗考述》，《杜甫研究学刊》1996 年第 4 期。

张力：《试论李调元的经学》，《蜀学》2009 年第 4 辑。

张学君、张莉红：《非常之人与非常之功——李调元生平述论》，《文史杂志》2007 年第 4 期。

郑家治：《李调元对蒋士铨的评赞——兼论二人交往》，《四川戏剧》2011 年第 6 期。

郑家治：《李调元三种〈雨村诗话〉述评》，《地方文化研究辑刊》2011 年第四辑。

郑家治：《李调元诗歌本质论初探》，《蜀学》2010 年第 5 辑。

郑家治：《李调元诗歌美学思想初探》，《蜀学》2007 年第 2 辑。

郑家治：《李调元诗歌体式嬗变论初探》，《蜀学》2012 年第 7 辑。

郑家治：《李调元戏曲本质论初探》，《四川戏剧》2009 年第 1 期。

郑家治：《李调元戏曲创作小考》，《四川戏剧》2013 年第 1 期。

钟敬文：《读〈粤东笔记〉》，北京大学《歌谣周刊》1924 年 11 月 9 日、16 日（第 67、68 号）。

钟敬文：《关于民俗学的结构体系的设想》，《北京师范大学学报》1991 年第 2 期。

钟敬文：《重编〈粤风〉引言》，《文学周刊》1926 年第 255 期。

后　记

2006 年秋，我辞掉了中学教师的工作来到四川省社会科学院文学所攻读研究生。一个偶然的机遇，我在恩师陈子谦先生的介绍下，进入"四川文学史"课题组，从事明末至清中叶部分的研究和撰写，这使我初次接触到李调元这位巴蜀文化大家。三年后，我从社科院毕业，硕士毕业论文写的就是关于李调元戏曲美学的研究。

2008 年 8 月，先生突然驾鹤西游，这让我感觉有如晴天霹雳。从那时起，我便开始在李调元研究的道路上彳亍独行。2009 年毕业后，我去海南工作了四年，由于教学工作繁重和研究资料的缺少，对于李调元的研究也时断时续。2013 年，我又返回成都四川大学读博，学习之余研究李调元便成了我最大的乐趣，不知不觉，在这条路上我已走过了八年。八年"抗战"中，我曾有过客居他乡人生地不熟的困惑，有过学术问题不能通达的痛苦，也有过朋友春风化雨般的安慰和鼓励，有过拨开迷雾、茅塞顿开的欣喜，但更多的还是无尽的感激！

感谢为本书的写作、修改、定稿提供宝贵指导意见的谢桃坊、沈伯俊、苏宁先生。谢、沈两位先生是研究巴蜀文化的专家，苏先生是我的硕士生导师，他们对我的硕士论文给了很多指导。感谢四川省民俗学会李调元研究专委会的赖安海先生、尹帮斌先生。赖先生在我赴海南工作期间一直与我保持联系，介绍我加入学会，并鼓励我不断研究。尹先生则为本书提供了一些配图。两位先生及罗江李调元研究会的诸位学术同人在《醒园》杂志上发表的相关文章为我的研究提供了重要的资料。此外，还要感谢陕西科技大学博士人才引进科研启动金、陕西科技大学社会科学研究基金项目的出版资助。

现在，这本书总算要完成了。欣喜之余我的内心却变得不安起来，"文章千古事，得失寸心知"，本书的写作中肯定还存在不少问题，今不揣简陋予以出版，恳请方家批评指正。

谨以此书献给我的恩师陈子谦先生，以及所有曾给我提供帮助和支持的朋友。

是为记。

2015 年 4 月于川大望江